浙江省哲学社会科学规划
后期资助课题成果文库

职务犯罪刑事司法的法治化研究

钱文杰 著

Research on Legalization of Criminal Justice for Duty Crimes

法律出版社
LAW PRESS·CHINA
北京

图书在版编目（CIP）数据

职务犯罪刑事司法的法治化研究 / 钱文杰著.
北京 : 法律出版社, 2024. -- ISBN 978 -7 -5197 -9244 -2

Ⅰ. D924.304

中国国家版本馆 CIP 数据核字第 2024P22R86 号

职务犯罪刑事司法的法治化研究
ZHIWU FANZUI XINGSHI SIFA DE FAZHIHUA YANJIU

钱文杰 著

责任编辑 李 军
装帧设计 李 瞻

出版发行 法律出版社
编辑统筹 法律应用出版分社
责任校对 王语童
责任印制 刘晓伟
经　　销 新华书店

开本 710 毫米 × 1000 毫米 1/16
印张 15 **字数** 200 千
版本 2024 年 6 月第 1 版
印次 2024 年 6 月第 1 次印刷
印刷 北京虎彩文化传播有限公司

地址：北京市丰台区莲花池西里 7 号(100073)
网址：www. lawpress. com. cn
投稿邮箱：info@ lawpress. com. cn
举报盗版邮箱：jbwq@ lawpress. com. cn

销售电话：010 - 83938349
客服电话：010 - 83938350
咨询电话：010 - 63939796

书号：ISBN 978 -7 -5197 -9244 -2　　**定价**：68.00 元

凡购买本社图书，如有印装错误，我社负责退换。电话：010 - 83938349

前　言

腐败治理是国家治理的重中之重，建立和巩固中国共产党领导下统一、高效、权威的反腐机制构成了新一轮国家监察体制改革的总体目标，并且能够保持对传统政党型、行政型和司法型治理路径的协同性与互补性。随着国家监察体制改革的地方试点在全国推广，其中作为兜底性腐败治理方式的职务犯罪刑事司法正经历着一场结构性与历史性的重大变革，塑造高效畅通的监察与司法衔接机制也被认为是巩固反腐败斗争胜利成果的重要方式。因此，立足于当前监察改革“以监察为中心”与司法改革“以审判为中心”的时代背景，围绕透明化决策、实质性参与、文明化执法和廉洁性过程等正当程序，选择从权力与权利两个维度并就其中基础理论、基本制度、调查侦查、审查起诉与定罪量刑等展开体系化研究，对于深化我国职务犯罪刑事司法的法治化改革具有强烈的现实意义。

作为一个法律概念，职务犯罪相继出现在《宪法》《监察法》等国家法律中，不仅要求“利用职务”和“侵害职务”相结合的解释立场，而且遵循监察机关“监察调查”与检察机关“刑事侦查”相结合的管辖模式。职务犯罪刑事司法一体化语境下，监察调查与刑事侦查的权力内容具有同质性，权力控制遵循平等性，尤其是程序本身所具备的结构化模型、易操作步骤和可视化评价等优势有利于提供基础理论的智识支持。其实,国家监察体制改革的显性影响只是职务犯罪案件中求刑权主体在侦查阶段的身份更迭与权力转嫁,“调查—公诉”模式和“侦查—公诉”模式相结合构成了我国职务犯罪刑事司法审前活动的基本样态。其中,一方面是要求监察证据向刑事证据的规则标齐,以及监察调查取证参照刑事诉讼法的规则指引;另一方面是强调认罪认罚从宽制度权力驱动向权利驱动的理性回归,并具体围绕提升权利影响力与限制权力控制力的双向调整。

首先,对比传统刑事司法侦、诉、审的纵向构造,监察机关职务犯罪案件调查中立案转换模式、留置配套机制、律师参与限制等特殊性势必隐性联动审查起诉与定罪量刑等。其中,监察调查虽然不直接适用刑事诉讼法,但也强调作为其调查内容的证据“应当与刑事审判关于证据的要求和标准相一致”,这决定了监察调查和刑事侦查不是非此即彼的断裂,而是一种紧密联系的融贯。通过对我国职务犯罪追诉模式演进的过程梳理和制度深窥,可以预见监察调查权的合理扩张和依法规制的逻辑仍然将伴随监察机关职务犯罪调查的制度构建和实践过程,在职权式和对抗式中谋取一种动态的平衡仍是监察法治的基本方向和改革思路。

其次,回归职务犯罪案件中审查起诉的司法理性,检察机关承担监察与检察衔接规范与实践的应然主导权,整体性授权下捕诉合一内设机构的改革调整也刺激审查起诉的模式转型。其中,程序性衔接主要是指监察调查措施到刑事强制措施的转换,遵循配合优先的程序逻辑,具体有赖于监察调查的源头治理;而实体性衔接主要是指监察调查证据到审查起诉证据的转换,强调从严选择的规范标准,并且有赖于证据规则的体系融合。中国特色社会主义检察制度下的“法律监督”作为一种宪制职能,立基于职务犯罪刑事司法体系中的枢纽地位,法律监督又以审判中心框架内的审前、审判和执行为基本场域。

最后,围绕“严惩腐败”和“司法检验”的统摄性目标,刑事司法过程中的无罪推定原则强调“未经人民法院依法判决,对任何人都不得确定有罪”,法庭审判构成了犯罪嫌疑人、被告人向犯罪人身份转换过程中权力与权利博弈的核心场域。当前职务犯罪案件刑事司法实践过程中的“宽严皆失”问题亟须规范,深层指向又是控辩审诉讼构造的偏差矫正。一是对抗模式之下的庭审实质主义,强调庭审过程中举证、质证、辩论、认证等由虚变实;二是合作模式之下的认罪认罚从宽,强调认罪认罚从宽协议自愿性、真实性与合法性等独立审查;三是缺席模式之下的程序理性建构,强调刑事司法过程中特别权利、特别程序和特别救济等配套。纵览职务犯罪案件中监察调查、检察起诉与法院审判等相互衔接的程式演绎,惩罚犯罪与保障人权的价值冲突与利益权衡贯穿始终,背后又是高效反腐与有效反腐、形式法治与实质法治等动态博弈。

目 录

第一章 导论 001

一、研究意义 001

二、术语说明 004

三、体例结构 006

四、研究方法 010

第二章 职务犯罪刑事司法的基础理论 013

一、职务犯罪的基本概念 014

(一)职务犯罪的概念界定 015

(二)职务犯罪的特征描述 019

二、职务犯罪刑事司法的结构体系 022

(一)职务犯罪刑事司法的逻辑进路 023

(二)职务犯罪刑事司法的基本功能 028

(三)职务犯罪刑事司法的四重维度 033

三、职务犯罪刑事司法的价值协调 038

(一)惩罚犯罪视野下的高效反腐 038

(二)保障人权视野下的有效反腐 042

(三)惩罚犯罪与保障人权的价值冲突 046

(四)程序正当性理论视角下的价值协调 050

第三章　职务犯罪刑事司法的基本制度 054
一、监察话语缺失的前提性反思 054
（一）职务犯罪监察调查的辩护制度 055
（二）职务犯罪监察调查的强制措施 058
二、职务犯罪刑事司法的管辖制度 060
（一）职能管辖的制度流变 060
（二）管辖变迁的核心命题 063
（三）管辖互涉的冲突解决 067
三、职务犯罪刑事司法的证据制度 072
（一）监察法语境下的证据规则 072
（二）刑事诉讼法语境下的证据制度 075
（三）职务犯罪证据的规范衔接 077
四、认罪认罚从宽制度的理解与适用 080
（一）认罪认罚从宽制度的驱动模式 081
（二）职务犯罪认罪认罚的正当性证成 083
（三）职务犯罪认罪认罚制度的内在要求 085

第四章　职务犯罪的刑事侦查与监察调查 089
一、运动式反腐的联合办案 090
（一）联合办案的事实表达 090
（二）职务犯罪的侦查构造 092
（三）保障人权的价值错位 095
二、职权式侦查中的对抗化 097
（一）强职权主义侦查的确立 098
（二）职权主义侦查中的对抗 101
（三）职权与对抗的结合模式 106
三、职权式调查中的封闭化 107
（一）任意性与强制性的调查构造 108

（二）模糊性与内部性的调查控制 111
（三）调查妨碍性判断的监察留置 113
（四）构罪即留置及留置场所差异 115
四、法治反腐框架内的动态平衡 118
（一）人权保障理念的价值统摄 119
（二）权力制衡权力的分权逻辑 120
（三）权利制约权力的基本范式 121

第五章 检察机关的审查起诉与法律监督 123
一、监察措施到刑事强制措施 124
（一）直接衔接模式的配合逻辑 124
（二）自行衔接模式的程序改革 126
（三）退回补充调查的程序回逆 128
（四）监察调查环节的源头治理 130
二、监察证据到审查起诉证据 134
（一）审查起诉的证据检验功能 134
（二）证据审查判断的司法标准 135
（三）非法证据排除的程序治理 136
三、职务犯罪捕诉合一的转向 139
（一）整体授权检察的内部博弈 140
（二）检察内设机构的条块模型 143
（三）捕诉合一改革的制度体系 146
四、法律监督宪制职能的实践 151
（一）审前程序监督的有效追诉 151
（二）审判程序监督的司法公正 155
（三）执行程序监督的裁判维护 158

第六章　职务犯罪的审判模式与裁判路径　162
一、职务犯罪刑事审判的法治逻辑　163
（一）审判中心主义的应然遵循　164
（二）侦查中心主义的实然困境　166
（三）审判诉讼构造的偏差矫正　168
二、职务犯罪刑事审判的对抗模式　171
（一）笔录向言词中心迁移的庭审构造　172
（二）量刑和定罪的程序混同与相对分离　177
（三）不确定性规范下缓刑适用的法官保守　182
三、职务犯罪刑事审判的合作模式　183
（一）职务犯罪认罪认罚的庭审重心调整　183
（二）认罪认罚从宽协议的独立司法审查　185
（三）认罪认罚从宽实践的庭审配套改革　188
四、职务犯罪刑事审判的缺席模式　191
（一）职务犯罪缺席审判的理论依据　192
（二）未经定罪之没收的规范与实践　195
（三）外逃人员定罪量刑的诉讼构造　198

第七章　结语　202

参考文献　205

第一章

导　论

一、研究意义

随着经济社会体制的转型与发展,权力腐败与腐败治理已经成为影响国家长治久安、和谐发展的关键问题。党的十八届三中全会正式提出了全面深化改革的总目标,树立了“推进国家治理体系和治理能力现代化”的中心任务,党的十九届四中全会具体明确了国家治理体系和治理能力现代化若干重大问题,强调加快“构建一体推进不敢腐、不能腐、不想腐体制机制”。国家监察体制改革背景下,传统分散型多元反腐机制迈向新型专业化集中反腐实践,其中作为兜底性腐败治理模式的职务犯罪刑事司法正经历一场结构性与历史性的重大变革。

从行政监察到国家监察,监察权之实质是对既有政治资源整合和分配之下的全新阐释,并且具备权力高阶和效能复合等特征。因为监察权本身既包括对职务违法和职务犯罪的监督、调查、处置,而且是实行监委与纪委一套工作机构、两个机关名称的合署办公模式。以职务犯罪刑事司法为切入点,传统多元共治反腐模式之下要求司法独立评价,因为对涉嫌职务犯罪的案件是由检察机关和人民法院等依据《刑事诉讼法》统一推进的;但是监察主导反腐模式之下要求监察和司法的双重评价，其中监察活动指向的职务犯罪调查需要由检察机关审查起诉，并最终由审判机关定罪量刑，分别适用《监察法》与《刑事诉讼法》。依法推进国家监察体制改革与刑事诉讼制度衔接问题研究是深化国家监察体制改革的重点和难点问题，其核心是研究中国特色监察体制背景下职务犯罪案件追诉中的刑事司法问题，即如何实现监察机关办案与刑事诉讼法的有效衔接，具体包括两法衔接的前提要件、基本原则、内容规制与冲突弥合等。在宪法统摄的整体法律框架内，职务犯罪刑事司法以监察法和刑事诉讼法的基本功能和价值属性为逻辑起点，以监察反腐具体实践中的类案推进为现实路径，并且以建设权威、高效、公正和法治的国家反腐体系为最终目标。

第一，对职务犯罪刑事司法的基本内容与功能属性进行分析，为监察法与刑事诉讼法的规范衔接提供前提性支撑。从传统意义上来看，侦查、起诉与审判是刑事司法实践的基本内容，一方面是职务犯罪案件由检察机关立案侦查和审查起诉，但始终面临“自侦自捕”和“自侦自监”等困顿，职务犯罪侦查权的转隶契合法治要义；另一方面是刑事司法承预防、惩治和教育等多元功能，特别是职务犯罪刑事司法过程中的刑罚打击、预防震慑、规范保护等反腐功能不断显现，具体又以监察法与刑事诉讼法为规范依据。职务犯罪追诉的一体化研究视角之下，监察法的本质即高效反腐，而刑事诉讼法的核心在于保障人权，两者都是全国人大制定和修改的基本法律，共同指导职务犯罪刑事司法的规范实践。首先是监察法与刑事诉讼法相同的法律位阶决定了两法衔接的可能性，否则就应当是遵循“上位法优先于下位法”或“特殊法优先于普通法”的基本原则；其次是职务犯罪案件的刑法处置决定了两法衔接的有限性，即监察法中有关公职人员的廉政教育、监督检查和违法处分等不在此限；最后是职务犯罪案件的监察调查、检察起诉和法院审判等阶段性决定了两法衔接的必要性，因为监察委员会只能作过程性的处置，并不拥有最终的刑罚处置权。

第二，梳理我国职务犯罪案件刑事司法的时代变迁与历史脉络，为职务犯罪刑事司法的转型升级提供启迪性思考。自中华人民共和国成立以来,职务犯罪案件中的传统刑事司法带有浓厚的职权主义色彩,不断引入对抗元素和加强人权保障是刑事司法改革的基本主线,职务犯罪侦查权的依法规制和合理扩张并行是其基本动向。在职务犯罪侦查依法规制和合理扩张的历史性博弈中,职务犯罪刑事司法保持着持续性的法治进步,一方面是保障人权的倾向性变革越发明显,主要体现在对职务犯罪侦查立法、运行等权力规范和权利规制的深层推进;另一方面是打击犯罪的功能性局限日渐突出,主要体现在检察机关的侦查被动、功能重叠和权威有限等方面。结合刑事诉讼法、行政监察法及相关司法解释等,并将官方表达层面的法律资料与社会实践层面的侦查运作相结合,梳理和把握职务犯罪案件刑事司法的时代变迁和历史脉络,以期为职务犯罪刑事司法的转型升级提供有益经验和教训。

第三,比较域外独立反腐职能模式中职务犯罪案件的查处机制,为职务犯罪刑事司法的协调互适提供借鉴性启示。面对腐败这样一个世界性难题,各国反腐败体系颇具特色,例如,丹麦严密的法制体系、挪威廉洁的公务人员、新加坡独立的执法机构和新西兰完善的监督机构等。其中,根据职务犯罪侦查职能的专业化程度和模式构造等不同,具体又可以进行警察职能模式、检察职能模式和独立职能模式的类型划分,并且与其政治、经济、文化和历史等密切相关。国家监察体制改革以前,我国职务犯罪案件的查处就属于典型的检察职能一元模式,检察机关享有对国家工作人员职务犯罪的刑事侦查权;国家监察体制改革以后,我国职务犯罪案件的查处则趋向于独立职能模式下的监察调查与检察侦查相结合。域外独立反腐职能模式中职务犯罪案件查处的先进经验和合理内核对于完善我国职务犯罪案件的查处机制具有很好的借鉴作用。与此同时,本书注重对域外实践局限性的考察和对域内问题特殊性的关注,坚持以中国问题的发现和解决为要旨,进而确保研究结论的现实可行。

第四,坚持从理论逻辑自恰和制度建构可行的双向维度切入,为职务犯罪刑事司法的中国模式提供系统性论证。系统论证职务犯罪刑事司法的中国模式,应当坚持从反腐工作实际出发,从理论逻辑自恰和制度建构可行的双维度切入,并最终落脚于职务犯罪的类案实践,既要考虑问题的全面,防止以偏概全,又要兼顾重点的突出,确保有的放矢。其实,作为一个极具中国特色的办案衔接话题,监察与司法衔接的研究和讨论刚刚起步,其中零敲碎打的研究已经暴露出当前感性有余而理性不足的局限性,甚至陷入片面仅以监察法视角要求刑事诉讼法,或者仅以刑事诉讼法视角要求监察法的两类极端。本书将围绕理论与实践展开,综合运用法律解释、法律推理、法律比较和价值衡量等研究方法,具体以监察管辖与检察管辖的界分、监察立案与刑事立案的转化、留置措施与强制措施的衔接,以及监察证据与刑事证据的评价等问题为抓手,探寻国家监察与刑事司法有效衔接的制度空间,并且以监察法和刑事诉讼法的双向调整及相互适应为基本立场,以期实现强力有效反腐和法治长效反腐的利益平衡。

二、术语说明

职务犯罪。语境论是法学研究的基本前提,职务犯罪的基本概念由刑法学说上升到立法规范,背后是架构路径由“形式化推导”转换为“实质性构建”,以及强调围绕“利用职务”和“侵害职务”的双重解释立场展开,进而遵循一种动态化、灵活式与全覆盖的综合认定模式,与之相适应的是职务犯罪呈现多元化、高智能、家族式和团伙型的时代特征。国家监察体制改革背景下,职务犯罪是指在公共权力行使过程中因涉嫌积极违法与消极违法而规定由国家监察机关监察调查或检察机关刑事侦查的犯罪。基于职能管辖的分工视角,并具体结合《刑法》、《监察法》、《刑事诉讼法》与《国家监察委员会管辖规定(试行)》等规范文本,主张将职务犯罪进行贪污贿赂类、滥用职权类、玩忽职守类、徇私舞弊类、重大责任事故类、公职人员其他类、检察机关侦查类等体系划分,但始终要求遵循具体个罪构成要件中的灵活认定。

刑事司法。根据词义解释,司法指掌管、实施和执行法律,其作为纠纷解决的重要方式,具有被动性、中立性、终局性与权威性等属性特征。在英美法系国家,司法与立法、行政相独立,仅指法院和法官的审理活动和裁判活动;[1]但是大陆法系国家还坚持将检察活动纳入司法内容,以巩固其法律监督的自洽性与合理性,进而避免产生行政干预司法之嫌。在我国,对司法的理解主要存在广义说、中义说与狭义说等理论分歧:广义说认为司法指公安机关、检察机关与人民法院依职权进行案件处理的活动,例如,囊括立案、侦查、起诉、审判与执行的刑事司法活动。[2] 中义说认为司法指检察机关与人民法院依职权进行案件处理的活动,传统"人大领导下的一府两院"体制也决定了检察机关是一种并列于法院的司法机关。[3] 狭义说认为司法专指人民法院依职权进行案件处理的活动,但是很多学者认为,最狭义的司法机关是审判机关,这在中国是一个伪命题。[4] 职务犯罪刑事司法一体化研究视角下,本书主张采用广义的司法界定标准以确保法治化研究的体系完整,一方面是进行管辖制度、证据制度与认罪认罚从宽制度的理论阐释;另一方面是围绕侦查职能、起诉职能与审判职能的调整优化。现阶段,虽然监察机关的职务犯罪调查在话语体系、权能构造等方面与犯罪侦查有严格界分,但是监察调查与刑事侦查的权力内容具有同质性,权力控制遵循平等性,也应当纳入职务犯罪刑事司法的讨论范畴。

法治化。法治是国家治理的基本方式,[5]具备规范性化、制度化与程序化等属性特征,国家治理现代化的本质特征即国家治理法治化。其

---

① 参见薛波主编:《元照英美法词典》,法律出版社 2003 年版,第 750 页。

② 例如,从职能分工出发,《公安机关组织管理条例》第 2 条规定人民警察是武装性质的国家治安行政力量和刑事司法力量。《国际刑事司法协助法》第 6 条规定国家监察委员会、最高人民法院、最高人民检察院、公安部、国家安全部等部门是开展国际刑事司法协助的主管机关。

③ 参见陈瑞华:《司法权的性质——以刑事司法为范例的分析》,载《法学研究》2000 年第 5 期。

④ 参见卞建林:《以审判为中心为视角谈谈对侦查权的共识》,载《国家检察官学院学报》2016 年第 1 期。

⑤ 参见张文显:《法治与国家治理现代化》,载《中国法学》2014 年第 4 期。

中，一方面要求公权力主体“法无授权即禁止”，但又以科学立法为必要前提。例如，根据《宪法》并采“综合立法模式”，制定了作为治理腐败基本法的《监察法》，并明确监察机关调查职务犯罪的法定职责与权能构造；另一方面强调私权利主体“法不禁止即自由”，以及权利保障与权利救济的权力担当。立足于党的十八届、十九届四中全会“法治反腐”的宏伟蓝图，以及监察改革“以监察为中心”和司法改革“以审判为中心”的时代背景，职务犯罪刑事司法的法治化研究有利于推进中国特色反腐败体系完善与能力提升，进一步巩固、提升司法反腐的示范效应与战略地位。其中，法律、法制和法治本身就具备一定的历史传承性，职务犯罪刑事司法的法治化研究也应当从其历史沿革中发掘本土资源和历史经验，以保证腐败治理的稳定性和连贯性。在规范与实践之间来回穿梭，职务犯罪刑事司法的法治化具体又包括规范层面的形式法治与实践层面的实质法治，前者包括职能管辖的法治化、证据制度的法治化与认罪认罚从宽制度的法治化等，后者包括监察调查的法治化、审查起诉的法治化与刑事审判的法治化等。众所周知，无罪推定原则是衡量一国刑事司法法治化程度的重要标志，其核心在于保障被追诉主体的基本权利，防止刑事司法追诉权、刑罚权的滥用，强调围绕透明化决策、实质性参与、文明化执法和廉洁性过程等实现司法正义。以职务犯罪案件监察调查的法治化为例，透明化决策排斥绝对的封闭和秘密，规定监察机关的通知义务；实质性参与强调被调查人的主体地位，可以选择主动认罪认罚；文明化执法要求调查取证行为的规范与人道，杜绝刑讯逼供等非法取证行为；廉洁性过程要求监察执法过程的利益无涉，其中就包括涉案财物的专门保管等。申言之，法治化研究既是一种过程性研究，又是一种目标性研究，具体表现在刑事司法实践的方方面面。

三、体例结构

本书主要以坚持法治反腐为核心，以程序推演为步骤，深耕职务犯罪刑事司法实践,探讨我国职务犯罪案件刑事司法的法治化转型。

第一章为导论。本章简要概括本书的研究意义与术语规范,梳理和评析域内外职务犯罪刑事司法的基础理论与基本制度,以及呈现本书的结构体例与研究方法。

第二章为职务犯罪刑事司法的基础理论。基于法律规范与司法实践的长期互动,以及社会危害性与职能管辖性的基本考量,职务犯罪的基本概念由刑法学说上升到立法规范,背后是“形式化推导”向“实质性构建”的路径转换,以及“利用职务”和“侵害职务”相结合的解释立场,司法实践表现为由国家监察机关调查或检察机关侦查的刑事犯罪。从职务犯罪案件监察调查、检察起诉与法院审判等相互衔接的程式演绎来看,其实就是惩罚犯罪与保障人权价值冲突与利益权衡的动态博弈,背后又是高效反腐与有效反腐、形式法治与实质法治等兼顾与平衡,程序本身所具备的结构化构造、易操作步骤和可视化评价等优势有利于提供基础理论的智识支持。

第三章为职务犯罪刑事司法的基本制度。现阶段,《监察法》与《刑事诉讼法》构成了我国职务犯罪刑事司法实践最主要的程序法依据,两法在管辖制度、证据制度与认罪认罚从宽制度等方面具有交融性,但是监察立法“隔离式借鉴”中辩护制度、强制措施制度的话语缺失也值得反思。从职务犯罪案件的职能管辖来看,“调查—公诉”模式和“侦查—公诉”模式相结合将是我国职务犯罪刑事司法审前活动的基本样态。从监察机关调查取证的证据制度来看,“应当与刑事审判关于证据的要求和标准相一致”就是要求监察证据向刑事证据的规则标齐,以及监察调查取证参照刑事诉讼法的规则指引。认罪认罚从宽制度是当下刑事司法理论研究与制度实践的一门显学,职务犯罪案件中认罪认罚从宽制度实践的权力色彩较浓,背后是遵循一种控权主义的思维模式和慎用主义的基本立场,未来改革的基本面向应当是权利驱动模式的理性回归,强调提升权利影响力与限制权力控制力的双维度调整。

第四章为职务犯罪的刑事侦查与监察调查。职务犯罪案件中监察调查的独立构造必然会牵涉其中刑事司法的特殊问题,例如,立案转换模式、留置配套机制、律师参与辩护等系列问题,以及可能会对刑事公诉和审判带来的隐性联动。其中,监察调查虽然不直接适用刑事诉讼法,但是监察调查不能是对职务犯罪追诉制度的割裂,而是强调在刑事司法体系化视角之下来认真审视监察调查与刑事诉讼的规范衔接。在职务犯罪监察调查“人权保障”价值统摄的基础之上,又要求“以权力制衡权力”和“以权利制约权力”的协同发力,前者包含监察机关的内部权力制衡和司法机关的反向权力制衡,后者则强调职务犯罪调查阶段被调查人的对抗性权利保障,进而克服“调查中心主义”的实践风险。

第五章为检察机关的审查起诉与法律监督。从刑事司法体制的应然结构出发,检察机关的审查起诉作为中间过渡环节,承担着职务犯罪案件中监检衔接规范与实践的审前主导权,特别是捕诉合一改革也刺激着职务犯罪审查起诉的模式转型。其中,程序性衔接主要是指监察调查措施到刑事强制措施的转换;实体性衔接主要是指监察调查证据到审查起诉证据的转换。在监察法与刑事法的双重语境之下,监察证据与刑事证据的规则体系融合应当遵循“就高不就低”的基本原则,并且具体反馈于非法证据排除的核心治理,因为审查起诉作为中间和过渡环节,其非法证据排除是一种共谋而合的共赢产物。

第六章为职务犯罪的审判模式与裁判路径。法庭审判构成了犯罪嫌疑人、被告人向犯罪人身份转换过程中权力与权利博弈的核心场域。首先是对抗模式之下的庭审实质主义,强调庭审过程中举证、质证、辩论、认证等由虚变实,通过重塑庭审事实发现机制、构建裁判心证约束机制和规范案件裁断审决机制等实现。其次是合作模式之下的认罪认罚从宽,作为独立裁判对象的认罪认罚从宽协议,围绕其自愿性、真实性与合法性展开的司法审查构成了法庭审判的主要内容,但是必须保持不得克减的程序正义和不得异化的法治实践。最后是缺席模式之下的程序理性建构,虽然从必要性和可行性出发,职务犯罪案件缺席审判承载着由功利主义向法治主义之理念转型、短期应急向长效治理之模式转型等功能,但是其天然缺陷克服亦不容小觑。

第七章为结语。本章内容主要包括职务犯罪刑事司法法治化研究议题的重申、方法的反思,以及对未来进一步深化的展望。强调职务犯罪刑事司法的法治转型必将是一项全局性、长期性与根本性的复杂工程,高效反腐与有效反腐的法治实践有赖于理念转型、规范配套与制度实践等相互协调,针对其理论研究与制度实践有待进一步的深耕细作。

本书整体框架见图1。

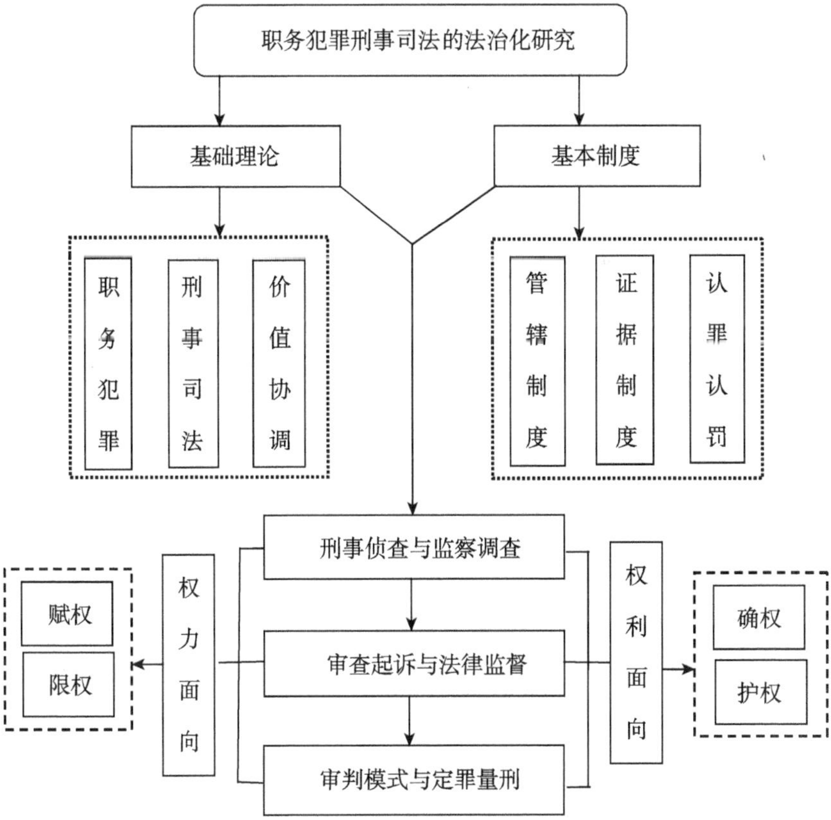

图1 职务犯罪刑事司法的法治化研究框架示意

四、研究方法

比较法学研究方法：国家监察体制改革虽然是我国政治体制改革的重要内容，但其本质属于国家反腐败体制的重新布局，决定了纵向历史经验与横向国际经验的比较价值。一方面是从历史演进来看，选择以制度、理论和领导核心为线索，中国特色反腐败体系先后经历了封建时期以监察制度为内容的集权式反腐、民国时期以五权宪法理论为统摄的分权式反腐、中华人民共和国时期以政党领导为核心的法治化反腐。皇权反腐、监察反腐、行政反腐和司法反腐等模式选择和实践探索，能够为当前国家监察体制改革的巩固和发展提供本土资源和历史镜鉴，例如，本书第四章侦查模式向调查模式的转型。另一方面是从域外比较来看，我国香港廉政公署、新加坡贪污调查局和欧洲地区监察权理论及制度等探索，相关经验或教训值得我国内地借鉴。以同样作为独立反腐败机构的香港廉政公署为例，从犯罪控制主导到程序正当兼顾，惩罚犯罪与保障人权也经历了一场此消彼长的动态博弈，围绕其限制权力与保障权利的改革实践，有助于增强我国内地监察体制改革的后发优势。

规范分析研究方法：《监察法》是对党的十八大以来的反腐败经验的系统总结，是以法律的形式将反腐败斗争中取得的经验和成果进行国家确认，但是基于监察改革初期“宜粗不宜细”的立法智慧，法条本身有较大的解释空间，例如，学者对监察对象、监察建议、派驻条款与证据规则的解读等。《刑事诉讼法》系刑事司法领域的基本法，修法背后是我国刑事司法制度的体系完善，衔接国家监察体制改革构成了第三次修法的重要内容。通过对监察法条文的深入解读，并结合刑事诉讼法相对成熟的解释方法和规则技术，从制度的合法性、合理性方面进行规范分析，进而为职务犯罪刑事司法的制度转型提供方案。以职务犯罪案件中的证据制度为例，《监察法》第 33 条规定监察机关在收集、固定、审查、运用证据时应当与刑事审判关于证据的要求和标准相一致，围绕“就高不就低”的程序原则展开，本书主张采用“证据一体”的规则体系，强调监察证据向刑事证据的规则标齐，以及调查取证参照刑事诉讼法的规则指引。

价值分析研究方法：在职务犯罪刑事司法的法治化转型研究中，必然会涉及法治理念、法律传统等方面的价值冲突，并且集中体现在惩罚犯罪与保障人权两个方面。其中，监察法的价值具有多元性，以满足教育、预防、监督和惩治的四位一体功能，监察调查也蕴含着违纪调查、违法调查和犯罪调查等类型，监察法内部本身就内容庞杂；刑事诉讼法的价值具有独立性，不仅早已成为一种学术共识，还逐渐成为一种实践自觉，并体现于整个刑事诉讼过程中公正与效率价值的有效统一。因此，面对程序衔接，以及制度转换背后高效反腐与有效反腐、形式法治与实质法治的价值冲突等，都面临着价值的取舍与权衡。以职务犯罪的监察调查为例，一方面是要想实现惩罚犯罪的根本目标，就要求调查权力的积极扩张和基本权利的相对克减；另一方面是要想贯彻保障人权的基本原则，就要求调查权力的保守克制和基本权利的绝对保留，具体协调则有赖于行为选择和作出时的利益衡量。

实证主义研究方法：在“关注中国问题，讲好中国话语”的时代背景之下，简单地介绍西方的先进制度并不能构成一个中国学者独立的学术贡献，而且简单移植未必能够在我国落地生根，通过实证研究方法来塑造中国刑事司法的独立品格越发受到重视。与此同时，从法学研究方法的历史演进与多元构造来看，实证主义研究方法在刑事司法研究中的兴起与发展也有其必然性。国家监察体制改革背景之下，依托职务犯罪案件裁判文书的数据记载与信息挖掘，一方面是深入观察北京、浙江和山西等地试点情况，展开反腐刑事司法实践的横向比较，例如，职务犯罪案件总数、罪名类型等比较；另一方面是持续追踪宪法、监察法与刑事诉讼法等规范调整，进行反腐败刑事司法实践的纵向比较，例如，以“保障人权”的法制健全为线索，职务犯罪案件的逮捕率整体呈下降趋势。与此同时，通过随机抽取早期监察机关调查、检察机关公诉和审判机关裁判的100份职务犯罪裁判文书(其中包括111名被告和111个量刑),结合物证、书证、证人证言等证据分布,呈现职务犯罪案件案卷笔录向言词口供中心迁移的庭审构造,并且能够从其他相关实证研究中寻求佐证。

学科交叉研究方法:职务犯罪既是纪律问题,又是政治问题,更是法律问题,政党、政治、法律、文化、历史等都是左右反腐败模式选择的重要因素。因此,本书涉及的学科范围比较广泛,包含党规学、政治学和法学等具体门类,以及法学范畴当中的监察法学、刑事法学、证据法学等专业学科。引入多学科交叉的协同式、创新式研究,有利于多角度、全方位地对职务犯罪的刑事司法问题进行深入研究,进而增强对策改革的协调性、实践性。

第二章

职务犯罪刑事司法的基础理论

腐败治理是国家治理的重要内容,反腐败体系和反腐败能力的现代化也是推进国家治理体系和治理能力现代化的重中之重。在传统纪律检查、行政监察、检察侦查、政府审计和腐败预防等“九龙治水”的反腐格局中,反腐资源投入与治理成效不彰的困局、反腐制度大爆炸与反腐机制不畅的困局、腐败“黏性”与反腐惯性的困局、硬性反腐过剩与软性反腐不足的困局、反腐力度极端化与腐败烈度居高不下的困局等日益显现,[①]这也构成了我国新一轮反腐败体制改革的现实基点,进而关涉职务犯罪刑事司法体制的重大调整。2018 年的全国人大会议对《宪法》进行了第五次修正,这标志着我国“人大统一领导下的一府一委两院制”组织架构正式确立,后续又分别以《监察法》的出台和《刑事诉讼法》的修正为时间节点,国家监察体制经历了从无到有、从有到精的法治演变。社会主义整体法制进步背景下,“职务犯罪”作为一个法律概念相继出现在国家法律当

---

① 参见刘艳红:《中国反腐败立法的战略转型及其体系化构建》,载《中国法学》2016 年第 4 期。

中,2018年修正的《宪法》第一次出现了“职务犯罪”的概念,后续《监察法》的制定和《公务员法》的修订等相继引入“职务犯罪”概念,并且职务犯罪刑事司法作为一种规范实践的逻辑结构、基本功能和多元关系等日渐清晰,虽然监察程序是独立的程序样态,不受刑事诉讼法调整,但是职务犯罪案件的定罪量刑最终离不开检察机关的诉讼活动,[①]“调查—公诉”模式和“侦查—公诉”模式相结合构成了我国职务犯罪刑事司法审前活动的基本样态。

一、职务犯罪的基本概念

贯穿于成文法国家“逻辑演绎”的司法实践,概念、判断、推理是法律逻辑过程当中的重要内容,并且强调以概念清晰为前提要件。因此将法律事实概念化和类型化一直是大陆法系国家理论研究和司法实务的基本做法,例如,德国学者贝林格“把刑法分则的特殊构成要件概念化、理论化”和德国民法中一般人格权的框架式权利结构等,而且这种概念化研究路径对中国的法治建设影响深远。一般来说,犯罪概念由立法定性,我国《刑法》第13条分别以“社会危害性”和“但书”为核心内容,进而体现“入罪靠形式出罪靠实质”刑法谦抑性的基本精神。[②] 然而,作为腐败治理过程中基本概念的职务犯罪在我国也经历了从司法实务、学理讨论到立法整合的历史沿革,但是又始终难以作出精准定义。以行贿罪为例,有观点主张“……行贿罪、介绍贿赂罪等职务犯罪……”[③],但是也有观点认为“行贿罪等个别与国家工作人员职务犯罪密切相关但本身不属于职务犯罪”[④]。不仅刑法规范当中没有泛泛而论的职务犯罪,而且其本身只

---

① 参见朱良:《职务犯罪视域下监检衔接的三重维度》,载《新疆社会科学》2022年第6期。

② 参见刘艳红:《以科学立法促进刑法话语体系发展》,载《学术月刊》2019年第4期。

③ 于志刚:《我国刑法中有组织犯罪的制裁体系及其完善》,载《中州学刊》2010年第5期。

④ 樊崇义、胡志风:《职务犯罪侦查适用特殊侦查措施的必要性和可行性》,载《人民检察》2010年第6期。

是泛指具备某种职务身份者利用职务之便而实施的犯罪,[①]背后又是身份上的公职属性、行为上的公务活动、形式上的法定职权和实质上的职务侵害等内涵之争。语境论是科学研究的基本前提,在当前“职务犯罪”被正式写入《宪法》、《监察法》和《公务员法》等法制背景之下,由法学概称上升为法律概念的职务犯罪概念界定、特征描述等都有待进一步的表达重述。

(一)职务犯罪的概念界定

概念反映事物的本质特征,但是作为刑法学、犯罪学基础概念的职务犯罪并未出现在我国刑法中,起初也只是法学研究者和司法实务者出于各自便利而作出的抽象概括,司法实践中也表现为检察机关法律监督职能下的立案侦查,多种观点各持所据,争论热烈却又莫衷一是。国家监察体制改革背景下,作为法律基本概念的职务犯罪相继出现在根本法——《宪法》,基本法——《监察法》和《公务员法》等法律中,并且规定由监察机关专门调查职务犯罪,监察党内法规更是明确列举了具体的刑法罪名。监察机关的监察对象系公职人员和有关人员,但是刑法体系中职务犯罪的主体主要是国家工作人员和国家机关工作人员,两者之间的身份衔接问题客观存在。因此,一方面是历史沿革视角下职务犯罪概念的认定模式,另一方面是规范衔接视角下职务犯罪管辖的实践模式,都有待科学化、体系化与类型化的规范解读。

1. 利用职务的形式主义逻辑

随着中国经济社会体制的转型与发展,权力腐败与腐败治理已经成为影响国家长治久安、和谐发展的关键问题,特别是作为其中极端表现形式的职务犯罪越发受到重视,但是基于不同研究视角而得出的职务犯罪概念众说纷纭。例如,有观点认为“职务犯罪,是国家工作人员利用职

---

① 参见孙国祥:《监察对象的刑法主体身份辨析》,载《法学》2019 年第 9 期。

务便利从事的犯罪活动,与其他种类犯罪的重要区别之一就在于其主体只能是国家工作人员"[①]。有观点认为"职务犯罪,是指国家公职人员利用职务之便进行非法活动,或者滥用职权、玩忽职守或者徇私舞弊,破坏国家对职务行为的管理活动,依照刑法应当受到刑罚处罚的犯罪行为总称"[②]。也有观点认为"职务犯罪,是国家工作人员和其他在社会团体、企业、事业单位中依照法律、法规或者组织章程从事公务的人员在履行职责过程中,利用职务上的便利条件,或者滥用职权,或者不正确履行职权所实施的违背职责要求的依照刑法规定应受刑罚处罚的行为的总和"[③]。在这样一种"利用职务"形式主义的一般逻辑之下,结合其主管、负责、承办等行为本质,强调职务犯罪的身份犯属性,基本的共识性认识还包括职务犯罪的犯罪客体主要是国家对职务行为的管理活动,国家权力运作的有效和廉洁等;职务犯罪的主观方面包括故意和过失两种情形;以及职务犯罪的核心特质在于强调职务行为与犯罪构成的实质关联等。但是在主体身份、行为表现和结果类型等方面也存在认识分歧,而各种认识分歧的根源主要在于人们在判断职务犯罪时采用了不同的标准,例如,职务行为上法定职权说与实质职权说之争。因此,当前刑法规范的实体法依据和监察法规范的程序法依据构成了反腐倡廉建设过程中职务犯罪概念阐释的基本考量。

2. 侵害职务的实质主义立场

犯罪概念是对犯罪本质的抽象概括,犯罪构成是犯罪概念的具体化,[④]考虑到职务犯罪系对具体个罪的理论抽象,因此主张围绕其要件构成方面"侵害职务"的实质主义立场展开。首先是从职务犯罪的主体身份来看,传统"公务""职务"视角下的国家工作人员、国家机关工作人员

---

① 陈兴良主编:《职务犯罪认定处理实务全书》,中国方正出版社 1996 年版,第 23 页。

② 孙谦主编:《国家工作人员职务犯罪研究》,法律出版社 1998 年版,第 21 页。

③ 何秉松主编:《职务犯罪的预防与惩治》,中国方正出版社 1999 年版,第 5 页。

④ 参见陈兴良:《社会危害性理论:进一步的批判性清理》,载《中国法学》2006 年第 4 期。

等都有限缩主体身份之嫌，不仅未能兼顾单位构成职务犯罪的既定规范，例如《刑法》第 387 条规定的“单位受贿罪”，而且未能囊括所有行使公权力的公职人员，例如村干部职务犯罪主体身份的焦点争议，以及未能考虑到职务犯罪实践中共同犯罪、对合犯罪等复杂情形，其中就涉及“行贿罪”等非公职人员的对合犯罪。其次是从职务犯罪的行为方式来看，分别以职务行为的积极违法与消极违法为内容，例如贪污贿赂、玩忽职守等划分，但是也应当警惕同一表述在不同要件构成中的内涵差异。以刑法条文中“利用职务上的便利”表述为例，受贿罪中既包括利用本人职务上的直接职权，还包括利用本人职务上的间接职权，属于复杂影响型的职务便利，但是贪污罪中仅指利用职务上的直接职权，属于独立控制型的职务便利，这就要求结合具体罪名认定职务犯罪。再次是从职务犯罪的结果侵害来看，表现为结果犯、情节犯、数额犯等多样组合，既包括对公共财产的侵害，也包括对公共秩序的破坏，并且是以公权力的可信赖和可托付为最终归属的。最后是从职务犯罪刑事司法的治理逻辑来看，分别以程序化和法治化的长效治理为目标，前者包括监察机关调查、检察机关审查起诉和人民法院审判等程式推演，后者以《刑法》、《监察法》和《刑事诉讼法》等为规范依据。与此同时，检察机关对少量职务犯罪案件的侦查保留，也是在监察改革试点过程全部转移之后推广阶段的有限保留。

3. 职务犯罪的综合认定模式

职务犯罪与腐败治理密切关联，这就要求围绕腐败治理的宏观大局进行职务犯罪刑事司法的体系化研究。其中，一方面，考虑到反腐倡廉作为一项经常化、持久性和开放式的国家治理活动，另一方面，考虑到职务犯罪作为一种类型犯、组合犯和法定犯的个罪依附实际，这些都决定了职务犯罪概念界定的复杂性。基于法律规范与司法实践的长期互动，以及社会危害性与管辖法定性的前提考量，职务犯罪的基本概念由刑法学说上升到立法规范，背后是架构路径由“形式化推导”转换为“实质性构建”,[①]以及强调围绕“利用职务”和“侵害职务”的双重解释立场展开,进而遵循一种动态化、灵活式与全覆盖的综合认定模式。职务犯罪是指在公共权力行使过程中因涉嫌积极违法与消极违法而规定由国家监察机关监察调查或检察机关刑事侦查的犯罪,以适应法律规范与司法解释的后期修正。例如,公立医院医生在具体医疗活动中接受病人“红包”和在公共采购活动中接受商家“回扣”的行为,显然都是违背《执业医师法》(已失效)中“医师不得利用职务之便,索取、非法收受患者财物或者牟取其他不正当利益”的法律规定的,但是后者的公共事务管理属性又决定了其涉嫌国家工作人员受贿犯罪的法律事实。其实从双重解释立场来看,形式主义强调“利用职务”的犯罪过程,而实质主义强调“侵害职务”的犯罪结果,考虑到职务犯罪概念揭示的职务犯罪本质特征系其社会危害性,但是单纯的形式主义又难以满足逻辑的周延性与体系的自洽性。从职能管辖分工来看,不仅监察机关调查的不一定都是职务犯罪,因为监察机关具备互涉案件中“主调查”的一般优先性,以凸显监察机关反腐倡廉的整体统筹;而且职务犯罪不一定都是由监察机关调查的,因为检察机关也保留了针对少量职务犯罪的立案侦查权,以实现检察机关法律监督的刚性约束。

由于是具体个罪的集合,刑法规范并无对职务犯罪的明确界分,而是散见于《刑法》分则的10类犯罪当中,但是理论界和实务界对职务犯罪的范围和分类也不尽相同。例如,有学者从刑法体系完善的角度出发,主张将“贪污贿赂罪”与“渎职罪”两章合并为“职务犯罪”一章,[②]前者是指侵犯国家工作人员职务行为廉洁性的职务犯罪,其中就包括“行贿罪”“介绍贿赂罪”等非身份犯罪,后者则是指破坏国家机关正常管理

---

① 参见刘杨:《基本法律概念的构建与诠释——以权利与权力的关系为重心》,载《中国社会科学》2018年第9期。

② 参见赵秉志:《论我国反腐败刑事法治的完善》,载《当代法学》2013年第3期。

活动的职务犯罪;也有学者从刑法理论自恰的角度出发,主张将职务犯罪划分为“利用职务的犯罪”和“亵渎职务的犯罪”两类。[①] 立足于法律概念系对既定事实、特定制度等法律表达的基本前提,并具体结合《刑法》、《监察法》、《刑事诉讼法》与《国家监察委员会管辖规定(试行)》等规范文本,本书主张将职务犯罪进行贪污贿赂类、滥用职权类、玩忽职守类、徇私舞弊类、重大责任事故类、公职人员其他类、检察机关侦查类等体系划分,并且始终要求遵循具体个罪构成要件中的综合认定模式。

(二)职务犯罪的特征描述

从司法实践和刑法理论中提炼出的职务犯罪概念背后也蕴含着共性的基本特征,例如,主体身份的限定性、行为动机的多元性、作案手段的隐蔽性与法益侵害的严重性等。与此同时,随着我国经济社会的不断发展、科学技术的不断进步、对外开放的不断加强和反腐斗争的不断深入,司法实务中职务犯罪的时代性特征也越发明显,例如村干部职务犯罪手段的历史演变。[②] 在当前人民日益增长的美好生活需要和不平衡不充分的发展之间的矛盾之下,职务犯罪也呈现多元化、高智能、家族式和团伙型的时代特征。

1. 多元化的职务犯罪

多元化一直是职务犯罪的演变趋势,具体又表现为主体身份的多元和行为方式的多元。一般来说,职务犯罪的行为主体只能是具有特定身份之人,非职务人员不能单独构成此罪,但是也能够成立职务犯罪的共同犯罪、对合犯罪等。例如,介绍贿赂罪的行为主体就构成行贿或受贿的共同犯罪,而这本身也符合《监察法》中对“涉案人员”的规定。单从刑法条文的规定来看,职务犯罪的多元主体包括三个层次,即国家机关

---

① 参见周其华:《职务犯罪的概念、特点和范围》,载《国家检察官学院学报》2005 年第 6 期。

② 参见周健宇:《村官职务犯罪的演变与治理探析——基于 1993 ~ 2017 年案例的研究报告》,载《政治学研究》2018 年第 6 期。

工作人员,除国家机关工作人员以外的准国家工作人员和非国有公司、企业、单位中担负职务的人员。[①] 但是基于监察机关调查犯罪的规范梳理,职务犯罪的行为主体将围绕公职人员呈扩张趋势,进而确保所有依法履行公职的人员都能够成为职务犯罪的行为主体,以适应监察全覆盖的改革布局。职务犯罪的行为方式多元,主要是指在贪污贿赂、滥用职权等类型当中的行为交织,突出表现为当下干股型、涉黑型、权色型以及跨国型职务犯罪案件的数量增长。

2. 高智能的职务犯罪

高智能的职务犯罪,一方面是指职务犯罪主体具有较高学历和理论素养、相当的官场阅历,往往具备较强的反侦查、反调查意识,但是在反腐倡廉警钟长鸣的国家持续治理之下,他们也构成了"知法犯法"的反面典型。另一方面是指职务犯罪手段的科技化、智能化和隐蔽化水平不断凸显,客观上加大了职务犯罪案件的治理难度,"职务犯罪黑数"也是当前腐败治理的深层性难题。例如,以"暗网"为掩体的资金转移类职务犯罪,[②]就存在发现难、取证难和固定证据难等现实障碍。鉴于此,作为职务犯罪案件侦查基本经验的"充分发挥科技手段在职务犯罪侦查工作中的作用",先后也经历了从"法外实践"向"法内规范"的法制转型。因此,在职务犯罪大数据过程层面留痕获取信息和结果层面统计预测信息的双重定位,以及结构化数据、半结构化数据、非结构化数据的多元融合的规范前提下,数据在职务犯罪精准治理中的功能发挥应当是贯穿事前、事中和事后的层次型、立体式场域,并呈现预防、监督和发现的多样态分布。

---

① 参见冯殿美:《关于职务犯罪的概念、特征和类型》,载《山东大学学报(哲学社会科学版)》1999 年第 3 期。

② 源于网络的隐匿技术,第一个被公认的成熟、商业化、黑社会化"暗网"——"农夫市场"(The Farmer's Market)于 2006 年在美国出现,具有匿名性和不可追溯性的技术特征。参见黄伟:《暗网世界的黑色犯罪》,载《检察风云》2017 年第 23 期。

3. 家族式的职务犯罪

“夫妻齐上阵，腐败父子兵”是家族式职务犯罪的形象表述，例如有调查发现，55%的市“一把手”贪官背后有配偶、子女、兄弟姐妹卷入腐败，共同作案，呈现家族式腐败，[①]因此增设“利用影响力受贿罪”等也是对刑法规制漏洞的立法补缺，实践中又可以进行协助型、参与型与合作型等具体划分。首先是协助型职务犯罪，即只有一名核心人员身居要职，其他家族成员帮助其实施侵吞财富行为的类型，突出表现为利用妻子儿女等收受贿赂，在令计划、苏荣、白恩培等案件中，令计划的妻子谷丽萍——广结政商朋友，隐蔽权钱交易；苏荣的妻子于丽芳——涉猎甚广，贪得无厌；白恩培的妻子张慧清——升官发财的“夫人路线”等。其次是参与型职务犯罪，即不止一名家族成员当官，而是多人当官，“前腐后继”共同为家族谋取利益，例如山西的令氏家族腐败案，以及江西省政协原副主席许爱民腐败案中，背后又牵涉其女婿徐楷的“造假骗官”“带病提拔”等问题。最后是合作型职务犯罪，即家庭成员一部分为官，一部分从商，合作共谋利益，涉及官商勾结，通过商场洗黑钱，共同为家庭谋利，例如安徽省商务厅原党组书记、厅长曹勇和安徽省威钻机电公司原实际控制人刘静云的合作式家庭腐败。

4. 团伙型的职务犯罪

“拔出萝卜带出泥”是当前职务犯罪案件背后的新常态，职务犯罪更多以窝案、串案而非个案、孤例的形式存在，并且伴有“集体化决策”的新特征，团伙型职务犯罪案件数量呈上升趋势。一般表现为实践中围绕高官腐败的帮派化，政治上相互“支持”、经济上相互“利益”、文化上相互“影响”的拉帮结派，而且高官更是在帮派组织中扮演“山大王”“领头羊”等角色，例如周永康的“秘书帮”、蒋洁敏的“石油帮”和令计划的“山

---

① 参见乔德福：《改革开放以来市“一把手”腐败案例研究报告——基于142个市“一把手”腐败案例分析》，载《理论与改革》2013年第5期。

西帮”等。与此同时,职务犯罪更是与黑恶势力犯罪等紧密相连,一方面是收受黑恶势力行贿等不法利益,充当黑恶势力的保护伞;另一方面是通过黑恶势力变相履行公职,进而谋取非法利益。例如,山西的陈川平、聂春玉等人就与被称为“山西地下组织部长”的张新明缔造的“黑金帝国”有密切关系。协同治理模式下,我们既可以通过黑恶犯罪侦查发掘职务犯罪信息,也可以通过职务犯罪调查搜集黑恶犯罪线索。

在不同法律语境之下,监察法基于公权力监督的全覆盖,要求公职人员的从宽解释;而刑法基于谦抑性解释的兜底性,强调国家工作人员的从严限制,这就决定了公职人员与国家工作人员的内涵外延差异。鉴于此,作为监察法学基本概念的职务犯罪,围绕其概念、特征等系统梳理,有助于未来职务犯罪刑事司法的体系化研究。

二、职务犯罪刑事司法的结构体系

作为治理腐败的重要措施,刑事司法手段在第二次世界大战以后受到广泛重视,[①]例如乌克兰反腐败刑事司法制度的法制变迁。[②] 中国刑事司法语境下,侦查、起诉和审判构成了其中的三个基本环节,分别以收集证据、审查起诉和定罪量刑为具体任务,承载着犯罪治理正当性、效率性与正义性等多重使命。作为体系化和综合性国家行为的刑事司法,以解决被追究者的刑事责任问题为要旨,一方面要求准确、及时和有效地惩罚犯罪,另一方面又强调刑事司法过程中的尊重和保障人权,这同样适用于职务犯罪的刑事司法活动。国家监察体制改革背景之下,我国的职务犯罪刑事程序逐渐自成体系,[③]规定由监察机关专门行使职务犯罪调查权和检察机关补充行使职务犯罪侦查权,“调查—公诉”模式和“侦

---

① 参见匡科:《刑上大夫:治理腐败与刑事司法制度的演进》,法律出版社 2008 年版,第 3 页。

② Shvedova G. L., *Criminal Law as a Structural Element of Criminal Justice in a Counteracting Corruption in Ukraine*, Journal of Eastern European Law, 2015, p. 193 – 197.

③ 参见陈海锋:《职务犯罪刑事程序的体系化检视》,载《政治与法律》2021 年第 6 期。

查—公诉”模式相结合将是我国职务犯罪刑事司法审前活动的基本样态。

(一)职务犯罪刑事司法的逻辑进路

分工负责和逻辑严密是刑事司法活动的基本特征。从我国刑事司法的纵向构造来看,囿于受到“实体真实探知主义”深层司法文化的持续影响,“事实清楚、证据确实充分”的同一性证明标准贯穿侦查终结、提起公诉和定罪量刑的司法全过程,侦查、起诉和审判更是以一种“流水作业式”的样态呈现,特别是在职务犯罪刑事司法的传统构造中,检察机关更是集职务犯罪预防、侦查、起诉和监督等多项权能于一体,并由此暴露出“自侦、自捕、自诉和自监”等职能同体的实践痛点,职务犯罪刑事司法的社会公信力亟待加强。

1. 侦查环节的调查取证

对于公安机关、国安机关、检察机关等侦查机关而言,侦破犯罪是侦查阶段的根本任务,而手段、方式和体系等构成其综合性保障。国家监察体制改革前,职务犯罪的侦查权由检察机关直接行使,并且经历了法制化的历史沿革。我国的检察制度是在学习苏联的基础上建立的,但是囿于中华人民共和国成立之初统一刑法典、刑事诉讼法典等缺位,检察机关究竟是领导公安机关侦查?还是根据案件性质作出明确的分工?当时还没有定论。[①] 在刑事司法个案实践中,侦查权被解读为隐藏于“检察权”的概念当中,例如检察机关牵头查办了刘青山、张子善贪污案等,背后又与检察机关实行一般监督的法定职权相关联。直至 1962 年公检法联合发文,才从规范层面明确了检察机关管辖国家机关工作人员、基层干部和企业职工中贪污、侵吞公共财产、侵犯人身权利等构成犯罪的案件,各级检察机关相继增设业务机构,并将“职务上犯罪”的侦查作为

---

① 参见孙谦主编:《人民检察制度的历史变迁》,中国检察出版社 2009 年版,第 147 页。

检察机关查案办案的工作重心。随着1979年中华人民共和国第一部《刑事诉讼法》的正式颁布，我国从法定侦查和机动侦查两个方面对检察机关职务犯罪侦查管辖作了粗放式的立法规定，但是具体实践中“检察机关自侦案件范围不断扩大、办案过多、牵扯了过多精力，反而难以集中力量查办贪污贿赂等腐败案件和进行法律监督”①。1996年我国刑事诉讼法针对职务犯罪案件管辖权的调整，呈现管辖范围清晰化和案件类型精细化两大特点，特别是1999年的《人民检察院刑事诉讼规则》从规范层面率先提出“职务犯罪”，并且明确了公安机关、检察机关案件管辖当中的移送责任与配合义务等。在这一过程当中，职务犯罪侦查权的合理扩张与依法规制是模式演进的基本方向，并直接体现在对职务犯罪侦查立法、权力规范和权利保障的深层推进上。

随着国家监察体制改革试点到推广的逐步深入，监察机关将代替检察机关承担职务犯罪的调查职能，但是围绕监察调查的权力属性存有争议。在监察权区别于侦查权、监察机关区别于侦查机关的前提性共识之下，理论界倾向于认为监察机关是行使政务监察权和刑事监察权的国家机关，②应当将监察调查权区分为一般调查权和特殊调查权，而后者类似于职务犯罪的刑事侦查，③并且未来应当在监察机关内部成立与之相适应的职务犯罪调查局。虽然从刑事诉讼法条文的变化来看，侦查概念的界定已经从“专门调查工作和有关的强制性措施”调整为“收集证据、查明案情的工作和有关的强制性措施”，但始终以犯罪查明为基本功能和以阶段性处置为本质特征，与监察机关调查职务犯罪存在共通性。正如学者所言，“法律的上述调整改变不了调查和侦查都是取证过程，即证据

---

① 黄太云：《刑事诉讼制度的重大改革——刑事诉讼法修改的几个重大问题述要》，载《中国法学》1996年第2期。

② 参见陈瑞华：《论国家监察权的性质》，载《比较法研究》2019年第1期。

③ 参见陈光中：《关于我国监察体制改革的几点看法》，载《环球法律评论》2017年第2期。

收集、固定、保全之过程”[①]。调查和侦查“实际意义是相同的，但可能产生额外的规制效果”[②]。因此，本书的基本立场是认为监察机关的职务犯罪调查带有侦查属性，其不仅是一种服务于国家监察权的特殊调查权，还是一种查明案件事实的程序性权力，理应纳入职务犯罪刑事司法的讨论范畴，[③]但也并非机械化地要求监察机关的职务犯罪调查完全适用刑事诉讼法。

2. 起诉环节的程序分流

刑事司法带有明显的阶段性特征，具体是以“分工负责”为制度支撑。作为其中独立阶段的审查起诉，发轫于检察机关法律监督的宪法定位，对前衔接职务犯罪的调查和侦查，对后衔接职务犯罪的定罪和量刑，是刑事公诉案件程序分流的重要环节。审查起诉是指检察机关对于监察机关移送的调查结果、侦查机关移送的侦查结果，从事实认定、证据收集、法律适用和程序选择等方面进行全面审查，并就审查结果对案件作出是否提起公诉的检察活动。在检察机关全面统筹审查起诉的基本构造中，主要包括受理、审查和决定等步骤，一方面是依赖移送的意见书和案卷材料，另一方面是围绕实体审查和程序审查的内容，并具体以书面审查和当面审查、自行侦查和退回补充相结合的方式推进。围绕诉讼认识论、程序正义论和风险控制论等理论命题展开，我国审查起诉阶段有两个重要的任务，一是审查案件是否符合起诉的条件，强调审查起诉的过滤功能，进而推动刑事司法的精细化；二是审查侦查活动的合法性，强调审查起诉的监督功能，有效防止审前程序的恣意性。[④] 从历史上来看，审查起诉过程中刑事追诉权的规制、律师辩护权的强化、人民监督员参与权的确立等，都体现出审查起诉程序诉讼化和司法化改造的基本方

---

① 程雷：《“侦查”定义的修改与监察调查权》，载《国家检察官学院学报》2018 年第 5 期。

② 陈卫东：《刑事诉讼法修改若干问题研究》，载《内蒙古社会科学》2020 年第 3 期。

③ 参见倪铁：《监察刑事调查权的程序重塑》，载《法学》2019 年第 8 期。

④ 参见汪海燕：《论刑事程序倒流》，载《法学研究》2008 年第 5 期。

向。现阶段,《监察法》第 11 条规定的“调查结果移送”和《刑事诉讼法》第 170 条规定的“依法进行审查”等,构成了职务犯罪刑事司法过程中审查起诉的规范依据。

职务犯罪案件中,监察机关调查完结的移送材料主要包括人和物两个方面,并由检察机关进行事实、法律和程序等全面审查。前者主要是指监察调查措施到刑事强制措施的变更,特别是监察留置措施的分流问题,改革实践中也经历了配合式“直接衔接”到审查式“自行衔接”的模式转换。比较而言,两种转换模式的区别即在于是否存在留置措施与刑事强制措施间的实质差异,是否承认审查起诉过程中检察机关刑事强制措施的主导地位,以及是否允许刑事强制措施针对留置措施的调整分流。至于检察机关“退回补充调查”时的衔接实践,也应当是坚持“案退、人不退”的基本原则,即使发生程序流转,案件退回监察机关补充调查,也不宜恢复留置措施。[①] 后者主要是指监察证据到刑事证据的转化,突出非法证据排除的过滤功能,因为审查起诉是检察机关排除非法证据的关键环节,有利于实现监察、司法的目标共赢。关于监察机关调查过程中收集到的证据材料在刑事诉讼中的使用问题,《监察法》第 33 条已经作出明示性初步规定,其实是将刑事证据的概念、体系和规则等引入监察程序,以更好地辅助证据衔接,而审查起诉也应当围绕证据的真实性和合法性展开。

3. 审判环节的定罪量刑

司法的基本功能是定分止争,而刑事司法的核心功能在于惩罚犯罪、保障人权。审判是刑事司法的重要内容,并且狭义的司法活动仅指法院的审判活动,一方面是解决被告人罪与非罪、此罪与彼罪的争议问题,另一方面是解决被告人刑种、刑期和执行方式的认定问题,契合“审判中心主义”的实质要求,也是刑事司法法治功能实现的理想场域。定罪量刑的司法裁判,其实是围绕罪刑法定、无罪推定、证据裁判和辩护制

① 参见卞建林:《配合与制约:监察调查与刑事诉讼的衔接》,载《法商研究》2019 年第 1 期。

度等基本原则的法治实践，是展示司法文明和法治进步的重要窗口。其中，为了保持与有利于被告人规范解读的协调一致，法官于有无明文规定实践中入罪与出罪的反向能动，表达了罪刑法定原则实践中入罪与出罪差异化导向的司法功能。兼具举证责任分配和正当程序构建功能的无罪推定原则，是对被追诉人权利的基础性保障，前者强调公诉方承担证明责任，并且要求满足"案件事实清楚，证据确实、充分"的实质要件；后者着眼于"未经证明有罪即应当视为无罪"的司法过程，并且要求贯穿刑事司法之全过程。证据裁判是现代司法的底线要求，是事实认定与司法裁判的衔接桥梁，分别要求满足无证据不裁判、证据要有证据资格和证据须经法庭调查等条件。法律的生命在于实践，这就要求刑事立法中相对多样的证据种类和相对贫瘠的证据规则的有效适用。现代法治社会以律师辩护职能的充分发挥为保障，一方面是律师辩护经历了从审判阶段到审前阶段的历史发展；另一方面是律师辩护已成为法庭审判的基本常态，特别是在审判阶段律师辩护全覆盖的背景之下，而且定罪量刑过程中的律师参与体现在无罪辩护、罪轻辩护、量刑辩护、证据辩护和程序性辩护等类型中。

刑事司法作为腐败治理的重要分支与兜底手段，在公权力与私权利动态、持续博弈的程序演进中，具体实现腐败控制、权力制约、法制完善等多元功能，并且职务犯罪刑事司法与普通犯罪刑事司法具有不同的本质特征。[①] 围绕职务犯罪定罪量刑的审判实践，突出表现为罪刑法定原则和证据裁判原则贯彻落实的两大难题。前者主要是指职务犯罪刑事立法中"情节严重"、"严重后果"和"其他"等相对明确或相对不明确的规范，[②]虽然是成文立法天然的内在缺陷，却导致审判中"不严不

① 参见刘志：《论司法反腐的功能与路径》，载《金陵法律评论》2016年第2期。

② 以《国家监察委员会管辖规定（试行）》中列举的刑法罪名为例，其中有46处"情节严重"，24处"严重后果"和143处"其他"，监察机关人员拥有较大的自由裁量空间。

厉”或“厉而不严”的实践异化,职务犯罪的轻刑化问题突出,免于刑事处罚和缓刑适用的比例相对较高。后者主要是指职务犯罪刑事司法中的口供依赖主义和证人出庭规避,突出表现为庭审实质化改革在职务犯罪案件法庭审理中“不用”“慎用”的实践立场。① 国家监察体制改革虽然只是审前程序职务犯罪侦查权配置的显性调整,但是也能够对职务犯罪案件的刑事公诉和法庭审判产生隐性联动,可能会附带引发对职务犯罪轻刑化的矫枉过正,以及对职务犯罪证人出庭难的难上加难。

(二)职务犯罪刑事司法的基本功能

定分止争是司法最直接的目标,定罪量刑是刑事司法最基础的任务,而且“不枉不纵”是我国刑事司法的最高行为准则,要求既不能冤枉一个好人,也不能放过一个坏人。围绕职务犯罪刑事司法过程中调查、侦查、起诉、审判等程序性活动,实现职务犯罪刑事司法刑罚打击、预防震慑、规范保护、教育引导、政权巩固和法治实现等多元化功能。

1. 刑罚打击功能

刑事司法的基础工作是有效衔接基础事实与法律规范,即在还原案件事实的基础上准确定罪量刑。运用司法治理腐败是现代法治国家的普遍性选择,这一方面源于司法权威、严密的实体规范,另一方面基于司法稳定、有序的程序机制。围绕刑法、监察法、刑事诉讼法等展开的职务犯罪刑事司法以惩罚犯罪、打击犯罪为己任,而这也是刑事司法工具性价值的重要体现。刑事司法的工具性是指通过职务犯罪刑事司法的程序性活动以实现实体法目标,不仅突出治罪效率的优先性价值,而且遵循司法参与人的非主体性逻辑,但是社会主义法治的整体进步也推动着刑事司法单一工具主义价值观向多元功能主义价值观的转变。以有“天然”缺陷的刑事缺席审判制度为例,虽然牺牲了被追诉者接受和参与审

① 参见龙宗智:《论贿赂犯罪证据的客观化审查机制》,载《政法论坛》2017 年第 3 期。

判的诉讼权利和程序正义，但是基于高度重视反腐败和国际追逃追赃的现实需求，旨在实现对外逃贪官有效地惩罚，进而避免因为其逃至境外而逃脱刑事追责。其实，作为最严厉制裁措施的刑罚打击，不仅要求"以零容忍态度惩治腐败"，还要求"坚持'老虎''苍蝇'一起打"，更是强调"反腐倡廉要经常抓、长期抓"，以确保刑事司法的刑罚打击功能实现。如果说"刑法作为腐败治理立法体系中'不敢腐'立法的支柱"[①]，那么司法就是腐败治理多元路径中"不敢腐"根本的保障，因为职务犯罪刑事司法是腐败治理中最直接、最根本和最严厉的方式。

2. 预防震慑功能

付诸个案实践的刑事司法过程，是社会秩序公共维护的过程，是管理监督机制修缮的过程，更是类型犯罪预防震慑的过程，特别是针对全球性的风险社会治理，刑事立法和刑事司法更多关注风险的管理和预防，直接促发预防震慑的前端机能扩张，并直接体现在职务犯罪刑事司法等多个方面。以职务犯罪案件的监察调查为例，因为监察机关整合了行政监察、预防腐败和职务犯罪等侦查职能，打破了传统"九龙治水"式的分散治理格局，构建了"纪法合一"式的集中治理模式。行政监察跃升为国家监察的结构调整，并且附随调查权能创新、管辖模式变迁等，是惩治职务犯罪厉度和效度的校正，有利于监察调查预防震慑功能的实现。与此同时，《监察法》创设监察建议制度，这在某种程度上是对传统职务犯罪侦查中检察建议的法治再造。[②] 因为其作为监察处置的基本方式之一，在督促型、纠错型和整改型等类型划分中，不仅涉及程序监督，还包括实体处分，甚至可能触发否定性法律后果，特别是围绕整改型的监察建议

---

① 魏昌东：《〈刑法修正案（九）〉贿赂犯罪立法修正评析》，载《华东政法大学学报》2016 年第 2 期。

② 检察建议是检察实践的产物，是向特定对象提出纠正、处理或者改进工作意见的检察行为，主要包括参与诉讼类、法律监督类和预防犯罪类三种情形，具体实践又以预防职务犯罪的检察建议为主。

展开，监察机关基于监督、调查和处置等，剖析犯罪个案背后的深层原因、共性特征和潜在规律等，挖掘涉事单位监督和管理等方面的瑕疵和纰漏，进而提出针对性强、可行性高的整改建议，预防职务犯罪行为的发生。

3. 规范保护功能

突破刑事司法传统意义上的刑罚打击，刑事司法的权威性更多是源于程序性的规范、参与性的构造和终局性的裁断，而且规范和保护刑事司法过程中的公权力行使和私权利完整已经成为普遍的法治共识。因此，在法治反腐的转型升级中，职务犯罪刑事司法的规范保护功能决定了职务犯罪刑事司法的法治水平和文明程度。职务犯罪刑事司法的规范功能着眼于刑事司法活动依法展开的行为本身，通过统一和规范刑事司法参与主体的活动方式，形成规范化与制度化的长效机制，这也是实体法授权性和程序法限权性的根本分野。职务犯罪刑事司法的保护功能，广义层面是指通过刑事司法这一国家活动落实司法为民的指导方针，而狭义层面是指保障被调查人、犯罪嫌疑人和被告人等基本权利的有效行使，①尤其是保障被追诉人的基本权利构成了刑事司法保障人权的核心目标。虽然职务犯罪监察调查阶段适用监察法，审查起诉和法院审判阶段适用刑事诉讼法，但是从职务犯罪刑事司法规范权力行使和防止权力滥用、保护权利完整和避免权利侵害等角度而言，应当将监察法和刑事诉讼法倾向性地归结为规范权力的限权法。以职务犯罪刑事司法过程中的录音录像制度为例，其初衷本为固定口供证据，服务刑事控告的侦查讯问同步录音录像，后来也逐步演化成了被追诉方申请非法证据排除的重要线索和可靠证据，是权力主导型录音录像向权利保障型录音录像的逻辑转向，更是职务犯罪刑事司法刑罚打击向规范保护的价值

---

① 以《刑法》第1条中的“保护人民”为例，实质就是保障（犯罪嫌疑人、被告人）人权。因为“人民”一词有不同语境：在相对于“敌人”的意义上，人民是“自己人”；而在相对于“政府”的意义上，人民就是“公民”。参见刘远：《刑法概念的司法逻辑建构——〈刑法〉第1条之解读》，载《法学论坛》2011年第5期。

侧重。仅从规范本身而言,监察法的部分规定比刑事诉讼法的更为严格,扩大了录音录像的适用范围以及调查人员应当履行的法定职责,即录音录像将成为职务犯罪刑事司法过程中的基本常态。

4.教育引导功能

个案意义上的刑事司法在于定罪量刑,但是现代刑事司法也不再是单纯地报复性惩罚,还包括整体意义上的教育引导,其中既包括对具体犯罪人的特别教育引导,也包括对潜在犯罪人的一般教育引导,因为包容性强、参与度高也是现代司法的基本特征。这不仅有助于通过外部监督来规范刑事司法,也有利于实现刑事司法本身的教育引导功能。[①] 贯穿职务犯罪刑事司法的全过程,教育引导功能的具体发挥与个案办理相关联,包括职务犯罪的举报、调查、起诉、审判和执行等环节。这些环节不仅会对被追诉人的权利行使产生影响,例如留置、逮捕措施等对人身自由的限制,冻结、扣押措施等对财产权利的限制;还会对被追诉人的权利完整形成冲击,例如,死刑对生命权的剥夺、有期徒刑对自由权的剥夺、罚金刑对财产权的剥夺和资格刑对政治权的剥夺等。程序性和实体性、阶段性和终局性的示范性权利处分,能够确保人们对行为后果的预见性认知,以及行为作出的理性化选择,进而推动形成守法自觉、用权规范的清廉官场。例如,通过典型腐败案件查处进行教育引导,也是我国反腐败斗争的基本经验,特别是实践中组织领导干部旁听职务犯罪案件法庭审理的警示教育。

5.政权巩固功能

基于职务犯罪与普通犯罪在主体要件、行为事实和法益侵害等方面的差异,特别是考虑到“职务犯罪是瓦解执政党执政基础和国家政权社会根基的反动力量”[②],世界范围内的反腐败斗争也呈现与国情相适应的地缘差异。从我国职务犯罪刑事司法与普通犯罪刑事司法内涵和价值

① 参见江必新、程琥:《司法程序公开研究》,载《法律适用》2014年第1期。

② 张绍谦:《我国职务犯罪刑事政策的新思考》,载《华东政法大学学报》2013年第4期。

上的分野来看，分别以反腐倡廉和犯罪控制为核心目标，以巩固政权和保护人民为基本任务。在这当中，巩固政权是职务犯罪刑事司法的基本功能，职务犯罪刑事司法也是巩固政权的有效方式，统战性、效率性和政治性是职务犯罪刑事司法的深层要求。例如，时任最高人民检察院副检察长的王振川就明确提出职务犯罪侦查中政治意识、大局意识、服务意识的兼具，法律效果、政治效果、社会效果的统一等。① 这就要求切实关注职务犯罪刑事司法的特殊性，如果狭隘和偏执地强调司法程序正当而忽视其对国家大局的影响，就会引发司法正当与大局正当的抵牾，以及司法政治性和法律性功能的冲突。在其基本构造中，首先应当明确惩罚犯罪逻辑起点和保障人权最终归宿的底线要求，其次应当突出反腐倡廉与巩固政权的特别要求，最后应当确立价值规范冲突下的利益衡量和动态协调机制，通过职务犯罪刑事司法政治性、法律性、人民性和权威性的多元融合，推动司法在惩治腐败中的多元功能实现。

6. 法治实现功能

反腐败体系和反腐败能力的现代化是推进国家治理体系和治理能力现代化的重中之重，而且党的十八届四中全会全面勾勒了法治反腐的蓝图。② 刑事法治是社会主义法治的基本要素，其中反腐败刑事法治既是反腐败体系构成的重要环节，又是反腐败能力提升的有效保障，并且以职务犯罪刑事司法为主要实现方式。职务犯罪刑事司法承法治反腐实现之重，具体又包括立法规范形式法治和司法实践实质法治两个方面。在反腐败国际合作不断加强的时代背景之下，要求全面审视我国职务犯罪刑事立法与刑事司法的不足，一方面为了回应刑事司法的新问题，应当不断严密刑事法网；另一方面为了实践刑事立法的高要求，应当持续

---

① 参见王振川：《深入学习实践科学发展观　推动职务犯罪侦查工作平稳健康发展》，载《人民检察》2009 年第 1 期。

② 参见赵秉志：《贪污受贿犯罪定罪量刑标准问题研究》，载《中国法学》2015 年第 1 期。

提升司法能力。其中,从我国刑事立法的历史沿革来看,一方面表现为职务犯罪罪名的持续扩张,而这又与刑法立法的积极扩张相一致,有关国家工作人员职务犯罪的罪名体系不断完善;另一方面表现为职务犯罪刑罚的体系完备,例如限制和减少死刑适用、增设财产刑和资格刑等。从我国刑事司法的有效回应来看,通过整合行政监察、纪律检查和刑事侦查等反腐资源,建立起了统一性的反腐败专门机构;通过补充和完善未经定罪之没收、刑事缺席审判程序等,为境外追逃追赃创造了制度条件;以及认罪认罚从宽制度中职务犯罪案件的开放性适用原则,通过"轻轻重重"的程序机理以矫正司法资源平均分配的实质非正义。

(三)职务犯罪刑事司法的四重维度

基于结构功能主义的解释立场,我国宪法和刑事诉讼法规定了公检法三机关之间"分工负责、互相配合、互相制约"的基本原则,体现了刑事司法过程中国家机关分权与制衡的规范体系,并且贯穿侦查、起诉和审判等全过程。诚如学者所言,对这种监督制约路径稍加调整后,都可适用于对监察委员会行使职权的监督制约。① 其中,作为职务犯罪刑事司法参与主体的监察机关、检察机关和审判机关,宪法和监察法只是规定了配合与制约的相互关系。虽然没有"分工负责"的立法表述,但配合与制约显然以分工为前提,监察机关、检察机关和审判机关的存在与运行显然也以分工负责为前提,职务犯罪刑事司法同样以"分工负责、互相配合、互相制约"为关系进路,并且强调将"以审判为中心"作为核心指向,只是需要把握其区别于普通犯罪刑事司法的深层内涵。

1. 分工负责的基本前提

刑事司法的法治化过程即分工负责的精细化过程,是国家追诉、控审分离等国家权力配置的规范化过程。职务犯罪刑事司法过程中虽然

① 参见童之伟:《对监察委员会自身的监督制约何以强化》,载《法学评论》2017年第1期。

缺少“分工负责”的明示规范,但这并不影响参与主体职权的分工与独立,监察法中的“移送”条款表明其仅享有职务犯罪的预处置权。其实,《宪法》将监察委员会纳入“国家机构”章节,对监察委员会地位、职能配置、组织形式、领导体制等作了明确化规定,并强调了监察权行使的独立性,《监察法》又对上述宪法条款作了进一步的细化,这本身就是对国家机关间职能“互相分工”的具体体现。[①] 没有分工负责,就无所谓互相配合和互相制约,更无职务犯罪刑事司法的法治与文明。此处隐匿“分工负责”,显然只是为了突出普通犯罪与职务犯罪刑事司法的差异。因为公检法关系下的“分工负责”主要是指诉讼职能和职能管辖分工,[②]前者主要是指公安侦查、检察起诉和法院审判的纵向诉讼构造,但是这种诉讼职能的分工负责并非完全割裂的绝对分立,例如,检察机关审查起诉实践中“退回补充侦查”与“保留自行侦查”的二元机制,这是因为侦查本身即公诉的依附性职能。从职务犯罪刑事司法的逻辑结构来看,监察调查、检察起诉和法院审判也符合普通犯罪中诉讼职能的一般划分。公检法机关的职能管辖分工,其实就是三机关直接受理刑事案件的权限划分,具体又可以进行职能、地域、级别等细分,例如公安机关犯罪案件的侦查统筹、人民法院自诉案件的直接受理、法院受理的层级规范等。但是在职务犯罪刑事司法的基本构造中,一方面是规定职务犯罪调查权的监察统筹,而这本身也是国家监察体制改革的核心问题,以防止分工负责下的监察管辖权分散;另一方面是基于职务犯罪刑事司法中异地管辖、提级管辖等实践,尚未形成可视化、固定化的监察法制经验,监察机关职务犯罪调查中的分工负责仍处于摸索阶段。

---

① 参见陈辉、汪进元:《论“监、检、审”三机关间的分工、配合与制约关系》,载《南京社会科学》2018 年第 5 期。

② 参见陈卫东、陆而启:《检察官的角色——从组织法和诉讼法角度分析》,载《法学论坛》2005 年第 4 期。

2. 互相配合的过程衔接

互相配合的过程衔接，是指监察机关、检察机关和法院等在办理职务犯罪案件时，协调配合与相互支持，避免推诿和相互抵牾，以确保准确、及时和有效地查明犯罪事实和惩罚犯罪分子，特别是基于现阶段监察立法对既往行政监察“弱权能”取向的一种历史延续。虽然监察调查、审查起诉和刑事审判的组织架构、运行模式不尽相同，但是基于三机关腐败犯罪治理目标指向的同一性，互相配合的过程衔接有利于提升国家权力配置的权能和效率。从宏观设计上来看，互相配合在职务犯罪刑事司法中的制度反馈首先是监、检配合，监察机关的调查应当为检察机关的审查起诉做好准备；监察机关的移送应当包括人和物等案件材料；监察机关采取留置措施，检察机关应当先行拘留，并作出是否逮捕、取保候审或者监视居住的决定；检察机关经审查，认为需要补充核实而退回监察机关补充调查的，监察机关应当按要求并按期限补充调查等。其次是检、法配合，检察机关的起诉应当为法院的审判做好准备，具体围绕罪名和量刑展开；法院的审判基于“不告不理”的基本原则，应当严格遵循检察机关的起诉范围裁判；法院审理职务犯罪案件时，检察机关应当派人出庭支持公诉，并能遵守法庭秩序和配合法庭调查。最后是监、法配合，主要是指监察机关与审判机关的隐性配合，例如法院可以要求监察机关的有关调查人员出庭说明情况；法院对被告人的量刑裁决应当考虑监察留置措施的折抵刑期效果等。除此以外，监察法还规定监察机关办理职务犯罪案件时应当与“执法部门”互相配合，例如，监察机关与公安机关的互相配合，其中就包括公安机关限制出境和实施追捕等。诚然，强调互相配合的过程衔接绝不是无原则和无立场的妥协牺牲，而是建立在职权分设的基本前提下。

3. 互相制约的根本保障

互相制约强调监察机关、检察机关和审判机关基于职责分工的相互制约和相互平衡，发现、指出和纠正职务犯罪刑事司法过程中的问题和错误,从而使权力滥用或错用受到过程性制约,保证及时、准确和有效地实现不偏不倚和不枉不纵,这也是我国实体真实探知主义司法传统的深层要求。权力制约是权力运行的内在要求,是国家机器正常运转的根本保障,并且以双向制约和多元制约为具体表现。其中,一方面表现为监察机关与检察机关之间的互相制约,而且这种制约模式深植于监察机关和检察机关的权力结构和程序设计中。[①] 例如,检察机关对监察机关职务犯罪调查案件进行审查起诉,起诉与不起诉的程序转换、退回补充调查或自行补充侦查的案件分流,以及围绕监察移送证据证明能力与证明力的审查判断。监察机关对检察机关的制约,不仅体现在监察留置衔接刑事强制措施的法定主义,背后是留置措施"绑架"强制措施的行为逻辑,还体现在监察机关对检察机关不起诉决定的事前参与沟通与事后直接复议。这也区别于普通刑事司法不起诉决定中复议复核的二阶逻辑,检察机关不仅可以在立案权限上制约公安机关,还可以在逮捕权限上实现互相制约,都表现出职务犯罪刑事司法中检察机关对监察机关的制约不足。另一方面表现为检察机关与审判机关之间的互相制约,法院经过审理可以作出被告人有罪或无罪的差异化判决,并且检察机关的量刑建议仅具备参考效力;但是检察机关认为法院的判决、裁定有错误时,同样有权提起二审抗诉或再审抗诉。此外,考虑到刑事审判是司法反腐的重要环节,也是有效制约监察调查的最后一道屏障,如何进一步强化刑事审判对监察调查的合理动态制约也值得探讨,[②]以进一步倒逼监察调查的规范化、法治化。

4. 以审判为中心的核心指向

在国家监察体制改革"以监察为核心"和司法体制改革"以审判为中

---

① 参见左卫民、唐清宇:《制约模式:监察机关与检察机关的关系模式思考》,载《现代法学》2018年第4期。

② 参见魏小伟:《论刑事审判对监察机关职务犯罪调查的制约》,载《安徽大学学报(哲学社会科学版)》2021年第6期。

心”的大变革时代，前者以纪律检查与国家监察合署办公为组织架构，并采纪法调查与犯罪调查的双重调查模式；后者以分工配合制约宪法原则为宏观统摄，并要求侦查、起诉面向和服从审判，都是强调法治思维和法治方式的宏观指导。监察改革与司法改革以职务犯罪刑事司法为连接，因为职务犯罪案件中的调查不仅与侦查活动有行为同质性，而且与审查起诉有前后关联性，《监察法》的制定也体现了以审判为中心的诉讼制度改革的精神，[①]改革的精神也应贯穿职务犯罪刑事司法的全过程。在当前审判中心论的话语体系分歧背景之下，[②]考虑到反腐败协调机制的客观阻力，亟须厘清审判中心在职务犯罪刑事司法中的最低限度要求和现实建设路径。首先是从监察证据的收集使用来看，监察机关收集证据材料强调与刑事审判的要求和标准相一致，检察起诉和法院审判的证据规则自然应当适用于监察调查活动，但也仅限于监察活动中的刑事调查部分。其次是从监察调查的封闭结构来看，围绕高效反腐的国家战略虽然有益于减少权力运作阻力，实现反腐资源利用的集约化，减少程序回流或重复调查对调查效率的影响，[③]但是也不应以牺牲基本的程序正义为代价，特别是针对职务犯罪监察调查中的律师参与和司法审查等争议问题，而这些又是审判中心主义的基础理论问题，未来应当是有所区别和有所限制地允许适当介入。最后是围绕职务犯罪案件的司法实践展开，传统职务犯罪的侦查模式深受口供中心主义影响，并多采用“由供到证”的侦查模式，但是审判中心论不仅要求摒弃口供中心主义和强调树立多元证据观念，还以庭审实质化为突破和以证人出庭作证为抓手。正如学者所言，在庭审实质化改革的整体推进中，职务犯罪案件既是重点，又是

① 参见陈光中、兰哲：《监察制度改革的重大成就与完善期待》，载《行政法学研究》2018年第4期。

② 参见樊传明：《审判中心论的话语体系分歧及其解决》，载《法学研究》2017年第5期。

③ 参见刘艳红：《监察委员会调查权运作的双重困境及其法治路径》，载《法学论坛》2017年第6期。

难点。[①]

三、职务犯罪刑事司法的价值协调

经历了一元主导向多元平衡的价值转向，以秩序价值与自由价值为统摄，进而实现惩罚犯罪与保障人权的并重、实体真实与程序正当的兼具，成为世界各国刑事法治的普遍追求。其中，一方面，惩罚犯罪是刑事司法的逻辑起点，实体真实是刑事司法的基本任务，二者都以维护和恢复社会秩序为己任。另一方面，保障人权是刑事司法的最终归宿，程序正当是刑事司法的本质特征，分别经历了从司法口号上升为宪法原则、从理念引导付诸为规范实践的法治进步。职务犯罪刑事司法同样是围绕惩罚犯罪与保障人权的基本价值展开的，但是基于其刑罚打击、预防震慑、政权巩固等功能突出，惩罚犯罪往往具有规范和实践上的优先性。基于“运用法治思维和法治方式反对腐败”的改革起点，我们也应当关注保障人权的基础命题，强调形式法治和实质法治的深度融合，并且引入程序正当性理论进行价值冲突协调。

（一）惩罚犯罪视野下的高效反腐

如何高效推进反腐败斗争是一项世界性难题，各国也都在尊重本国历史、体制和文化等因素的基础之上进行不断探索和创新，特别是就职务犯罪案件管辖上警察职能模式、检察职能模式和独立职能模式等类型划分，旨在有针对性地提升反腐能力和效率。形成高效反腐机制是我国监察体制改革的原始动力和基本目标，其中《监察法》诸多内容更加强调监察职权的有效发挥以实现高效反腐的目的。[②] 高效反腐体现于职务犯罪刑事司法即惩罚犯罪能力和效率的提升，作为一种职务犯罪特殊程序

---

① 参见龙宗智：《庭审实质化的路径和方法》，载《法学研究》2015 年第 5 期。

② 参见汪海燕：《职务犯罪案件认罪认罚从宽制度研究》，载《环球法律评论》2020 年第 2 期。

以满足办案需求,具体又以职务犯罪的发现能力、调查能力、证明能力等为现实依托。

1.职务犯罪的发现能力

摆脱了"欲加之罪,何患无辞"的蒙昧野蛮司法,"以事实为根据,以法律为准绳"构成了当代文明司法的基本原则。刑事司法介入现实生活以正常社会秩序的破坏为动因,正如刑事立案以"认为有犯罪事实需要追究刑事责任"为前提要件,监察调查、检察起诉和法院审判构成的职务犯罪刑事司法显然是以被动性和谦抑性为表征的,并且成立"有职务犯罪即有刑事司法,无职务犯罪即无刑事司法"的实质关联。惩罚犯罪视野下的高效反腐,首先必须提高对职务犯罪的发现能力,要求及时、有效发现职务犯罪,而这也是国家监察体制改革的基本目标。从实践来看,考虑到职务犯罪主体层次性高、手段隐蔽性强、客观证据缺乏等特殊性,执法部门在执法能力、装备、手段等方面同反腐败形势和要求不相适应,突出表现为职务犯罪案件的黑数存量。曾任最高人民检察院反贪污贿赂总局局长的王建明就指出,在过度依赖举报与纪检监察机关案件移送的被动式侦查构造中,检察机关主动发掘案源、搜集线索等能力较弱。[①]其中,纪律检查权依托于党权,行政监察权从属于行政权,职务犯罪侦查权源于检察权的资源配置,直接造成同体监督乏力、异体监督不足、党纪国法断层、对象难以周延等实践困顿,不同权力系属间的衔接阻力相对较大。因为公职人员违纪、违法、犯罪行为之间具有包容关系,所以从不同视角评价得出的结果也会有所不同,[②]那种依赖纪检监察机关移送案件的被动式发现显然是与高效反腐理念相背的。国家监察体制改革背景之下,要求监察机关审慎把握封闭式权力运行结构框架中"罪"与"非

---

① 参见最高人民检察院反贪污贿赂总局编:《反贪工作指导》(2004 年第 2 辑),中国检察出版社 2004 年版,第 15 页。

② 参见刘艳红:《监察委员会调查权运作的双重困境及其法治路径》,载《法学论坛》2017 年第 6 期。

罪”的实体刑法边界，防止监察调查实践中可能出现的“入罪”和“出罪”的程序适用乱象。

2. 职务犯罪的调查能力

侦查是刑事司法的基础工作，具体包括依照法律进行的收集证据、查明案情的工作和有关的强制性措施，侦查质量好坏、高低直接关乎起诉和审判质量。在我国宪法和刑事诉讼法确立的公诉体制之下，职务犯罪监察调查实质上具有刑事诉讼法上犯罪侦查之法律效果，[①]是对检察机关职务犯罪侦查的延续和替代。[②] 但是从监察调查的权能构造和纪委监委的合署办公来看，监察机关调查权具备构成复合性、对象多元性和实践阶段性等特征，只有对其中职务犯罪的监察调查才具备刑事司法的讨论意义。根据监察法的规定，调查权就分为线索处置、初查、立案审查、审理等过程，[③]包括讯问、询问、留置、搜查、调取、查封、扣押、勘验检查等措施，基本都是原有党纪检查、行政监察和刑事侦查的延续，而留置措施是“双规”“双指”措施的法治化进步，并且能够在职务犯罪调查中扮演重要角色。以限制人身自由为内容的留置措施为例，虽然带有刑事强制措施的性质，但是不受《刑事诉讼法》规制，虽然具有留置期限折抵刑期的效果，但是采内部审批式决定方式，而这也是监察机关职务犯罪调查中的普遍做法。一方面是从留置措施的期限来看，虽然 180 天的最长留置期限略短于逮捕最长期限的 7 个月，但是逮捕措施“2 +1 +2 +2”的三次批准模式显然较留置措施“3 +3”的一次批准模式更为严格；另一方面是从留置措施的条件来看，具体以“可能有其他妨碍调查行为的”条件为兜底，决定了留置措施的实践扩张性特质。与此同时，技术侦查措施在职务犯罪案件侦查中由法外实践向法内规范演变，以及监察机关调查涉嫌

---

① 参见朱福惠：《论检察机关对监察机关职务犯罪调查的制约》，载《法学评论》2018 年第 3 期。

② 参见陈瑞华：《论监察委员会的调查权》，载《中国人民大学学报》2018 年第 4 期。

③ 参见邓矜婷：《纪委、检察机关办案规范的整合：一个连接理论与实践的分析路径》，载《法学家》2018 年第 6 期。

重大贪污贿赂等职务犯罪中"可以采取技术调查措施"等。其实，单从职务犯罪检察侦查时代的历史演进来看，基本主线之一即"惩罚犯罪模式下的侦查权理性扩张"，背后又以提升职务犯罪的调查能力为具体实践。

3. 职务犯罪的证明能力

证明是刑事司法的轴心，而证据是其中的灵魂，职务犯罪刑事司法过程中的证据收集、审查和判断等能力直接决定惩罚犯罪目标的实现。根据证据属性、状态和特征等不同作进一步划分，所有证据都可以归入言词证据和实物证据两大类，[①]并且分别与相应的证据规则相适应。职务犯罪案件中过度依赖言词证据的客观实际，一方面要面临来自言词证据本身主观性、易变性强等内部挑战，另一方面要面临意见证据、传闻法则等规则束缚，如何有效收集、固定和利用言词证据是职务犯罪刑事司法工作中的重中之重。发端于地方检察机关自发性试验，后续在全国检察系统推广性普及的侦查讯问录音录像制度，初衷即服务于打击犯罪和高效反腐，服务于职务犯罪的侦查和指控，特别是保障有罪供述笔录的可信性，防止犯罪嫌疑人、被告人翻供。[②] 例如，南京市人民检察院 2006 年全年共对 172 起案件进行全程录音录像，实行全程录音录像后，职务犯罪侦查案件翻供率由原来的 15% 左右下降为不足 5%，对干警办案行为的投诉率下降了 15%。[③] 国家监察体制改革背景之下，不仅强调过程中适用更为广泛、严格的录音录像制度，而且结果上承认"被调查人供述和辩解"到"犯罪嫌疑人、被告人供述和辩解"的直接转化，都是言词证据证明能力的提升。虽然职务犯罪案件中多以言词证据为主，但是实物证据的证据价值仍不能小觑，特别是基于其客观性、稳定性较强的证明优

① 参见易延友：《证据法学：原则　规则　案例》，法律出版社 2017 年版，第 425 页。

② 参见董坤：《侦查讯问录音录像制度的功能定位及发展路径》，载《法学研究》2015 年第 6 期。

③ 参见张磊、钟鸣：《职务犯罪案件讯问全程同步录音录像运作现状分析》，载《中国检察官》2012 年第 3 期。

势，而且“在所有的职务犯罪案件中都一定存在着这样或那样的物证”①。为了避免职务犯罪案件中重复收集对侦查效率的影响，2012 年修正的《刑事诉讼法》引入了行政执法过程中证据材料的评价机制。

（二）保障人权视野下的有效反腐

从某种意义上来讲，刑事司法的发展史，就是人权保障的进步史，并且是以保障被追诉人人权为核心的，尊重和保障人权已成为现代法治国家的普遍共识和基本任务。基于惩罚犯罪视野下的高效反腐机制设计，依法从重从快是职务犯罪刑事司法的重要政策，②而保障人权在观念、规范等层面相对滞后，但是如何完整地落实宪法保障人权的规定，也是职务犯罪刑事司法变革的基本线索之一，以确保反腐败斗争经得起历史的、法律的和人民的检验，毕竟是否有效运行也是衡量反腐模式的重要指标。

1. 权利制约权力的前提

任何权力都具有扩张和滥用的实践风险，权力规制是防范和应对实践异化的关键要素，并且以一种内部控权、自律机制为主要依托。这其实是基于对公权力高度信任、绝对封闭的片面认知，但是面对实践中的内部控权、自律机制失灵和规避等现象，又让人不得不反思这种绝对依赖的天然缺憾。回归到现代民主国家中国家权力源于人民的基础认识，人们开始注意到公民权利是制约权力的另一种力量，并将这种模式称为以权利制约权力模式，③因为基本权利的核心在于对抗国家公权。保持与我国权利意识觉醒、权利理论发展和权利规范进步等相适应，“以权利制约权力”已成为社会主义法律体系的总体特征，④而且这一模式在法律

① 何家弘：《论职务犯罪侦查的专业化》，载《中国法学》2007 年第 5 期。

② 以北京、山西和浙江试点地区为例，根据 2017 年 1 月至 8 月的统计数据，检察机关办理监察机关移送案件审查批捕、审查起诉平均用时仅 2.7 天、22.4 天，远少于法律规定的 14 天、45 天。

③ 参见刘金国：《权力腐败的法律制约》，载《中国法学》2000 年第 1 期。

④ 参见徐爽：《以权利制约权力——社会主义法律体系与基本权利立法实践的发展》，载《政法论坛》2011 年第 6 期。

实践领域同样适用。在刑事司法未经判决不被确定为有罪的逻辑框架内，分别以承认刑事司法参与主体的基本权利和基本权利所具备的防御功能为前提，并且具体以消极抵制和积极反抗为内容，例如“对与本案无关的问题，有拒绝回答的权利”和“应当退还取保候审保证金不退还的，有权向该机关申诉或者控告”等。监察机关办理职务犯罪案件同样要求遵循“权利制约权力”的行为规范，例如“监察机关应当保障被留置人员的饮食、休息和安全，提供医疗服务”就是公民生存权对监察调查权的制约。深层解读权利制约权力的规范体系，既是保障人权理念的体现方式，也是保障人权目标的实现渠道。

2. 保障人权的意识增强

意识是行为的先导和驱动，决定着价值偏向和行为选择，要求相对意义上的前瞻性，而且革新观念是社会发展的重要源泉。我国刑事司法长期存在的“重实体轻程序”“重打击轻保护”等传统司法理念，[①]惩罚犯罪具有功利主义的价值优先性。但是，作为先进文明与落后文明重要分野的保障人权观念，也是刑事司法从愚昧野蛮转向科学规范的意识引导，在我国刑事司法领域也经历了从偏颇转向并重、从狭隘转向全面的观念养成，并且以保障被追诉人的基本权利为核心。首先是对保障人权的错误定位，片面地将惩罚犯罪当作保障人权的实现方式。虽然自1950年的第一届全国检察工作会议起，“保障人权”即成为检察机关的工作重点之一，主要针对“除检察公安、法院、监狱，有无捕押不当、是否虐待用刑或久押不问等外，特别要注意区分乡机关干部有无乱捕乱押乱打等违法行为”[②]。但是，检察机关实践中的保障人权仍以“为中心工作服务”为特点，具体内容涵括政权巩固、政权建设、经济建设、法制建设诸方

① 参见龙宗智：《“以审判为中心”的改革及其限度》，载《中外法学》2015年第4期。

② 李六如：《人民检察任务及工作报告大纲——中央人民政府最高人民检察署李六如副检查长在全国司法会议上的报告》，载《山东政报》1950年第12期。

面,[①]例如,推动《婚姻法》的贯彻、冤错案件的平反等。其次是对保障人权的独立价值认知,强调对刑事司法参与人主体地位的尊重,以及刑事司法过程中正当程序原则的贯彻,并体现在冤案纠错警示、刑事立法变迁等方面。最后是对惩罚犯罪与保障人权兼顾平衡,要求不得牺牲一方而满足另一方,两者之间的和谐统一也是刑事司法的最高价值追求。在职务犯罪刑事司法过程中呼吁保障人权,一方面是基于刑事司法保障人权的整体意识觉醒,另一方面是基于刑事司法刑讯逼供的典型案例教训,[②]特别是考虑到其以口供突破为核心的办案模式。

3. 保障人权的法制健全

在保障人权观念觉醒的大背景下,具体付诸立法规范则是经历了从粗放规定到精细设计的法制进步,特别是"尊重和保障人权"先后被写入《宪法》和《刑事诉讼法》当中。早在1979年的《刑事诉讼法》颁布之初,检察机关就与纪检监察机关、公安机关、人民法院等共同组成"与犯罪作斗争的刑事追诉机构",惩罚犯罪被视为职务犯罪侦查的唯一价值,保障人权则被泛化的惩罚犯罪吸收,从而呈现一边倒的态势。随着2004年"国家尊重和保障人权"被写入《宪法》,公民的基本权利便获得了最高的法律效力。时任最高人民检察院检察长贾春旺要求检察工作"牢固树立尊重和保障人权的观念",时任最高人民检察院副检察长孙谦则强调"羁押制度应符合人权保障原则,要切实体现正当性和节制性的要求",检察机关自侦案件的逮捕率较2003年下降了近6个百分点。[③] 其实自1996年以来的两次《刑事诉讼法》修正,逐步形成了以保障人权为基础

---

① 参见高其才、左炬、黄宇宁:《政治司法》,法律出版社2009年版,第77页。

② 例如,在"赣榆刑讯逼供案"中,时任反贪局副局长的熊正良等人对梁继平实施了长达80个小时的刑讯,先后采取20多种体罚方式并致使其死亡。

③ 例如,在2003年,检察机关决定逮捕16,020人,提起公诉26,124人,逮捕率为61.32%;但是在2004年,检察机关决定逮捕17,078人,提起公诉30,788人,逮捕率为55.47%。数据皆源于《中国法律年鉴2004》和《中国法律年鉴2005》。

的审问式与对抗式相结合的侦查模式，坚持追诉方公权克制与被追诉方私权扩张的双向性调整，并直接体现在对职务犯罪侦查立法、权力规范和权利保障的深层推进中。仅就刑事诉讼法本身而言，一方面是对检察机关职务犯罪侦查的制约监督，例如对“人民检察院对直接受理的案件的侦查”专门规定、职务犯罪案件审查逮捕权“上提一级”试点推广等；另一方面是对被追诉方的人权保障，例如增加规定侦查阶段的律师提前介入、取保候审的财产保证措施等。

在职务犯罪刑事司法过程中主张保障人权，即要求强调职务犯罪被调查人、犯罪嫌疑人和被告人于刑事司法过程中的主体地位，以及围绕人道主义精神和主体地位尊重的权利保障，进而实现职务犯罪刑事司法的法治化、文明化和人性化。透过监察法的既有规范，保障人权已经呈现出零散化和碎片式的结构分布，但仍有学者呼吁“监察体制改革需要遵循保障人权原则”[①]和“尊重和保障人权”应写入《监察法》，[②]核心指向是要求职务犯罪监察调查全面贯彻保障人权的基本原则，特别是基于“香港廉署调查权的犯罪控制与正当程序两大价值由冲突走向平衡”的比较观察。[③] 因此，一方面是从监察主体的权力克制出发，强调职务犯罪调查遵循比例原则，监察调查措施应当与构罪情节、调查难度和被调查人危险性等密切关联；另一方面是从监察对象的权利保障出发，防止对被调查人基本权利造成不当侵害，保障被留置人员的饮食、休息和安全，提供医疗服务，以及未来可能提供差异化的法律帮助等。后续检察机关的审查起诉和人民法院的定罪量刑，也应当围绕保障人权的司法理念展开，并且体现在强制措施的客观理性、刑事辩护的有效参与、罪刑法定的规范实践等方面，以推动法治反腐的整体进步。

---

① 熊秋红：《监察体制改革中职务犯罪侦查权比较研究》，载《环球法律评论》2017 年第 2 期。

② 参见陈光中、姜丹：《关于〈监察法（草案）〉的八点修改意见》，载《比较法研究》2017 年第 6 期。

③ 参见阳平：《论我国香港地区廉政公署调查权的法律控制——兼评〈中华人民共和国监察法（草案）〉》，载《政治与法律》2018 年第 1 期。

(三)惩罚犯罪与保障人权的价值冲突

在刑事司法"控权"与"护权"反向同质的基本前提,以及惩罚犯罪与保障人权兼顾平衡的理念共识之下,高效反腐机制的有效实践和职务犯罪刑事司法的深层推进却不得不面临二者在规范和实践层面的价值冲突。以职务犯罪的监察调查为例,一方面是要想实现惩罚犯罪的根本目标,就要求调查权力的积极扩张和基本权利的相对克减;另一方面是要想贯彻保障人权的基本原则,就要求调查权力的保守克制和基本权利的绝对保留,其中兼顾平衡的具体实践则有赖于行为选择和作出时的利益衡量和整体协调。从反腐败工作法治化、规范化、专业化、科学化等"四化"建设过程中的民意调查来看,纪检监察人员倾向性地将"专业化"赋以优位,强调反腐机制的高效性;但是司法工作人员倾向性地将"法治化"赋以优位,突出反腐实践的有效性。[①] 鉴于此,回归职务犯罪监察调查、检察起诉和法院审判的纵向构造,惩罚犯罪与保障人权的价值冲突主要呈现在立法理念、原则规范和监督体系等多个方面。

1. 宜粗与宜细的立法理念

传统意义上的职务犯罪刑事司法,侦查、起诉和审判等行为是由刑事诉讼法统一规制的,一般不涉及纪法贯通、法法衔接等问题。但是基于国家监察体制改革,《监察法》与《刑事诉讼法》的衔接是摆在职务犯罪刑事司法面前的全新课题。有观点主张"刑事诉讼法在法律体系中应从属于监察法,依据在于监察法的源头性、引领性和刑事诉讼法的部门性、后继性"[②]。"如果从政治维度分析监察法与刑诉法之间的关系,则两

---

① 其中,关于监察委职务犯罪调查的问卷由北京市长安公证处公证员吕宏庆和中国人民大学教授刘品新组织。

② 吴建雄、王友武:《监察与司法衔接的价值基础、核心要素与规则构建》,载《国家行政学院学报》2018 年第 4 期。

法之间自然具有位阶关系，监察法的效力会高于刑诉法”[①]。但是从现代法制的实际出发，《监察法》与《刑事诉讼法》同为国家基本法律，法律规范层面并不存在位阶差异，而且衔接本身也是建立在相互平等的基础之上的，否则便会沦为顺承模式和妥协模式。监察法规的制定、刑事诉讼法制的变迁等以“宜粗不宜细”为理念指导，就此引发法律规范的原则性强、操作性弱、矛盾性突出等问题，背后虽然有立法技术欠缺等时代因素，但更多的是程序工具主义、规则束缚主义等思想作祟。因为在惩罚犯罪与保障人权的动态博弈当中，如果从保障权力运行和保持权利克减的角度来理解，监察法和刑事诉讼法就是行使权力的授权法，遵循权力行使型的程序构造，要求在粗线条式的立法框架内保持扩权便宜性，例如留置条款中“重要问题”、逮捕措施中“情节严重”等不确定性法律概念；如果从防止权力滥用和保障基本权利的角度来理解，监察法和刑事诉讼法就是规范权力的限权法，遵循权力抑制型的程序构造，要求在精密化立法框架内保持用权规范性，进而保持立法越细、规制越严和保护越好的良性生态。有学者基于监察调查与刑事侦查的程序规范比较，得出了“刑事侦查的程序环境更优，规范密度更高，更有助于保障被追诉人的程序权利”的初步论断。[②] 其实，从《刑事诉讼法》在1996年、2012年和2018年的三次修正来看，虽然依旧坚持“宜粗不宜细”的立法风格，但也始终保持着从粗放型向精细化的法制进步，特别是依托司法解释强大的细化、补充和指导功能，而这也能成为未来监察法制进步的重要参照，其中全国人大常委会已授权国家监察委员会“根据监察工作实际需要”制定监察法规。

---

① 姜涛：《国家监察法与刑事诉讼法衔接的重大问题研究》，载《南京师大学报（社会科学版）》2018年第6期。

② 参见冯俊伟：《〈监察法〉实施中的证据衔接问题》，载《行政法学研究》2019年第6期。

2. 配合与制约的关系协调

立足于《监察法》和《刑事诉讼法》的规范文本,配合与制约是共通性的基本原则,但也存在逻辑上的悖论。[①] 其中,前者着眼于互相配合以惩罚犯罪,而非保障人权,后者着眼于互相制约以保障人权,而非惩罚犯罪,配合与制约的关系协调其实就是惩罚犯罪与保障人权的价值衡量。现阶段的国家监察立法相对粗糙,配合与制约的基本原则在监察法中并没有得到充分体现,或者说是并没有满足宪法的一般预设,而是表现出一种"配合相对主导而制约相对次要"的关系异化。基于中国刑事司法实践的长期观察,强调互相配合而轻视互相制约的问题突出:一方面是认为在一定意义上讲配合就是讲政治,讲配合就是顾全大局;[②]另一方面是整体上呈现一种单向式、正向式的制约模式,后面机关对前面机关的基本结论尤其是主要事实的认定持一种总体性认同倾向,[③]特别是职务犯罪刑事司法承载司法反腐之重任,监察机关拥有政治机关之高阶,可能会进一步加剧"过度强调互相配合"的职务犯罪刑事司法实践,诸如"必须把互相配合摆在重要位置"的基本论断也有待进一步的理论思考。[④] 例如,自 2018 年 3 月以来,检察机关受理监察机关移送职务犯罪案件中不起诉率和退查率同比分别下降 9.5% 和 37% 。[⑤] 与此同时,考虑到监察调查权力行使的相对封闭和相互制约的结构偏差,如何发挥互相制约的根本保障作用,防止职务犯罪刑事司法中的顺承主义至关重要。因此有学者主张通过运用谦抑性原理,并就权力行使与权利干预进

---

① 因为配合与制约本身就是一对相互矛盾的目标。参见虞平:《刑事司法权的合理配置:在什么基础上配置及如何才算合理?》,载《法学论坛》2008 年第 4 期。

② 参见卞建林:《健全司法权分工配合制约机制的思考》,载《河南社会科学》2015 年第 1 期。

③ 参见左卫民:《健全分工负责、互相配合、互相制约原则的思考》,载《法制与社会发展》2016 年第 2 期。

④ 参见吴建雄、王友武:《监察与司法衔接的价值基础、核心要素与规则构建》,载《国家行政学院学报》2018 年第 4 期。

⑤ 参见张军:《最高人民检察院工作报告》,载《人民日报》2019 年 3 月 20 日,第 2 版。

行关联，当涉及干预基本权利时即强调相互制约，当不涉及干预基本权利时则强调相互配合，[①]但这也可能与惩罚犯罪的目标相冲突，因为职务犯罪刑事司法大多干预基本权利。本书则主张从职务犯罪刑事司法的动态演化、阶段分层来理解，一方面是程序越前，越强调配合，程序越后，越强调制约；另一方面是独立程序内部强调配合，外部程序衔接强调制约。

3. 单一与复合的监督体系

作为制约实现方式的监督体系，不仅是预防腐败和防止滥权的重要保障，更是社会主义法治建设的必然要求。诚如作为监督机关的监察机关，也无法回应“谁来监督监督者”的法治难题。在职务犯罪检察侦查时期，规定由作为法律监督机关的人民检察院进行职务犯罪侦查，但是侦查实践中暴露出的刑讯逼供、超期羁押和违法查扣等问题，也推动着检察机关在个案层面主动引入人民监督员外部监督、审查逮捕上提一级内部监督等改革，而且外部监督与内部监督相结合系检察改革的重要内容。监察体制改革背景之下的职务犯罪侦查权转隶，但监察调查不受刑事诉讼法规制也存在法治隐忧，特别是监察调查监督的争议较大。有学者主张，如果定义调查活动为“反腐败执法活动”，即应纳入行政检察监督范畴；如果界定为“行政侦查”，则需接受“诉讼监督”，两者必择其一。[②] 在《监察法》第七章“对监察机关和监察人员的监督”中，主要涵盖“人大监督”、“外部监督”和“内部监督”，但是人大监督的整体性、外部监督的有限性等特征，也决定了监察机关个案实践层面内部监督的实质单一性。虽然检察机关内部也保持着业务监督和专门监督的分工负责，但是如何做到和做好“自我监督”也不乏质疑。其实从职务犯

① 参见洪浩：《刑事诉讼视域下的国家监察机关：定位、性质及其权力配置》，载《法学论坛》2019年第1期。

② 参见秦前红：《两种“法律监督”的概念分野与行政检察监督之归位》，载《东方法学》2018年第1期。

罪刑事司法的程序逻辑来看,在“诉讼监督”的框架内引入检察机关的法律监督,不仅有宪法层面的立法支持,也有原则层面的制约配套,更有经验层面的实践积累,有利于构建监察个案层面的多元复合型监督体系。

(四)程序正当性理论视角下的价值协调

职务犯罪刑事司法法治化进路中的惩罚犯罪与保障人权,具有整体意义上和抽象意义上的属性特征,兼顾平衡与价值冲突源于程序、终于程序。在我国职务犯罪刑事司法的监察调查、检察起诉和法院审判等活动中,程序正当不仅具备独立价值,而且已经达成基本共识,特别是基于程序本身所具备的结构化构造、易操作步骤和可视化评价等优势。比较来看,英美法系国家的法治化之路在某种程度上就是正当程序的实践过程。国家监察体制改革既可能带来程序正当精密化的契机,也可能加剧程序正当粗简化的危机,这些都取决于改革设计本身的合理与正当与否,而且程序正当性理论能够提供基础理论的智识支持。

1. 程序正当性的独立价值

实体和程序是刑事司法的两重面向,英美法系和大陆法系分别形成了“重程序轻实体”和“重实体轻程序”的实践倾向,前者强调程序的独立价值,而后者突出程序的工具价值,但是随着两大法系相互吸收、借鉴和融合的不断加强,两者并重主义也是其中的重要契合点。正如法律存在善恶之分,程序也存在优与劣、善与恶的问题,[①]而在“重视法律程序”的话语体系中也仅指其中优、善或正当的法律程序。从历史上来看,程序正当经历了从英国法“自然正义原则”到美国法“正当法律程序”的制度变迁,从司法裁判到行政执法的适用扩张,并且能够逐步为大陆法系国家所吸收,在我国也经历了从理念指导到立法规制再到实践落实的不

① 参见孙笑侠:《程序的法理》,商务印书馆2005年版,第17页。

断发展。程序正当性的地位提升，在于程序正当性独立价值的认识提升，其中萨默斯的“程序价值”理论无疑是一个开拓性的理论尝试。因为正当性程序有助于反映现代法律本身的良性，也有助于满足法律运作过程的合理，还有助于实现法律后果无涉的中立。[①] 引入职务犯罪刑事司法中的程序正当性理论，就包括对于恣意的限制、理性选择的保证、“作茧自缚”的效应和反思性的整合。[②] 首先是基于正当性程序的角色分派，监察机关、检察机关和审判机关各司其职，相互配合与制约牵制下的恣意空间被压缩，这就要求不断矫正和优化程序分工。其次是基于限制恣意的责任机制，通过行为作出时的程序选择与程序选择后的实际后果之间的利益衡量，保证利益关联方的选择理性，例如，监察机关选择技术调查与技术调查选择后的责任之间、被调查人选择主动认罪认罚与认罪认罚选择后的风险之间等。最后是基于程序面向未来和稳定可视的基本属性，通过程序产生的示范意义、既定效力和自缚影响等，强化职务犯罪刑事司法的法治和政治功能。

2. 程序正当性的基本要素

职务犯罪刑事司法始于监察调查，终于法院审判，程序是贯穿始终的逻辑主线，也是衡量法治架构的重要尺度。其中，程序正当性的基本要素包括中立性的原则、交涉性的过程、结构性的构造和确定性的要件等，并且以法律精细化程度和规则操作性难度为评价要素。从参与过程性和主体互动性的程序机理出发，首先是中立性的原则要求公权力主体的相对中立，强调在公权力主体与私权利主体行为交互过程中，对内其他部门、上级单位，对外其他主体、平行单位的中立。例如，监察机关调查职务犯罪，上一级监察机关批准留置措施时的立场中立，而非内部便

---

① See Robert S. Summers, *Evaluating and Improving Legal Processes: A Plea for "Process Values"*, Cornell Law Review, 1974, p. 1 – 52.

② 参见季卫东：《法治秩序的建构》（增补版），商务印书馆 2014 年版，第 14 – 21 页。

宜行事的偏袒主义；检察机关审查职务犯罪移送法院审判的，法院定罪量刑过程中应当保持中立，而非外部过分配合的顺承主义。其次是交涉性的过程要求参与主体的平等交涉，既可能是平等性的对抗，例如，为被调查人、犯罪嫌疑人和被告人辩解、申诉等提供机会，以及通过律师参与等提升对抗的实质平等性；也可能是交互式的协商，例如职务犯罪案件中认罪认罚程序选择后的量刑从宽，就是一种建立在基础事实和基本证据基础上的公私协商。再次是结构性的构造要求职务犯罪刑事司法的树状模型，以职务犯罪案件的监察管辖为例，监察法只规定了对本辖区内的相关人员进行监察，但并未明确如何对本辖区内的职务犯罪进行调查，实践中也是一种对称和交错相结合的混合模式，而这显然也不符合程序正当性要求之下的结构化。最后是强调形式要件的稳定性和实质后果的预见性，例如，一方面是逮捕措施的选择以“可能判处徒刑以上刑罚”为前提，另一方面是逮捕措施的适用以“可能判处徒刑以上刑罚”为后果。

3. 程序正当性的最低限度

考虑到正当程序“高成本低效率”的客观实际，特别是基于美国正当程序革命盛衰变迁的历史观察，①对其经济分析、理性评判等也不断受到重视，即要求通过一种“最低限度的正义”来进行限度预设。立足于《公民权利和政治权利国际公约》《联合国反腐败公约》等国际公约，以及《宪法》《刑事诉讼法》《监察法》等国内法律，并结合中国职务犯罪刑事司法的严峻形势和经验教训，本书主张从透明化决策、实质性参与、文明化执法和廉洁性过程等方面来界定最低限度。首先是透明化决策，因为正当程序要求“公正必须首先是被看得见的公正”②，不仅要求对利益关

---

① See Carlson et al. , *Due Process for Noble Purposes: The Emasculation of America's Material Witness Laws*, Georgia Law Review, 2008, p. 941 – 978.

② 孙笑侠、应永宏：《程序与法律形式化——兼论现代法律程序的特征与要素》，载《现代法学》2002 年第 1 期。

联方的告知，甚至还包括对社会公众的告知，当然对监察调查、检察起诉和法院审判过程中的透明化程度可能有差异限制，例如监察调查中的留置措施只需要上级批准，但是法院审判过程中的定罪量刑允许社会旁听。其次是实质性参与，主要强调职务犯罪被调查人、犯罪嫌疑人和被告人的实质性参与和有效性影响，其中就包括对刑事司法过程中程序的知情权，例如逮捕措施的适用和解除要件等；程序的选择权，例如认罪与不认罪的自由选择；以及程序的异议权，例如被告人对适用简易程序有异议的不得适用等。再次是文明化执法，因为法律的生命在于执行，而文明执法是国家法治和人性尊严的核心要义。一方面要求消极方面如冻、饿、晒、烤、疲劳审讯等方法的禁止，另一方面要求积极方面如饮食保障、睡眠充足、医疗配套等基本的满足，以及轻缓程序的优先性和严苛程序的兜底性。最后是廉洁性过程，职务犯罪刑事司法本身即腐败治理过程，调查、起诉和审判应当严格贯彻“以事实为根据，以法律为准绳”的根本原则，避免权力腐败和权力异化之下，人为拔高或降低入罪、出罪的门槛。

第三章

职务犯罪刑事司法的基本制度

司法制度承载着社会各阶层、各主体的某种社会理想,[①]法治国家不仅需要公正、高效、权威的司法制度,而且强调规范、文明、有效的制度实践。职务犯罪刑事司法的法治化有赖于基本制度的科学化与体系化,其中就包括总括性的管辖制度、证据制度、辩护制度、强制措施制度、认罪认罚从宽制度等。现阶段,考虑到职务犯罪刑事司法实践中监察调查适用《监察法》,审查起诉、定罪量刑适用《刑事诉讼法》的事实前提与规范文本,本章将主要围绕《监察法》与《刑事诉讼法》规范层面共同规定的前提性的管辖制度、衔接性的证据制度与创新性的认罪认罚从宽制度等展开具体论述,但是也将前提性地反思监察立法"隔离式借鉴"中辩护制度、强制措施制度的话语缺失。

一、监察话语缺失的前提性反思

辩护是一种参与性、交涉性和对抗性活动,旨在维

---

① 参见顾培东:《中国司法改革的宏观思考》,载《法学研究》2000 年第 3 期。

护被追诉人的合法权益,而辩护权是一项宪法性权利,更是刑事司法中的首要人权保障,建立和健全刑事辩护制度俨然已经成为衡量一个国家刑事司法制度公正、文明和法治的重要标签。强制措施是权力机关为保证刑事司法的顺利进行,依法对被追诉人的人身自由进行限制或剥夺的各种强制性方法,通过立法以明示及体系化构建旨在规范权力实践和保障权利完整,并且强调具体个案运用中合法性、必要性、相当性及变更性等原则遵循。职务犯罪案件中,监察调查阶段辩护制度、强制措施制度等话语缺失,主要还是基于监察反腐"重打击、轻保护""重权力、轻权利"等惯性思维,担心律师辩护的外部介入、强制措施的体系建构等影响独立调查、高效调查,但这显然有悖透明化决策、实质性参与、文明化执法等法治理念。

（一）职务犯罪监察调查的辩护制度

纵览我国《刑事诉讼法》1979 年、1996 年、2012 年和 2018 年的四次变迁,刑事辩护整体上呈扩张趋势,并表现在时间节点前移、辩护权能延伸、专业程度提升等多个方面,进而呈现出一种从实质要件向形式要件重心迁移的倾向。但是在职务犯罪案件中,一方面基于"以监察为中心"的监察体制改革背景,监察机关调查阶段的律师辩护成为改革盲点,而这样一种律师禁入又显然有违程序正义和法治文明;另一方面基于"以审判为中心"的司法体制改革背景,最终要落脚于有效辩护制度的构建,这恰恰是"以审判为中心"的思想精髓。①

《监察法》规定,监察机关是行使国家监察职能的专责机关,依照该法对所有行使公权力的公职人员进行监察,调查职务违法和职务犯罪,并且在纪检机关与监察机关合署办公的组织架构下,监察机关还承担着违纪调查的职责。从传统意义上来说,违纪行为和违法行为分别由党的

① 参见魏晓娜:《审判中心视角下的有效辩护问题》,载《当代法学》2017 年第 3 期。

纪律机关执纪审查和行政监察机关依法调查，并且只有在刑事涉罪的前提之下移送检察机关立案侦查后，才允许律师有条件（第一次讯问或者采取强制措施）地介入。与此同时，检察机关在职务犯罪立案前就可以进行初查工作，但是考虑到初查工作的秘密性和初查手段的非强制性，亦无律师帮助的必要性和紧迫性。其中，讯问作为侦查机关查明犯罪事实和犯罪嫌疑人如实供述的外在方法，强制措施作为限制或剥夺被追诉人人身自由的强制方法，都具有典型的封闭性、强制性和紧迫性等程序特征，公权力机关容易对行为对象的基本权利和自由造成侵害，而为被追诉人提供法律帮助和对公权力机关形成外部制约构成了律师参与的现实基础。国家监察体制改革之后，监察调查将经历违纪调查、违法调查和犯罪调查等阶段的转变，并且全程性地禁止律师介入，“一刀切”式地剥夺了被调查人的辩护权。有学者分析指出：监察调查的复杂、律师功能的否定和监察监督的自信等可能是职务犯罪监察调查程序中禁止律师介入的理由。[①] 首先是监察调查的复杂不能掩盖犯罪调查的特殊，尤其是其中还包含留置等长时间限制人身自由的国家强制，职务犯罪的监察调查具有较强的封闭性和压制性，被调查人的基本权利容易遭受侵害。其次是律师参与着眼于为当事人提供合法帮助，这是公民基本权利的自然延伸和法治国家建设的必然要求，并非构成国家权力行使的一种羁绊，因此绝不允许以一种“敌对”的观念看待律师。最后是监察改革虽然在国家监督体制上实现了由“同体监督”向“异体监督”和“分散监督”向“专业监督”的转变，但是监察机关对其工作人员的监督仍是一种“同体监督”和“内部监督”，而这显然又是一种已经被历史证明存有缺憾的制度设计。与此同时，一个有趣的现象是在英美辩护律师的发展史上，首见于“叛逆

---

① 参见胡铭：《刑事辩护全覆盖与值班律师制度的定位及其完善——兼论刑事辩护全覆盖融入监察体制改革》，载《法治研究》2020 年第 3 期。

罪”中，旨在防止不公的政治性指控，官员犯罪更是其重点。[①] 同样是在作为预防和惩治腐败独立和专门机构的我国香港廉政公署，在被赋予了诸如无须拘捕令就可拘捕涉嫌者并进行审问，执行公务时有权进入和搜查任何楼宇等特权时，[②]规定了法律顾问（律师）的参与权，[③]以及审讯时的“嫌犯、律师、廉署”在场分边坐的场景设计。因此，有学者就采取了“举重以明轻”的论证思路，将贪污腐败犯罪和国家安全犯罪、恐怖活动犯罪等作出比较，论证了监察委员会特殊调查中律师介入的必要性。[④]

法治反腐整体视域下，职务犯罪监察调查只要符合《刑事诉讼法》“第一次讯问或者采取强制措施”之形式要件，被调查人就有权委托律师参与其中，为其提供必要和有效的法律帮助。但是也应当兼顾高效反腐的监察改革目标，对其中一般职务犯罪和重大职务犯罪作“依权利”和“依申请”的差异化处理，并且可以通过值班律师制度完成过渡。律师在监察调查阶段提供的法律帮助可以分为两类：一方面是针对被调查人的帮助，提供法律法规和制度政策的释疑解惑帮助，如实体法上的罪名、罪数、罪状和罪责等，程序法上的权利、义务和认罪认罚从宽制度等。另一方面是针对监察机关的沟通、交流和对抗，例如向监察机关获取被调查人的案件信息，交换意见和看法；申请变更、解除留置措施，并就调查措施的选择和运用等交换意见和看法；代理被被调查人的申诉和控告等，并且对监察机关办案过程中的立案错误、管辖错误、调查错误和调查违法等提出申诉和控告，及时保障被调查人的正当性与合法性权益。与此同时，与在押被追诉人的会见权保障是 2012 年《刑事诉讼法》修正的重大进步，最高人民检察院《关于依法保障律师执业权利的规定》也对律师

---

① 参见[美]兰博约：《对抗式刑事审判的起源》，王志强译，复旦大学出版社 2010 年版，第 10－20 页。

② 参见《总督特派廉政专员公署条例》。

③ 参见康殷：《黎智英、李卓人疑涉“黑金政治”住宅遭香港廉政公署调查》，载《南方都市报》2014 年 8 月 29 日，第 A18 版。

④ 参见陈光中：《关于我国监察体制改革的几点看法》，载《环球法律评论》2017 年第 2 期。

会见权的保障作出明确规定，仅规定了“特别重大贿赂犯罪案件”的依申请会见，[①]而会见权的未来走向应该是保障当事人和辩护律师双方主张会见的权利。[②] 类推至监察机关的职务犯罪调查，同样应在特别重大贿赂犯罪案件中规定律师的依申请会见，但是在“小官巨腐、高官落马”等时代背景之下，有必要对“特别重大贿赂犯罪”等作出新的说明。

（二）职务犯罪监察调查的强制措施

刑事强制措施的体系化构建与规范化实践，是评价一国“人权保障”文明程度的重要内容，强制措施的制度变迁也构成了我国刑事诉讼制度改革的重要线索。其中与域外大多数国家和地区对人强制、对物强制和对隐私强制等分类有所不同：一方面是我国的刑事强制措施仅指对人身自由的限制性措施，主要包括拘传、取保候审、监视居住、拘留和逮捕等，其中又可以进行到案措施与候审措施的划分，能够形成一个由轻到重、层次分明、结构合理、互相衔接的有机整体。另一方面是对物强制和对隐私强制都被纳入侦查措施，但是现实国情中“难以做到审批机关与执行机关的分离”正悄然生变，[③]因此刑事强制措施的体系化调整与结构性补充亦应早日纳入国家立法议程。

考虑到侦查措施的封闭性、秘密性与侵权性等特征，逐步从侦查措施中剥离构成了我国强制措施的演变轨迹，特别是明确具体对象、适用程序、法定要件和期限规定等，既是为了突出强制措施本身的临时性、预防性和保障性等制度功能，又是为了强调公权力机关实践的克制性、选

① 有专家、学者建议：对于涉嫌贿赂犯罪数额在50万元以上、犯罪情节恶劣的特别重大贿赂犯罪案件，应当进一步明确，将“多次受贿、共同受贿或其他情形等”规定为犯罪情节恶劣。参见单民、董坤：《职务犯罪侦查中辩护律师权利保障》，载《人民检察》2013年第12期。

② 参见陈瑞华：《论被告人的自主性辩护权——以“被告人会见权”为切入的分析》，载《法学家》2013年第6期。

③ 参见陈光中主编：《刑事诉讼法》（第4版），北京大学出版社、高等教育出版社2012年版，第209页。

择性和变更性等原则遵循。从《监察法》规定的12种调查措施来看，除留置外的"其他十一项措施都是从现有的行政调查、刑事侦查和党纪检查中'借用'而来"[1]，留置措施也是传统"双规""两指"措施的法治化转型。但是基于监察调查与刑事侦查的话语分歧，监察立法并未预留强制措施的制度空间，一方面是监察留置面临着属性定位偏差之尴尬，即实然性调查取证功能与应然性调查保障功能的冲突；另一方面是强制措施的体系性缺失与结构化失衡，诸如取保候审、监视居住等替代性措施的阙如，难以体现多元强制措施内部的层次性与比例性，而且带来了后续监察调查措施与刑事强制措施的衔接难题。从《监察法》的立法体例来看，第22条规定留置措施的适用前提是"仍有重要问题需要进一步调查"，第41条规定"调查人员采取讯问、询问、留置、搜查……等调查措施"，即表明立法层面确立了监察留置的调查取证属性与功能，[2]而这也为监察机关常态化的留置实践（够罪即留置）埋下了制度隐患。但是从监察留置的应然属性来看，调查妨碍的兜底性判断决定了其保障性功能，长时间限制人身自由的事实性基础又决定了其羁押性特征，形式上具备与逮捕措施相似的属性特征，却又不受与逮捕措施相似的程序控制，因此就有学者批评"为获取证据而将被调查人留置并给予其长时间的羁押，这本身就等同于刑讯逼供行为"[3]。未来应当通过立法形式进一步明确监察留置的逮捕属性，促进监察留置内部"行政式"审批向外部"司法化"审查的制度转向，以及体系化融贯拘传、拘留、取保候审等刑事强制措施。

---

① 张翔、赖伟能：《基本权利作为国家权力配置的消极规范——以监察制度改革试点中的留置措施为例》，载《法律科学》2017年第6期。

② 例如就有学者指出"留置措施只能是监察机关调查违法犯罪事实的手段"。参见马怀德主编：《中华人民共和国监察法理解与适用》，中国法制出版社2018年版，第88页。

③ 魏昌东：《〈监察法〉监察强制措施体系的结构性缺失与重构》，载《南京师大学报（社会科学版）》2020年第1期。

二、职务犯罪刑事司法的管辖制度

国家监察体制改革以前,我国职务犯罪案件的职能管辖就属于典型的检察职能一元模式,先后经历了由法外实践向法内规范的纵向调整,从粗放设计到精准规制的历史演变,以期实现对职务犯罪案件的有效侦查。检察机关通过对职务犯罪的专门管辖、刑事追责的积极主动等,一方面是惩处违法职务行为,另一方面是激励廉洁职务行为,这也是检察机关对国家工作人员行使法律监督权的方式之一。[①] 在这一过程中,围绕职务犯罪案件侦查权配置、属性与特征等持续论争,但也难以形成绝对主导、毫无纰漏的理论认知。[②] 不只是因为检察机关部门设置呈现一种检察权配置的自缚性倾向,[③]职务犯罪案件侦查工作在很大程度上禁锢了检察权威与检察效率;更深层次是因为检察机关的反腐职能缺乏相对独立性与客观中立性,承担侦查、控诉和监督等多元、复合职能,这严重影响了检察机关的反腐效能,也在某种程度上构成了国家监察体制改革的逻辑起点。检察机关反贪污贿赂、反渎职侵权和职务犯罪预防部门和职能的转隶,实质是突破职务犯罪检察机关独立垄断管辖的外部革命,监察机关独立调查和检察机关补充侦查相结合的刑事司法二元管辖模式,是我国职务犯罪案件职能管辖的新型构造。

(一)职能管辖的制度流变

从检察机关职务犯罪职能管辖的历史变迁来看,具体呈现管辖范围清晰化和案件类型精细化两大特征。中华人民共和国成立伊始,囿于统一刑法典、刑事诉讼法典等缺位,公安机关与检察机关的职能分工尚不

---

① 参见陈瑞华:《司法体制改革导论》,法律出版社 2018 年版,第 4 页。

② 参见庄建南等:《论职务犯罪侦查权的配置》,载《法学评论》2008 年第 5 期。

③ 参见孙皓:《论检察权配置的自缚性》,载《环球法律评论》2016 年第 6 期。

明确，[①]这特别体现在 1957 年《刑事诉讼法草案（草稿）》中对检察机关职能管辖的立法保留，“假定为第 11 条至第 30 条，留待司法部关于管辖总结确定后，再补充条文”。1962 年，最高人民法院、最高人民检察院、公安部联合发布《关于公、检、法三机关受理普通刑事案件的职责范围的试行规定》（已失效），明确检察机关管辖属于国家机关工作人员、基层干部和企业职工中贪污、侵吞公共财产、侵犯人身权利等构成犯罪的案件，就此开启了职务犯罪检察侦查一元模式的探索起点，不仅为 1962 年的《刑事诉讼法草案（初稿）》所吸收，[②]而且各级检察机关相继增设业务机构，并将“职务上犯罪”的侦查作为检察机关查案办案的工作重心。

诚如学者所言，“中国改革开放后的第一个 30 年是立法时代”[③]，刑事立法、司法解释的数量、规模和内容等持续扩展，特别是以 1979 年的《刑法》和《刑事诉讼法》为标志，刑事法制发展迎来了第一波高潮。其中，一方面是 1979 年《刑法》规定了具体罪名，例如在分则第四章“侵犯公民人身权利、民主权利罪”中规定刑讯逼供罪、第五章“侵犯财产罪”中规定贪污罪，以及第八章“渎职罪”中规定受贿罪等职务犯罪。另一方面是 1979 年《刑事诉讼法》具体规定了检察机关的职能管辖，分别从法定侦查和机动侦查两个方面对一元模式作了较为粗放的立法规定：前者是指涉嫌贪污罪、侵犯公民民主权利罪和渎职罪的三类犯罪；后者是指涉嫌检察机关自己认为需要直接受理的其他犯罪，有学者称这“体现了公安机关在行使侦查权时是分享检察机关侦查权的辅助机关这一组织法精神”[④]。1996 年修正的

---

① 参见孙谦主编：《人民检察制度的历史变迁》，中国检察出版社 2009 年版，第 147 页。

② 当时关于《刑事诉讼法》中是否需要明文规定检察机关直接侦查办理案件的范围，主要有两种意见：一种认为检察机关是法律监督机关，过多地承担侦查任务，会影响法律监督工作，建议规定侦查工作由公安机关进行，人民检察院只是保留其认为有必要的少量侦查；另一种认为检察机关实践中承担着职务犯罪等案件的侦查，需要通过明确立法以防止实践中的扯皮和推诿，而且这也是法律监督的重要组成部分。

③ 蔡定剑、王晨光主编：《中国走向法治 30 年》，社会科学文献出版社 2008 年版，第 157 页。

④ 刘计划：《检警一体化模式再解读》，载《法学研究》2013 年第 6 期。

《刑事诉讼法》,以及最高人民检察院印发的《关于印发检察机关贯彻刑诉法若干问题的意见的通知》(已失效)、《关于检察机关侦查工作贯彻刑诉法若干问题的意见》(已失效)等法律文件中规定贪污贿赂犯罪、国家工作人员的渎职犯罪分别与1979年《刑法》第八章和第九章之规定相适应,以及详细列举了"体罚、虐待被监管人""暴力取证""破坏选举"三类案件,以突出检察机关职务犯罪侦查的管辖限缩为主线,[①]进而防止因监督对象扩张而掣肘反腐实践,[②]并且被后续2012年修正的《刑事诉讼法》等沿用。

其中,国家监察体制改革背景下的职务犯罪职能管辖罪名划定标准突破了传统职务犯罪原理,[③]是由职务犯罪侦查的内部改良向职能转隶的外部革命,也是纪委监察机关联合检察机关的法外实践向监察机关调查主导的法内规范的转变。其中,一方面是《监察法》规定监察机关对职务违法和职务犯罪的法定调查,是职务犯罪职能管辖的主体面向,契合了新形势下全面依法治国和全面从严治党的战略布局,监察机关的地位高、权力重和监督面广等特质,有利于强化反腐实践的协调性和一体化。另一方面是《刑事诉讼法》规定检察机关对三类情形职务犯罪案件的立案侦查,是职务犯罪职能管辖的重要补充。首先是针对司法工作人员在诉讼活动中利用职权实施的侵犯公民权利、损害司法公正的犯罪案件的法定侦查,[④]这不仅有利于优化侦查资源配置和巩固法律监督职能,而且有利于配合和补充监察调查全覆盖,但是针对监察机关工作人员涉嫌职

---

① 参见顾昂然:《关于〈中华人民共和国刑事诉讼法修正案(草案)〉的说明——1996年3月12日在第八届全国人民代表大会第四次会议上》,载《人大工作通讯》1996年第7期。

② 参见王桂五主编:《中华人民共和国检察制度研究》,法律出版社1991年版,第358页。

③ 参见魏昌东:《论职务犯罪监察管辖权的配置》,载《法学》2023年第7期。

④ 其中通过附设"司法工作人员""诉讼活动""损害司法公正"等先决要件,大大限缩了检察机关职务犯罪案件的管辖范围,司法解释也规定"由设区的市级人民检察院立案侦查"。基于诉讼便利的管辖原则,一般由社区的市级人民检察院立案侦查,但是也可以由基层人民检察院立案侦查,或者由基层人民检察院协助侦查。例如,自2018年《刑事诉讼法》实施以来,Z省H市检察机关的第一起职务犯罪自侦案件就是由X区的检察机关负责立案侦查的,主要是因为X区检察机关在依法办理套路贷案件的审查起诉过程中,发现公安机关工作人员滥用职权获取相关个人信息。

务犯罪的职能管辖也有分歧。其次是针对公安机关管辖的国家机关工作人员利用职权实施的其他重大的犯罪案件的机动侦查，虽然实践中运用频率不高，但是其正如达摩克利斯之剑那般对公安机关的职能管辖深层制约，对当前监察调查实践中“以罚代刑”的法治隐忧、“入罪出罪”的规范机理具有极强的借鉴意义。[①] 最后是针对监察机关移送起诉的案件，检察机关认为需要补充核实证据材料的，确立了退回补充调查与保留自行侦查的分流机制。其中，立法特别强调补充调查和补充侦查之间的次序性，与公安机关移送起诉案件中“可以退回公安机关补充侦查，也可以自行侦查”的平行序列相区别，而这一方面是基于监察案件政治性强、专业性高的客观实际，另一方面是基于刑事侦查和监察调查的属性差异、权能有别等特殊考量。

（二）管辖变迁的核心命题

管辖模式应当与一国的诉讼结构和程序规则等相适应，突出表现为世界范围内“以侦查为基点的管辖模式”、“以审判为基点的管辖模式”和“分别规定侦查与审判的管辖模式”等类型划分。虽然惩罚犯罪和保障人权的平衡是我国当前刑事司法追求的目标，但在不同的诉讼阶段和制度设计中又呈现出不同的价值倾向。例如，在实事求是、不枉不纵的刑事司法理念指导下，有效打击犯罪是侦查的权力本源，侦查管辖更倾向于“不纵”价值导向下的惩罚犯罪；而恪守公平正义是审判的最低要求，审判管辖更倾向于“不枉”价值导向下的保障人权。从我国职权主义刑事司法的传统构造来看，职能管辖也呈现重权力、重打击、重效率等特征。纵览我国职务犯罪管辖一元到二元模式变迁的制度逻辑，背后是以

---

① 以浙江省为例，国家监察体制改革前，2015 年全省检察机关共立案查处职务犯罪嫌疑人 1803 人，2016 年全省检察机关共立案查处职务犯罪嫌疑人 1217 人；国家监察体制改革后，2017 年全省检察机关共受理各级监察委员会移送的职务犯罪案件 193 件 239 人，数量呈断崖式下跌。相关数据皆来自相关年份的浙江省人民检察院工作报告。

共享犯罪管辖为基本前提的，并且要求在打击职务犯罪目标统摄下恪守公平正义。

一是共享犯罪管辖的前提。从检察机关的形成来看，在刑事司法程序中引入检察官的主要目的，在于消解法官侦查与审判职能的矛盾性、纠问与公开审判的冲突性，并且明确检察机关在审前程序中的主导地位，检察机关对自身的基本定位也是“与犯罪作斗争的刑事追诉机构”[①]，是侦查权的专属机关。在我国“分工负责，互相配合，互相制约”的宪法规范下，公安机关和检察机关等均承担犯罪侦查职能，而且检察机关作为国家设立的以国家强制力为保障的追究犯罪的专门机关，通过行使检察权追诉犯罪，构成了犯罪管辖共享和分治的基本前提，特别是1986年修正的《人民检察院组织法》第11条明确了检察机关立案侦查的统筹布局。[②] 虽然当下也是公安机关、检察机关、监察机关等调查犯罪的权力共享格局，但是彼此之间互不隶属和相对独立的关系属性，决定了我国与法国、德国等检察官领导、指挥侦查的检警一体化体制有所区别。国家监察体制改革前，职务犯罪管辖在规范层面是典型的检察一元模式，而在实践层面是“纪委监察机关和检察机关反腐败侦查形成二元分立”[③]，“侦查体制由纪委监察机关与检察机关双轨并行”[④]，立法也建立起了行政机关收集证据的司法追认机制，明确了行政机关在“行政执法”和“查办案件”过程中收集证据材料的证据资格。[⑤] 国家监察体制改革后，职务犯罪管辖在规范层面走向监察和检察的二元分治，其中对重大职务犯罪

① 陈瑞华：《司法权的性质——以刑事司法为范例的分析》，载《法学研究》2000年第5期。

② 其中，人民检察院“应当……立案侦查”“或者交给……侦查”等表述，较好地明晰了侦查权的所有者与行使者。

③ 陈光中：《关于我国监察体制改革的几点看法》，载《环球法律评论》2017年第2期。

④ 孙煜华：《构建与监察改革相适应的职务犯罪侦查法治模式》，载《法学》2017年第7期。

⑤ 考虑到我国监察部门对于国家工作人员违法违纪的案件有权进行调查，刑事诉讼法中的“查办案件”主要是针对此种情形。参见陈光中主编：《〈中华人民共和国刑事诉讼法〉修改条文释义与点评》，人民法院出版社2012年版，第61－62页。

案件进行指定管辖已成为一种新常态，[1]保留检察机关对部分职务犯罪案件的必要侦查，既是权力制约的客观需要，也是现代公诉的必然要求，更是法律监督的有力保障。

二是打击职务犯罪的目标。收集证据、惩罚犯罪是侦查的权力本源和原始动机，管辖制度也要体现打击犯罪的核心要义，以满足由谁管辖更具效率的功能主义。比较《刑法》实体法授权与《刑事诉讼法》程序法限权的功能差异，程序法条文背后是权力行使的制度边界，明确和突出检察机关和监察机关的职务犯罪管辖权能，不只是为了防止职务犯罪调查实践中的扩权，更深层次是以有效打击职务犯罪为主线。其中，一方面是从刑事诉讼立法的内容变化来看，规范层面的管辖制度经历了从无到有、从有及精的法制变迁。首先是1979年《刑事诉讼法》对管辖制度与管辖原则的确立，其中就包括职能管辖和审判管辖，分别对应公安机关、检察机关的立案管辖与人民法院的审判管辖，以初步解决实践中可能出现的抢案源、争管辖和推管辖等问题。其次是1996年《刑事诉讼法》对职能管辖的调整，以实现公安机关与检察机关职能管辖的泾渭分明，因此有学者直言，1996年《刑事诉讼法》的修改较1979年《刑事诉讼法》而言，真正得以实现的只有管辖权变更。[2] 再次是2012年《刑事诉讼法》对审判管辖的改革，虽然并不触及检察机关立案侦查的管辖分工，但是诸如扩大简易程序适用范围等也有利于加快推进职务犯罪的刑事司法进程。最后是2018年《刑事诉讼法》对职能管辖的改革调整，此次调整不仅是确保与监察法中职务犯罪案件的普遍管辖相协调，也是保持与检察机关法律监督的宪法职能相适应，以期最大限度地发挥监察与检察在打击职务犯罪上的合力优势。另一方面是从国家监察体制的外部改革来看，制度层面的监察体制经历了从行政监察到国家监察的转型升

---

① 参见邓思清：《我国重大职务犯罪案件指定管辖制度研究》，载《政治与法律》2022年第6期。

② 参见陈兴良主编：《刑事法评论》（第11卷），中国政法大学出版社2002年版，第527页。

级。因为在传统“一府两院”的国家政治格局中,反腐败工作以行政监察为中心,具体呈现一种行政监察、纪律检查、检察侦查的分治格局,但是机构重叠、资源分散等结构性失衡也造成了一种“成本高、效率低”的反腐困顿。国家监察体制改革背景之下腐败治理的共治格局,不仅有利于促进腐败治理的连贯性,避免权力分散带来的相互推诿、重复处理等问题,而且有利于实现对人监察的全面性,尤其是伴随对事监督向对人监察的逻辑转向,更有益于实现监察全覆盖。①

三是恪守公平正义的保障。回避制度与指定管辖不仅是程序公正的实现方式,而且蕴含着程序公正的独立价值,是职务犯罪刑事司法的底线正义保障。因为职务犯罪侦查活动中时常会遇到各种利益冲突,②或是基于偏袒放纵犯罪;或是基于权力滥用,酿成冤假错案,而这显然有悖于法治反腐的制度初衷。围绕古罗马“自然正义”的基本原则展开,回避旨在防止司法过程中身份关系交织引发的利益冲突,具体又以实体公正、程序正义和效率提升等为价值承载。在我国职务犯罪案件的刑事司法过程中,强调监察人员、检察人员和审判人员的统一性回避,不仅是因为三者在打击职务犯罪目标上的同向性,而且都希望实现程序制约功能的连续性。其中,一方面是自 1979 年的《刑事诉讼法》颁布以来,就一直保留刑事办案人员的回避机制,《监察法》第 58 条同样规定:“办理监察事项的监察人员有下列情形之一的,应当自行回避……(四)有可能影响监察事项公正处理的其他情形的。”另一方面是规范层面对自行回避、申请回避和指令回避等程序启动方式的明示列举,以及对办案单位整体回避的制度延伸,是对被追诉人之管辖异议权和程序救济权的深层挖掘,多元权利救济旨在最大限度保障职务犯罪刑事司法的公平正义。作为回避制度在某种程度上的一种逻辑推演,其中就包括管辖不明时的指定

① 参见刘艳红:《〈监察法〉与其他规范衔接的基本问题研究》,载《法学论坛》2019 年第 1 期。

② 参见李谷妍、王军:《检察机关自侦监督的问题及对策》,载《法学》2006 年第 11 期。

管辖和管辖明确时的指定管辖两种情形。虽然刑事诉讼法只规定了法院层面的指定管辖问题，但是司法解释亦对立案、侦查、起诉等阶段的指定管辖作出了规定，协调和衔接不同阶段的指定管辖契合司法的效率性要求。在“工作单位所在地”检察机关管辖的前提规范下，前者是为了防止办案机关对职务犯罪管辖权的争抢，[①]后者是为了避免因社会关系等潜在影响而改变管辖，尤其是对于犯罪嫌疑人、被告人身为当地党政机关和司法机关重要领导干部的案件，普遍适用指定管辖。[②] 以党的十八大以来重大(省部级以上官员)职务犯罪案件为例，一般是由中纪委进行党内违纪处理，而后将涉嫌职务犯罪部分移送最高检，再指定下级检察机关具体侦查，但是需要与最高法提前商定。与此同时，指定管辖同样适用于监察机关的职务犯罪调查，但实践中呈现的是一种对称和交错相结合的混合管辖模式。仅就其中的监察调查而言，与可依申请启动的回避制度相区别，囿于现阶段职务犯罪案件指定管辖异议权与申请权等规范阙如，指定管辖呈现的是一种依职权启动模式下的父爱主义倾向，背后又遵循一种对“绝对权力”的“绝对依赖”和对“相对权利”的“相对忽视”的行为逻辑，而这又与程序正义的连贯性、完整性追求不符，特别是考虑到地区差异影响司法实践的客观实际等。[③]

(三)管辖互涉的冲突解决

《监察法》对监察管辖范围进行了类型性、抽象性规定，其中兜底性“等”字也造成了管辖对象并不具有限定性，反而具有开放性，[④]泛化管辖

① 因为根据学者调研，各地区对办理指定管辖的职务犯罪案件都有相当的积极性，既有考核业绩，又能收缴赃款，还未伤及本地干部，办案阻力相对较小。

② 参见龙宗智：《刑事诉讼指定管辖制度之完善》，载《法学研究》2012 年第 4 期。

③ 例如地区差异影响行贿罪量刑，虽然是法官在自由裁量权的范畴内，对经济、文化和社会等发展不平衡的不同地区的相似行贿行为危害性的差异评价，但这也应当是一种保持相对统一的有限差异。参见钱文杰：《行贿罪量刑的实证检验与反思》，载《法律和社会科学》2018 年第 2 期。

④ 参见魏昌东：《论职务犯罪监察管辖权的配置》，载《法学》2023 年第 7 期。

的管辖冲突可能会影响监察效能的实现。因为保守滞后的成文规范历来无法有效应对纷繁复杂的犯罪世界，针对具体、复杂且不确定的刑事个案，就存在犯罪主体、行为事实和因果关系等交织现象，致使具体办案中职能管辖互涉和冲突的客观存在，以及在程序法意义上可以进行单一冲突与复合冲突的划分。[①] 考虑到互涉案件具有事实上的统一性、证据上的依存性、过程上的交错性等特点，[②]在理解和尊重各类犯罪案件刑事司法规律的基础之上，如何实现优势互补、消解认识分歧与管辖错误救济等至关重要，[③]特别是要求强调配套机制的稳定性、协调性和正当性。职务犯罪刑事司法的法治化，不仅强调打击和惩罚犯罪，更强调对法治思维和法治方式的路径依赖，不能在权力与权利的动态博弈中明显失当。

国家监察体制改革前，检察机关和公安机关作为最主要的法定侦查机关，立案管辖也被当作狭义检警关系问题的实质，具体指公安机关和检察机关在办理互涉案件时的职能协调。[④] 国家监察体制改革后，我国违法犯罪案件的职能管辖发生结构性调整，监察机关成为职务犯罪案件调查的专门机关。职务犯罪互涉案件的类型也由单一的检警互涉演化成了多元的监警互涉、监检互涉与检警互涉等。考虑到监察机关对职务犯罪案件全面调查，公安机关对普通犯罪案件全面侦查的事实前提，监警互涉将是未来我国职务犯罪互涉案件最主要的冲突类型，具体又呈现以下三种样态。第一种是一般主体互涉，即同一主体实施了涉及监察机关和公安机关分别管辖的犯罪。例如银行职员周某私自将公款借于张

① 参见王俊民、潘建安：《刑事案件职能管辖冲突及其解决》，载《法学》2007 年第 2 期。

② 参见闫召华：《论检警互涉案件的侦查》，载《中国人民公安大学学报（社会科学版）》2010 年第 2 期。

③ 2019 年修订的《人民检察院刑事诉讼规则》虽然引入了检察机关在审查起诉阶段发现涉监案件管辖错误的协商机制，但是立法始终不承认管辖错误是一种重大程序错误。

④ 参见刘华英：《检警“互涉案件”并案处理机制研究——以优化侦检关系模式为中心》，载《浙江学刊》2016 年第 5 期。

某，多次催还无果后将张某杀害并携其储户资金潜逃的连续行为，其中就涉嫌故意杀人罪和贪污罪，分别属于公安机关和监察机关的职能管辖。第二种是一般事实互涉，监察机关或者公安机关在办理各自职能管辖的犯罪案件中，对涉及他方主体管辖犯罪案件的协同发现。例如，监察机关在调查公安机关钱某贪污贿赂案中，发现还有涉嫌公安机关侦查的组织、领导、参加黑社会性质组织犯罪等"窝案"；或者是公安机关在侦查个体商人胡某走私犯罪案件中，发现有涉嫌监察机关调查的海关机关工作人员受贿罪等"串案"。第三种是特定事实关联，监察机关管辖的职务犯罪案件与公安机关管辖的普通犯罪案件互为前提，甚至构成因果关系。例如监察机关调查国家机关工作人员宋某签订、履行合同失职被骗案，就要求以公安机关职能管辖的合同诈骗罪为前提。① 与此同时，当前检察机关职务犯罪案件侦查范围相对有限，这也决定了涉检案件管辖互涉的相对有限，主要包含一般主体互涉和一般事实互涉两种情形，但是并不发生独立事实之间的前提性、因果性等关系。

从职务犯罪互涉案件管辖冲突的解决来看，先后经历了"双向移送"的初规范、"主罪为主"的相结合、"并案侦查"的再调整，以及"监察为主"的新发展。首先是1979年《关于执行刑事诉讼法规定的案件管辖范围的通知》（已失效）和《关于执行刑法、刑事诉讼法中几个问题的联合通知》（已失效）等对"双向移送"的初规范，在强调公安机关、检察机关与法院法定职能管辖的前提下，"对于不属于自己管辖的"移送义务和必要时"先采取紧急措施"的尽责义务。这样不仅不利于及时、有力地打击犯罪，也不利于相对人的权利行使、义务履行，②其中的"紧急措施"也仅限于保护现场、扣押证据等辅助工作。与此同时，立法要求将移送情况通知报案人、检举人等，不仅是对报案等私权利的持续保护，更是对立案

---

① 参见向泽选：《职务犯罪关联案件侦查管辖的完善》，载《河南社会科学》2011年第4期。

② 参见李寿伟主编：《中华人民共和国刑事诉讼法解读》，中国法制出版社2018年版，第277页。

公权力的变相制约。其次是1998年的《关于刑事诉讼法实施中若干问题的规定》(已失效)和1999年的《人民检察院刑事诉讼规则》等对"主罪为主"的结合,要求在继续保留案件移送制度的同时,根据主罪由公安机关管辖或检察机关管辖等不同,确立了次罪付随主罪、他方予以配合的冲突解决机制。这是因为在互涉案件管辖冲突中,有些犯罪的成立以主罪的成立为前提,有些犯罪的刑事司法以主罪的刑事司法为基础,绝对化的双向移送可能会造成诉讼拖延和程序混乱,而且不符合"互相配合"的宪法要求。再次是2012年的《关于实施刑事诉讼法若干问题的规定》和《人民检察院刑事诉讼规则(试行)》等对"并案侦查"的再调整,新增关联犯罪案件中"有利于侦查"的并案管辖制度。并案侦查模式下职务犯罪侦查权的扩张,是检察机关破解职务犯罪侦查困境的探索性尝试和变通性努力。[①] 这不仅是对传统的回归,更是对传统的超越,前者是因为立法初期就规定检察机关"认为需要自己直接受理的其他",后者则是因为并案侦查并不能突破职能管辖的既定框架。[②] 最后是2018年《监察法》第34条"监察为主"的新发展,以及2019年《人民检察院刑事诉讼规则》的颁布,一方面通过一种监察管辖优位主义的制度设计以强化党对腐败治理的统一、高效领导,[③]另一方面针对监检互涉、检警互涉的程序化差异。但是这种由监察机关单方面规定的监察调查优位主义,不仅有违互相配合的规范前提,还可能造成职能管辖的混乱无序,例如有观点就主张"取消监察委员会与检察机关共同管辖的罪名规定"[④]。因为从传统职务犯罪案件检警互涉冲突的解决机制来看,从来都是机关之间平等

---

① 参见顾军、马军、许婷:《职务犯罪关联案件并案侦查机制研究》,载《人民检察》2013年第24期。

② 参见王尚新主编、全国人大常委会法制工作委员会刑法室编著:《关于实施刑事诉讼法若干问题的规定解读》,中国法制出版社2013年版,第17页。

③ 参见中共中央纪律检查委员会法规室、中华人民共和国国家监察委员会法规室编写:《〈中华人民共和国监察法〉释义》,中国方正出版社2018年版,第172页。

④ 魏昌东:《论职务犯罪监察管辖权的配置》,载《法学》2023年第7期。

对话、共同协商、反复博弈和互相配合的妥协结果，“监察为主”的制度设计不仅会为监察调查扩权埋下伏笔，还会架空其他机关的职能管辖，甚至可能引发法律适用的不安定性危机。

职能管辖要求以监察机关、检察机关和公安机关等不同的功能定位和机构属性为前提，以合理利用国家资源、提高治罪效能等为目标，并以刑事司法的公平正义为底线，而互涉案件管辖机制也应当与之相适应。科学、合理地确定互涉案件的应然管辖，要求在坚持职能管辖的一般规范下，实现移送管辖基本常态和并案管辖有效补充的相结合，这是未来调整新的着力点。具体而言：一方面要求在检警互涉案件中坚持“双向移送”、“主罪为主”和“并案侦查”相结合的规范机制，并且强调只能在法定职权范围内并案侦查，检察机关“截和”公安机关职能管辖的现象值得反思。[①] 另一方面要求在涉监案件中，首先重申“双向移送”是互涉案件管辖机制的基本原则，而且通过对监察机关与执法部门互相配合的宪法关系解读，建议在《监察法》第 34 条第 1 款中补充规定监察机关的移送义务。其次在继续保留“监察为主”的制度框架内，坚持以案件事实上的实质关联为要件，这就排除了一般主体互涉和一般事实互涉的两类情形。例如“李东平滥用职权、滥伐林木案”的刑事司法实践，李东平在任林业工作站站长期间，不仅违规采伐林木，构成滥用职权罪；而且多次伙同他人持非法获取的林木采伐许可证滥伐林木。虽然也构成事实层面的一人犯数罪和数罪有关联，但并不影响法律层面的独立评价，而且监察机关并不具备滥伐林木犯罪的调查优势，最终还是交由森林公安依法处理。因此，建议在《监察法》第 34 条第 2 款中增设实质关联的限制性条款，避免监察权任意扩张带来的反腐效能低下。最后是加快推进监察机关、检察机关、公安机关和审判机关等之间的共同协商与平等对话，以

---

① 参见梁洪、蒋义红：《广西桂林：并案侦查化解读职犯罪查办难》，载《检察日报》2013 年 5 月 19 日，第 1 版。

及通过出台《关于执行刑事犯罪案件管辖范围的通知》等法律文件凝结共识、形成机制,[①]而这也是厘清职能管辖、调整管辖互涉的基本经验。其中,一方面是1962年《关于公、检、法三机关受理普通刑事案件的职责范围的试行规定》(已失效)、1979年《关于执行刑事诉讼法规定的案件管辖范围的通知》(已失效),以及1998年"六部委规定"等推动下的共治格局;另一方面是诸如《Q省监察机关与人民法院、人民检察院办理职务犯罪案件工作衔接办法(试行)》等也已经明确"对于关联案件,一般应当坚持随主案确定管辖的原则"的地方实践。

三、职务犯罪刑事司法的证据制度

众所周知,事实认定、法律适用、裁判说理等都要求围绕证据展开,并且贯穿纠纷解决的全过程,是民事诉讼、刑事诉讼和行政诉讼的重要内容,只是立法塑造了不同规范语境下的证据制度差异。其实,仅从规范层面而言,《监察法》第33条已经单方面明确了监察证据在刑事诉讼中的证据资格,要求与刑事审判相一致的证据标准,并且明确了非法证据排除规则的基本原则,这也构成了监察证据制度的实践基础。但是,粗疏的监察证据制度与复杂的监察调查实践存在相互脱节的先天瓶颈,特别是后续《刑事诉讼法》的调整和修改也并不能够形成及时、有效的针对回应,职务犯罪刑事司法的证据制度存在相对宽泛与自由的解释空间,而这又可能会给监察衔接司法的制度实践带来较大的不确定性。

(一)监察法语境下的证据规则

监察调查是监察机关的基本职责,调查证据是围绕其展开的核心工

---

① 考虑到"监察机关调查职务违法和职务犯罪适用国家监察法,案件移送检察机关后适用刑事诉讼法"的客观实际,文件名不宜取原先的诸如《关于执行刑事诉讼法规定的案件管辖范围的通知》(已失效)、《关于刑事诉讼法实施中若干问题的规定》(已失效)等。

作,是监察权力行使的事实依托,如何规范监察机关收集、固定、审查和使用证据等,是监察法要解决的首要问题。其实在职务犯罪传统分散的实践模式中,分属于纪委检查、行政监察和检察侦查等不同领域,不仅有各自的证据规则体系,而且有具体的证据转换规范,能够在一定程度上兼顾证据经济性、有效性、规范性和完整性的相对平衡。例如《刑事诉讼法》对于证据种类的基本分类、证据"三性"的体系规范以及非法证据排除等证据制度,确保了职务犯罪案件过程中的"以事实为基础"。为了进一步拓宽反腐败斗争的协同效能,一方面是考虑到物证、书证、视听资料、电子数据等证据比言词证据有更强的证明力,具有不可替代性;①另一方面是考虑到职务犯罪案件中纪检监察先行的办案实际,口供等言词证据的易变性,以及物证等实物证据的不可重复收集性,2012 年《刑事诉讼法》第 52 条确立了行政执法证据的司法评价机制。早在国家监察体制改革之初,围绕监察机关取证规范的讨论就存在:第一种是《刑事诉讼法》的照搬适用;第二种是由《监察法》单独规定;第三种是两法共同规定。最终体现在监察机关调查不适用《刑事诉讼法》的监察立法层面,虽然在实质上确立与刑事侦查相独立的程序和规范,但在形式上明确与刑事审判相一致的要求和标准,客观上存在前后不连贯、里外相脱节的问题。

通过《监察法》证据制度的规范解读,监察立法明确规定了物证、书证、证人证言等证据种类,一方面是"被调查人供述和辩解"的标新,另一方面是"被害人陈述"的缺失,也有学者指出"受害人陈述"、"被害人陈述"和"被调查人陈述"的共同缺失。② 其中,"监察权限"和"监察程序"两章主要围绕证据的合法性、可靠性、真实性与规范性展开,甚至在某些方面超过了刑事司法的规范要求。与此同时,2021 年施行的《监察法实

① 参见黄太云:《刑事诉讼法修改释义》,载《人民检察》2012 年第 8 期。

② 参见兰跃军:《论监察证据在刑事诉讼中使用》,载《证据科学》2018 年第 6 期。

施条例》对职务违法案件证据标准与职务犯罪案件调查终结需要达到的证据标准作出了区分,监察证据标准也进入了“二元标准”时代。

进一步围绕证据构成要件“三性说”展开,首先是证据收集的合法性,即强调监察调查取证应当在法制框架内活动,但这本身又以监察立法的科学和完备为前提。例如,监察机关工作人员的调查取证应当按规定出示证件,出具书面通知,以及签名盖章,这样既能防止监察调查的滥用和失范,确保监察机关的起点控制,又能获得监察对象的配合与支持,避免不合理的对立冲突;①监察机关调查人员取证过程的录音录像和留存备查②是一种强制录音录像制度,③但是也存在录制主体与管理主体重合的“自讯自录”问题。其次是证据固定的可靠性,就是要求通过规范化的程序操作,避免因程序不当造成的证据存疑,特别是污染、篡改、损坏等行为导致的证明力受损。例如,采用二人以上调查的工作模式,以确保调查行为的过程公正与相对透明;调查行为呈现的记录模式,通过笔录、报告和意见等文字内容,反溯取证过程的真实可靠;对价值不明的物品及时进行鉴定,避免市场波动带来的价值波动等。再次是证据审查的真实性,这是证据衡量和审查的核心内容,因为“越接近案情真相的事实判断就越可靠,越有可能成为合法的证据”④,这就要求及时解除与案件无关的查封、扣押,并予以退还,特别是围绕询问、讯问等言词证据的审查与判断,监察立法中既有的要求确保相对人必要的饮食、休息、安

---

① 例如,在“陕西黄碟案”公权力与私权利的典型冲突中,派出所的民警身着便装且未出示证件,导致在执法过程中与当事人发生冲突并造成损害。

② 从地方规范文本来看,“留存备查”主要有两种模式:一种是检察机关与监察委员会调查部门沟通协商后依法调取,另一种是检察机关经与其沟通协商后派人去监察办案场所现场查看,但都要求严格遵守保密原则。

③ 其中,相较于《刑事诉讼法》重大犯罪案件中讯问过程的强制录音或者录像而言,监察立法在适用范围(监察案件)、具体行为(讯问以及搜查、查封、扣押)和内容要求(录音和录像)等方面都更为丰富。

④ 任强:《判决如何作出——以判断类型为视角》,载《中国社会科学》2007 年第 3 期。

全和医疗服务等规范，显然难以有效保障言词证据获取的真实性，逼供、诱供等不法取证行为有待进一步列举明示。最后是证据运用的规范性，不仅要求收集被调查人有罪或者无罪、犯罪情节轻重的各种证据，而且要求形成相互印证、完整稳定的证据链条，遵循“孤证不能定案”的办案逻辑，特别是强调职务犯罪案件中物证、书证等实物证据的及时发掘、合法收集和有效固定等，进而防止“口供中心主义”办案模式下的非法取证。

（二）刑事诉讼法语境下的证据制度

证据规则有利于推进刑事司法的法治化实践，实现惩罚犯罪与保障人权的价值平衡。比较来看，英美法系国家的刑事证据制度强调“法定证据原则”，主要围绕证据“可采性”展开，非法证据排除构成了刑事司法实践的黄金准则；大陆法系国家的刑事证据制度倾向于“自由心证原则”，职权主义构造下较少限制证据。[1] 放眼中国的刑事司法制度，其具有囊括了基本原则、证据种类、证明责任、证明标准与非法证据排除等内容的证据制度，其萌芽、成型与转型等承载着推进刑事司法法治化的历史重任。[2] 其中，以刑事证据制度的法制变革为线索，补缺规则“短板”构成了刑事立法的重要内容：一方面是《刑事诉讼法》证据条文的扩充，从 1979 年《刑事诉讼法》第五章“证据”的 7 条规定扩充到 2018 年《刑事诉讼法》第五章“证据”的 16 条规定；另一方面是司法解释证据规则的补充，其中就包括《关于办理死刑案件审查判断证据若干问题的规定》、《关于办理刑事案件排除非法证据若干问题的规定》与《关于办理刑事案件严格排除非法证据若干问题的规定》等。但是基于中国

① 参见樊崇义主编：《刑事诉讼法实施问题与对策研究》，中国人民公安大学出版社 2001 年版，第 188 页。

② 与中国刑事证据制度的转型发展相适应，中国刑事证据制度的法学研究也经历了混乱到规整的体系转变。参见王超：《中国刑事证据法学理论体系的科学建构》，载《法学评论》2013 年第 1 期。

刑事证据制度规范与实践的双面考察,不仅规范层面存在结构不完整、内容不明确和逻辑不紧密等瑕疵,实践层面也存在重证明力、轻证明能力,重证据补强、轻证据排除等失衡,刑事证据制度有待进一步的体系建构与科学实践。

经历了从神示证据制度、法定证据制度到自由心证制度的历史沿革,刑事证据制度的法治化水平不断提高,并且集中体现在刑事证据基本原则、证据种类、证明标准与非法证据排除的赋权、限权与护权等多个方面,整体适用于职务犯罪案件的刑事司法实践。首先是刑事证据制度中的基本原则,主要包括证据裁判原则,强调案件事实的认定必须根据证据,不仅要求具备证据资格的前提,而且要求经历法庭调查的检验;实质真实原则,契合实体真实主义的司法传统,授权法官自行调查取证以最大限度发现事实真相,要求有罪供述与其他证据补强相结合以防范刑事冤假错案等,例如认罪认罚从宽制度实践中真实性的必要前提;无罪推定原则,以证明责任分配与证明不能后果为内容,在中国可谓经历了相当艰辛的发展历程,[①]但是与国际社会通行原则仍有差距。其次是刑事证据制度中的证据种类,这是刑事证据规则及其理论体系的前提概念,并且能够保持因应社会发展而呈现扩张趋势。例如由“鉴定结论”向“鉴定意见”的科学化,补充“电子数据”、“辨认笔录”与“侦查实验笔录”的体系化,以及确立反腐实践中行政机关收集证据的司法追认机制等。中国刑事司法制度语境下,证据种类的划分极具争议,其中就包括证据种类的模糊论、[②]证据种类的拓展论、[③]证据方法的替代论等。[④] 再次是刑

① 参见易延友:《论无罪推定的涵义与刑事诉讼法的完善》,载《政法论坛》2012 年第 1 期;陈光中、张佳华、肖沛权:《论无罪推定原则及其在中国的适用》,载《法学杂志》2013 年第 10 期;林喜芬:《中国确立了何种无罪推定原则?——基于 2012 年刑诉法修订的解读》,载《江苏行政学院学报》2014 年第 1 期。

② 参见韩旭:《证据概念、分类之反思与重构》,载《兰州学刊》2015 年第 6 期。

③ 参见周洪波:《诉讼证据种类的区分逻辑》,载《中国法学》2010 年第 6 期。

④ 参见孙远:《论法定证据种类概念之无价值》,载《当代法学》2014 年第 2 期。

事证据制度中的证明标准，与贯穿刑事司法全流程的证据标准相区别，专指法庭审判程序中由承担证明责任的诉讼一方对待证事实的论证所达到的真实程度。[①] 我国刑事司法制度明确了“事实清楚，证据确实、充分”的证明标准，不仅要求案件事实证据证明的全面性，而且要求证据能力与证明力的兼具性，以及补充强调合理怀疑的排除性与事实结论的唯一性。其中粗疏的证明标准条款重理想目标而轻实际操作、重客观标准而轻主观评价等也使其饱受争议，突出表现为2012年《刑事诉讼法》新增“排除合理怀疑”立法的司法反馈有限。最后是刑事证据制度中的非法证据排除，在我国就经历了从口号宣言到法律文本、从法律文本到规范实践的历史沿革。比较而言，与域外非法物证排除、审判阶段排除的重点规制相区别，我国非法证据排除制度不仅着眼于非法口供排除，而且要求侦查、起诉和审判等阶段的重复性排除，以实现对刑事冤假错案的司法阻断。

（三）职务犯罪证据的规范衔接

在传统“一府两院”的政治格局中，民事、刑事和行政等法律体系组合而成的中国特色社会主义法律体系，始终能够保持与社会转型和制度变革相适应，是国家长治久安、社会和谐稳定的根本保障。其中，反腐败法律散见于刑事法、行政法以及党章党纪之中，虽然存在场域多元与资源分散等问题，但是分层相对清晰，规则相对独立，我国治理职务犯罪主要依据为《刑法》《刑事诉讼法》，[②]能够形成刑事法范畴内实体与程序的有效衔接。国家监察体制改革背景下的法律体系调整，将围绕立、改、废、释等基本方式循序推进，协同推进体系自洽与良法善治，而且《监察法》已成为职务犯罪治理规范的重要补充，特别是职务犯罪案件将适用监察证据与刑事证据两套规则体系，职务犯罪调查的证据标准在本质上

① 参见陈瑞华：《刑事诉讼中的证明标准》，载《苏州大学学报（哲学社会科学版）》2013年第3期。

② 参见高铭暄、陈璐：《当代我国职务犯罪的惩治与预防》，载《法学杂志》2011年第2期。

属于刑事证据标准的一种。[①] 但是,现阶段的国家监察立法相对粗疏,权力规范与权利保障都有待进一步的细化完善。职务犯罪监察证据与刑事证据的规范融合,背后是监察法与刑事诉讼法的协调衔接,更是中国特色社会主义法律体系框架内的冲突调和。在我国以《宪法》为基础的法律体系框架内,基本法优先于附从法、上位法优先于下位法的法律适用原则尚且不能解决监察与司法的规范冲突。因为,一方面《监察法》和《刑事诉讼法》分别属于监察与司法系统内的基本法,并不成立主从关系;另一方面,《监察法》和《刑事诉讼法》皆系全国人大制定的基本法,并不存在位阶差异。但是有观点主张,基于监察法的源头性、引领性和刑事诉讼法的部门性、后继性,刑事诉讼法在法律体系中应从属于监察法,[②]这虽然能够从宏观上解决两套证据规则的体系冲突,但有悖于最基本的法律共识,甚至可能引发监察法治的信任危机。例如以"两高"司法解释的适用为例,难道检察机关与审判机关介入案件的先后性就能决定检察机关司法解释适用的优先性吗?[③]

审判中心主义改革视域下,罪刑法定、无罪推定、证据裁判与非法证据排除等证据规则具有普适性,同样适用于职务犯罪案件的刑事司法过程。围绕《监察法》第 33 条展开,并且立足于程序与证据的相对独立,有学者提出了《监察法》与《刑事诉讼法》衔接过程中"程序二元,证据一体"的理论模型,[④]证据是客观事实与法律事实的连接基点,不仅可以一

---

① 参见张红哲:《监察证据标准的理论阐释与优化路径》,载《中外法学》2023 年第 3 期。

② 参见吴建雄、王友武:《监察与司法衔接的价值基础、核心要素与规则构建》,载《国家行政学院学报》2018 年第 4 期。

③ 关于刑事诉讼的司法解释,王敏远教授认为应当贯彻"以司法为中心原则",龙宗智教授主张"以审判为中心",核心就是强调前阶机关应当遵从后阶机关的规范要求;不同部门就相关问题的差异规定,应当以后阶机关的规定为准。相关论述参见王敏远:《2012 年刑事诉讼法修改后的司法解释研究》,载《国家检察官学院学报》2015 年第 1 期;龙宗智:《"以审判为中心"的改革及其限度》,载《中外法学》2015 年第 4 期。

④ 参见李勇:《〈监察法〉与〈刑事诉讼法〉衔接问题研究——"程序二元、证据一体"理论模型之提出》,载《证据科学》2018 年第 5 期。

体,而且应当一体。其中,一方面是因为客观性是证据的基本属性,具有事实表达的连贯性;另一方面是因为回溯性是证据的获取方式,具有价值灭失的可能性。正是基于这样一种"证据一体"的逻辑结构,监察证据向刑事证据的规则标齐,调查取证参照刑事诉讼法的规则指引:首先是符合监察立法的经济原则,特别是考虑到刑事证据规则体系的相对完备,单独制定一套内容详尽但可能交叉重复的监察证据规则既无必要性,也无操作性,但是这并不妨碍监察立法中证据要求的特别规定。其次是确保反腐规范的内部统一,单独创设监察证据规则极有可能附带规范冲突,不仅会导致监察调查取证规范的立法虚置,还会引发监察规范对刑事规范的体系冲击,以及增强"调查中心主义"的实践风险。最后是与以审判为中心的诉讼制度改革相适应,职务犯罪案件的证据规则融合,其实是对体系化证据制度构成上的前置式证据规则以优位,这更契合审判中心主义与证据裁判主义的价值内核,[①]有学者就建议参考《刑事诉讼法》《办理死刑案件证据规定》《排除非法证据规定》《关于办理刑事案件严格排除非法证据若干问题的规定》等相关法律文件,以解释的形式对《监察法》第33条第2款予以细化。[②] 因此,监察机关职务犯罪调查生成的证据,不必转化即具备刑事证据资格,但是能否作为审查起诉的证据和定罪量刑的证据,还需要依赖职能机关和参与主体围绕证据能力、证明力等证据规则展开的综合检验,并且以合法证据采纳和非法证据排除为基本面向。考虑到职务犯罪案件中言词证据的关键性地位,选择以《刑事诉讼法》第59条"出庭说明情况"的规定为例,旨在通过程序性裁判机制以落实非法证据排除和激励文明法治执法,其中立法就明确规定了"有关侦查人员或者其他人员"依职权与依申请相结合的出庭方

① 参见张栋:《中国刑事证据制度体系的优化》,载《中国社会科学》2015年第7期。

② 参见汪海燕:《审判中心与监察体制改革——以证据制度为视角》,载《新疆社会科学》2018年第3期。

式,但是仅就规范本身难以周延至职务犯罪监察调查的监察人员。回归证据合法性证明的制度初衷,一方面是事实层面监察机关调查取证非法性的可能,特别是基于传统职务犯罪侦查模式下刑讯逼供国家治理的现实反思;另一方面是规范层面监察调查证据制度一致性的前提,不仅强调与刑事审判的证据要求和标准相一致,而且要求以非法方法收集证据的依法排除,因此"证据一体"理论模型下同样要求有关调查人员的出庭说明情况,以推进职务犯罪案件法庭审判的实质化。

四、认罪认罚从宽制度的理解与适用

随着刑事诉讼法的新一轮修改,认罪认罚从宽制度已经成为我国刑事司法的基本制度,进而关涉刑事司法实践的各个方面。无论是出于改革设计者的积极推进,还是出于实践参与者的实质获益,不仅有利于刺激"非对抗性"的刑事司法合作,而且有利于为"审判中心主义"发掘更大的制度空间,是当下刑事司法理论研究与制度实践的一门显学。经历了认罪认罚从宽制度的地方试点到全国推广,一方面是呈现立法目的的波动化,由一元化的"繁简分流"主导到多元化的"惩罚犯罪"与"保障人权"并存,以及 2018 年《刑事诉讼法》的选择性规避,特别是《监察法》中认罪认罚从宽的话语分歧,就此导致了刑事犯罪案件中认罪认罚从宽的体系割裂。[①] 另一方面是呈现理论研究的碎片化,通过刑事诉讼"第四范式"的兴起与认罪认罚"放弃审判"的实践,认罪认罚从宽制度的理论内涵、制度建构、证明标准、风险治理等问题被广泛讨论。[②] 其中,既有比较

① 参见詹建红:《认罪认罚从宽制度在职务犯罪案件中的适用困境及其化解》,载《四川大学学报(哲学社会科学版)》2019 年第 2 期。

② 参见陈卫东:《认罪认罚从宽制度研究》,载《中国法学》2016 年第 2 期;魏晓娜:《完善认罪认罚从宽制度:中国语境下的关键词展开》,载《法学研究》2016 年第 4 期;王敏远:《认罪认罚从宽制度疑难问题研究》,载《中国法学》2017 年第 1 期;孙长永:《认罪认罚案件的证明标准》,载《法学研究》2018 年第 1 期。

法视野下的本土化建构，又有历史法演绎中的体系化传承，既有研究能够为职务犯罪案件中认罪认罚从宽的法治实践提供启示。

（一）认罪认罚从宽制度的驱动模式

基于《监察法》与《刑事诉讼法》认罪认罚的规范文本，回归权力与权利"交互说"下制度属性的本源问题：职务犯罪刑事司法实践中的认罪认罚究竟是办案机关的权力还是被追诉人的权利尚不明晰，背后又关涉制度建构中规范权力或保障权利的逻辑进路。鉴于此，在突破传统单一化规范体系中的认识局限，以及公民权利与国家权力此消彼长的深层博弈中，通过引入普通犯罪与职务犯罪案件中认罪认罚从宽的话语分歧与实践差异等，进一步挖掘认罪认罚权力驱动主义的实然瓶颈，以及重塑认罪认罚权利中心主义的应然构造，以期对职务犯罪刑事司法的法治化运作有所助益。

首先是实然构造的权力驱动模式。在向现代独立司法转型的同时，中国司法体制仍保留着浓厚的权力主导色彩，同时具有一定的政府政策执行者特征，[①]进而呈现一种权力驱动主义的司法模式，例如，权力实现的司法改革、权力主导的司法解释、权力本位的司法公开等。[②] 但是多元利益冲突之下又引发了指标型、压制型、运动型刑事司法的实践风险。认罪认罚从宽制度从地方试点向全国推广、从决定规范到立法文本，事实上遵循着一种以权力为中心的逻辑进路。在当前监、公、检、法、司等协同合作以"进一步提高认罪认罚从宽制度适用率"的制度愿景之下，又表现为司法效率的价值优位、权力主导的程序控制等。例如，以认罪认罚从宽程序启动的职权主义为例，单方面赋予权力机关启动认罪认罚程

---

① 参见杨彪：《司法认知偏差与量化裁判中的锚定效应》，载《中国法学》2017 年第 6 期。

② 参见汤火箭、杨继文：《司法改革方法：比较、问题与应对》，载《四川大学学报（哲学社会科学版）》2016 年第 1 期；刘风景：《权力本位：司法解释权运行状况之分析》，载《中国青年政治学院学报》2005 年第 1 期；唐应茂：《领导意愿、机构能力和司法公开——北京、上海、广东裁判文书上网率的初步研究》，载《中国法律评论》2018 年第 6 期。

序,因此也有学者称为“法定启动方式”。[①] 职务犯罪案件适用认罪认罚从宽制度,事实上存在从严惩腐与量刑从宽的先天对立。其中监察立法引入认罪认罚从宽制度,一方面是规范粗糙且条件严苛;另一方面是实践粗放且程序烦琐。总体而言,职务犯罪案件中认罪认罚程序适用呈现更加浓厚的职权色彩。

其次是应然构造的权利驱动模式。改革开放以来,刑事司法之主体性理念、参与性实践与程序性控制等不断发展,权利亦构成了我国刑事诉讼法制变迁的基本脉络。认罪认罚程序选择契合权利“利益、自由、主张、资格、可能、认可与选择的正当性本质特征”[②],兼具基本权利“个人得主张”和“权力受约束”的双重特征。其实,认罪认罚不仅取决于行为主体意思自由下的利益衡量与行为选择,而且具备诸如合作司法模式兴起、司法制度弹性扩展和自我处决权利实现等现实基础。基于法治国家“权利守恒定律”的普遍遵循,行为主体“同意理论”之下对抗国家追诉的权利解构,虽然以辩护权、无罪推定、正当程序等牺牲为代价,但亦补充权利义务告知、选择权保障、自愿性审查等制度规范,毕竟权利总是在一个守恒与动态中演绎。但是认罪认罚从宽作为2018年《刑事诉讼法》新创设的一项基本原则与基本制度,“可以”而非“应当”依法从宽处理的规范文本又会导致其不具有强制力。[③] 众所周知,刑事诉讼基本原则具有统领性、普遍性和明确性的指导功能,具体又以赋权、分权、限权与护权等关键要素展开。例如,权力面向的“侦查权、检察权、审判权由专门机关依法行使”和“分工负责、互相配合、互相制约”,权利面向的“保障诉讼参与人的诉讼权利”和“未经人民法院依法判决,不得确定有罪”

---

① 参见马静华、李科:《新刑事诉讼法背景下认罪认罚从宽的程序模式》,载《四川大学学报(哲学社会科学版)》2019年第2期。

② 范进学:《权利概念论》,载《中国法学》2003年第2期。

③ 参见左卫民:《如何打造具有法理合理性的刑事诉讼法——审思2018年刑事诉讼法修正案》,载《比较法研究》2019年第3期。

等,趋同性的“必须”、“应当”和“不得”等术语表达又遵循一种确权主义的立法逻辑,而认罪认罚当中“可以”的立法模式本身即值得商榷。

比较来看,权力驱动模式强调司法效率的价值优位,以及权力主导的程序控制,本质上遵循一种“权力制约权力”的行为逻辑,但是事实层面的协商实践又表现为强弱失衡,而这显然是与认罪认罚从宽制度的效率、权利、真相和公正等多元价值相冲突的。相形之下,权利本位模式强调司法公正的价值优位,突出被追诉人对认罪认罚程序适用的实质影响,本质上遵循一种“权利制约权力”的行为逻辑,反悔与上诉等权利体系旨在真正有效实现与巩固被追诉人的诉讼主体地位。回归认罪认罚从宽制度权利驱动模式的司法理性,强调提升权利影响力与限制权力控制力的双维度调整。

(二)职务犯罪认罪认罚的正当性证成

职务犯罪案件适用认罪认罚从宽制度,不仅具备监察调查、检察侦查、审查起诉等阶段适用的延续性,而且能够从根本上促进追诉方、辩护方和裁判方等多元利益共赢,《监察法》与《刑事诉讼法》共同提供了广义的职务犯罪案件认罪认罚从宽制度的规范依据。例如,作为《监察法》实施以来首例携带赃款赃物主动到中央纪委国家监委投案的职务犯罪案件的河北省政协原副主席艾文礼受贿案,就充分体现了职务犯罪案件适用认罪认罚从宽制度的示范效应。理性来看,不仅职务犯罪被追诉人大多系体制内人员,一般也非盲、聋、哑人或精神病人,而且罪名本身并不能够独立成为程序分化的正当化事由,特别是认罪认罚从宽制度契合职务犯罪案件较为特殊的证据结构与诉讼特点,有利于纾解其司法证明难度。基于职务犯罪刑事司法理论与实践的双重考察,二者相结合的制度展开契合改革要义,但是具体个案实践中慎用、不用的保守主义立场值得反思。

从构成性内在价值之于刑罚理论体系的构造来看,核心在于保持职务犯罪刑事司法“宽严并济”的适度张力。以“真诚悔罪”为核心的认罪认罚,在实体层面:一方面外化表露为行为主体主观恶性的减弱,刑事责任的确定应当体现出与之相适应的个性化差异;另一方面预示着行为主体人身危险性和再犯可能性的降低,为实现预防犯罪目标的刑罚亦应作调整。职务犯罪本质上是一种侵害秩序和管理等法益的犯罪,其中涉嫌犯罪的行为人,不仅主观恶性相比自然犯通常较小,而且更谈不上什么人身危险性,①认罪认罚从宽的实体要件正当。在程序层面:一方面是契合了刑事司法效率提升的现实需求,因为有的案件正是因为“认罪”才有了破案可能,而且构成了多元刑事司法程序分流的重要前提;另一方面是基于行为主体“同意理论”的权利解构,但也保持着“权利守恒”的完整体系。因为职务犯罪在形式上是一种常见、多发的法定犯罪,案件数量增长是与国家反腐力度增强相适应的,适用认罪认罚从宽制度有其现实必要性。

从其固有的内在价值之于现代司法精神的诠释来看,目标在于实现“压制型”向“回应型”的职务犯罪刑事司法转型,并且强调以利益主体的有效参与和实质影响为要件。例如,我国刑事司法历史沿革中的“宽严相济”政策,以及职务犯罪刑事司法的“轻轻重重”实践,无不诠释着现代刑事司法的“宽宥”“和谐”“尊重”等精神。职务犯罪刑事司法实践中适用认罪认罚从宽制度,首先有利于司法合作模式下的期限缩短、负担减轻,表达现代刑事司法的“宽宥”精神。其中就包括被追诉方的实体量刑从轻和程序适用从宽,毕竟对被追诉方而言的紧张心理和折磨心态等也贯穿刑事司法的全流程。其次有利于司法有效参与下的内容聚焦、对抗平缓,彰显现代刑事司法的“和谐”精神,特别是职务犯罪类似于“无被害人的犯罪”,②而且一般民众利益的直接受损可能性不大,这决定了大

---

① 参见储槐植、闫雨:《刑事一体化践行》,载《中国法学》2013 年第 2 期。

② 参见周光权:《社会转型时期职务犯罪预防的新课题》,载《政治与法律》2007 年第 5 期。

多数案件中被害人立场和态度的排除。[①] 最后有利于司法实质影响下的主体突出、权利保障,镌刻现代刑事司法的"尊重"精神。以刑事程序选择为例,完整意义上的认罪认罚从宽程序选择不仅包括反悔的权利,[②]更重要的是突出程序选择与程序运用的实质关联,彰显对被追诉方"希望由自己发现案件真实与促进程序"这一理性诉求的人文关怀,[③]职务犯罪案件适用认罪认罚从宽制度有其现实可行性,实务中也呈现一种逐步拓宽适用的趋向。

(三)职务犯罪认罪认罚制度的内在要求

"权力制约权力"与"权利制约权力"本质上相辅相成,但是通过被追诉人对抗国家刑事司法的实践观察与历史比较,后者具有应然的优先性,毕竟保障权利构成了现代刑事法治之精髓,完善认罪认罚从宽制度本质上应当遵循"权利化"的改革逻辑。[④] 呼吁认罪认罚从宽制度的权利本位回归,旨在推进权利中心保护模式的制度配套,充分保障其自由、自主且自愿的认罪认罚。在权利总量相对固定的基本前提下,职务犯罪案件中的认罪认罚权利处分可能会导致无罪辩护、询问证人等权利克减,必然要求相应律师帮助、量刑协商等权利强化。但是"任何权利都有特定边界"[⑤],主动或被动的超越边界往往都意味着权利滥用,不得克减的底线正义仍是职务犯罪认罪认罚的基本要求。

首先,律师帮助是保障认罪认罚明智性的必然要求,其参与程度也

---

① 因为在认罪认罚从宽制度的改革推进中,也要关注被害人的主体地位、诉讼请求和损害赔偿等问题。

② 《刑事诉讼法》第 226 条规定:"人民法院在审理过程中,发现……被告人违背意愿认罪认罚……应当按照本章第一节或者第三节的规定重新审理。"

③ 参见姚莉、詹建红:《刑事程序选择权论要——从犯罪嫌疑人、被告人的角度》,载《法学家》2007 年第 1 期。

④ 参见左卫民:《认罪认罚何以从宽:误区与正解——反思效率优先的改革主张》,载《法学研究》2017 年第 3 期。

⑤ 郝铁川:《权利冲突:一个不成为问题的问题》,载《法学》2004 年第 9 期。

是衡量认罪认罚从宽实践法治文明的重要标尺。因为较之办案机关认罪认罚的告知义务，律师作为利益相对无涉、技能相对专业和身份相对独立的法律从业人员，更有利于帮助被追诉人进行利弊权衡。正如学者所言，“正是律师造就了对抗式的诉讼模式，因为此种诉讼模式在很大程度上迎合了律师的行业利益”①，但是在认罪认罚合作式的诉讼模式之下，律师的功能担当与角色扮演也悄然生变，特别是与之配套的值班律师制度从试点走向推广，委托律师、值班律师与法律援助律师等多元法律帮助共同构成了认罪认罚从宽自愿性、认罪认罚具结真实性与认罪认罚量刑合法性的重要保障，但是又充斥着值班律师“权利保障者与权力配合者”身份交织的质疑。② 与此同时，在职务犯罪监察调查阶段，一方面是立法排斥律师的外部介入，以巩固监察调查的独立性；另一方面是许可认罪认罚的制度实践，甚至授权监察机关提出从宽处罚的建议，并由此造成“监察案件适用认罪认罚从宽制度出现重大障碍的后果”③。因此，围绕有效辩护理念与协同辩护实践展开，职务犯罪刑事司法实践中认罪认罚从宽的律师帮助分别又以“监察认罪律师帮助”、“值班律师辩护人化”与“值班律师全流程化”等为改革方向，其中就有学者提出了创建“适应当前监察权运行规律的值班律师制度”④。

其次，量刑协商是增添认罪认罚活力性的原始动力，并且具备优化司法资源合理配置、确保诉讼主体利益兼得等正当性基础。基于认罪认罚程序中“认罪越早、从宽越多”的价值引导，被追诉人往往更加关心如

---

① 汪建成：《刑事诉讼法再修订过程中面临的几个选择》，载《中国法学》2006 年第 6 期。

② 参见汪海燕：《三重悖离：认罪认罚从宽程序中值班律师制度的困境》，载《法学杂志》2019 年第 12 期。

③ 卞建林：《配合与制约：监察调查与刑事诉讼的衔接》，载《法商研究》2019 年第 1 期。

④ 参见赵恒：《职务犯罪案件认罪认罚从宽制度研究》，载《比较法研究》2022 年第 2 期。例如，考虑到监察工作的政治性与纪律性要求，可以参照既有的比较成熟的公职律师制度、军队律师制度，监察机关在其内部设立专门的值班律师部门，选拔和任命具有法律职业资格的监察人员担任值班律师。

何量刑,社会公众对司法判决的关注也主要表现在量刑上,尤其是量刑也是司法反腐历度检验的重要参照,特别是考虑到与刑法罪名的纷繁复杂、专业晦涩等相区别,量刑裁判中的刑罚种类、刑罚期限与执行方式等不仅关系到刑罚正义的最终实现,而且具备可视化的感知属性,以及强调律师参与以提升量刑协商中的权利话语。检察官主导认罪协商案件是现代刑事司法的发展趋势,[①]这就决定了认罪认罚案件中量刑建议的功能强大,与之相适应则是要求被追诉人一方量刑意见的提前交涉与深层博弈,对于被追诉人认罪认罚的职务犯罪案件,量刑建议在一定程度上体现了监察机关对案件刑罚结果的立场。[②] 其中,基于"法无授权不可为"的控权原则,要求相对统一量刑指南的规范化与体系化,并且强调把握认罪认罚量刑情节的独立性、量刑从宽的层次性、联合适用的统一性。未来沿着律师有效参与等改革思路,不仅要求激励律师参与量刑协商,具体包括刑种、刑期、执行方式与量刑优惠等全面协商,而且强调律师书面量刑意见的实质影响,并且附卷移送以供法庭审判参考。

最后,独立审查是确保认罪认罚合法性的重要内容,强调以司法裁判的形式确认认罪认罚司法合意的契约效力。基于被追诉人认罪认罚的程序选择,法庭审判视角下的事实基础相对确定,庭审重心相应调整,[③]特别是补充了被告人认罪认罚从宽协议的司法审查,新兴合作式刑事审判之下认罪认罚自愿性、真实性与合法性的司法审查,决定了其区别于对抗式刑事审判的程序构造。其中,自愿性审查以明示利弊和选择自由为基本要素,在告知义务与律师帮助的双重检验之下,法庭审理主要围绕检察移送起诉书、认罪认罚具结书、检察量刑建议书等内容展开,并且强调一种对认罪认罚具结书签署时间、地点、人员等的综合判断。

---

① 参见胡铭、宋善铭:《认罪认罚从宽制度中检察官的作用》,载《人民检察》2017 年第 14 期。

② 参见赵恒:《职务犯罪案件认罪认罚从宽制度研究》,载《比较法研究》2022 年第 2 期。

③ 因为在这当中,定罪裁判与有罪判决以及量刑裁判与量刑建议相关联,以及传统的程序性争议问题消解,法庭审理进而转向认罪认罚从宽的独立裁判。

真实性审查主要是为了防止无罪之人“认假罪”和有罪之人“假认罪”的实践异化,前者包括“冒名顶替式”认罪和“子虚乌有式”认罪;后者包括“虚情假意式”认罪和“权力寻租式”认罪。合法性审查系围绕程序合法与实体合法展开的,以规范认罪认罚从宽制度的实践理性,强调坚持宽严相济政策和罪刑相当原则下的有限性从宽,以及突出其作为独立量刑情节要素而与坦白、自首、立功等并列式考量。

综上所述,一是作为基础问题的职务犯罪管辖制度。中国特色社会主义检察制度框架内,检察机关针对职务犯罪案件的侦查管辖构成了我国法律监督的基本内容,以及相对应的呈现职务犯罪刑事司法的一元管辖模式;国家监察体制改革背景下,确立职务犯罪案件监察调查与检察侦查相结合的二元管辖模式,进而引发职务犯罪案件刑事司法实践中监、检、警等多元互涉。二是作为核心问题的职务犯罪证据制度。在《监察法》与《刑事诉讼法》两套规范体系、监察与司法程序分立体系之下,“证据一体”的基础理论模型与“就高不就低”的正当程序机理等有助于职务犯罪证据规范的有效衔接,契合经济性、科学性与统一性等法治理念。三是作为全新问题的职务犯罪认罪认罚从宽制度。承载着我国刑事司法宽容精神和人文关怀的认罪认罚从宽制度,是刑罚和刑事诉讼功利主义与能动主义的重要内容,更是兼具实体利益与程序利益程序选择权的制度外化。[①] 但是认罪认罚究竟是办案机关的权力还是被追诉人的权利尚不明晰,背后又关涉制度建构中规范权力或保障权利的逻辑进路。除此以外,对于刑事辩护、强制措施等重要制度,囿于监察立法初期的制度缺位,将分散体现在后续侦查、起诉与审判等程序阶段。

---

① 参见邱联恭:《程序选择权论》,台北,三民书局2000年版,第33-35页。

第四章

职务犯罪的刑事侦查与监察调查

从过程与结果来看，调查和侦查都是为了发现犯罪，不仅要求权力构造的体系化，而且强调运行机制的技术化，特别是调查较之于侦查更为宽泛的功能涵盖。从规范层面来看，“调查”一词大致分布在行政执法和刑事司法两大范畴中，而且是传统侦查概念界定的重要内容。国家监察体制改革背景之下，明确党纪检查与国家监察的合署办公体制，旨在实现对公职人员的监察全覆盖。围绕监察调查的法定职能展开，具体又可以进行违纪调查、违法调查和犯罪调查等事实切割，且犯罪调查与犯罪侦查具有刑事司法意义上的同质性。虽然检察机关的职务犯罪侦查权被整体转隶至监察机关，但通过后续的一些改革，检察机关也保留了一些对侦查人员、审判人员和执行人员等诉讼领域职务犯罪案件的侦查权。[①] 因此，在职务犯罪案件监察调查与检察侦查相结合的共治格局下，要厘清调查与侦查的关系：一方面要求细致梳理职务犯罪追诉的模式演进，职务犯罪监察

---

① 参见陈瑞华：《论国家监察权的性质》，载《比较法研究》2019 年第 1 期。

调查包含对以往职务犯罪侦查的承继;另一方面要求深刻把握国家监察体制改革的法治要义,在反腐效率与正当程序的权衡中践行反腐过程的正当性与法治化。立基于刑事司法体系化研究视角,本章将紧扣职务犯罪检察侦查向监察调查的制度转型,尝试性地探讨我国职务犯罪追诉的模式演进及其法理基础和侦查与调查的权能构造及其法律规制,既强调监察调查与检察侦查的和谐共生,又关注前阶监察与后阶司法的有效衔接,并最终以法治思维和法治方式确认、巩固与扩大改革成果。

一、运动式反腐的联合办案

历史具有传承性,虽然中华人民共和国的法制建设始于改革开放,但是法制探索时期的教训与经验也极富价值。在中华人民共和国成立之初的司法发展进程中,有三件法制大事是至关重要且影响深远的:废除南京国民政府的“六法全书”、中华人民共和国成立之初的司法改革运动,以及 1954 年《宪法》所确立的新中国的司法体制与司法制度。[①] 如此背景之下,反腐败斗争呈现的是一种“阶级斗争”逻辑推演下的“政治运动式反腐”特征,寄希望于通过群众运动推动反腐败斗争。在中国共产党的统一领导下,纪检机关、监察机关与检察机关分工负责,分属于党委、政府和司法的三个系谱,群众参与占绝对主导地位,但也致使反腐扩大化以及社会秩序紊乱。

(一)联合办案的事实表达

法律的生命在于实践,但是法律又源于实践,通过立法总结实践经验、镌刻权力边界本身也是一种法制。虽然在规范层面缺乏统一的刑事诉讼法典,但个案实践中的刑事司法客观存在,职务犯罪的刑事司法也承担腐败治理的国家使命,特别是从世界范围内来看,现代法治国家无

---

① 参见公丕祥:《中国特色社会主义司法改革道路概览》,载《法律科学》2008 年第 5 期。

不强调刑事司法这一国家机器的运行高效和富有权威。因此，从事实层面表达职务犯罪的刑事司法，描绘职务犯罪案件的调查取证、行为逻辑和价值倾向，都有赖于具体实践中的情理融贯。通过这样一种"解剖麻雀"式和"以小见大"式的情景还原和深度调查，尽可能全面、客观和真实地反映历史。

被称为"新中国反腐第一案"的刘青山、张子善案，是中国共产党全面执政后反贪污腐败大案要案的第一起，其所辐射的廉政效应深远长久。[①] 作为运动式腐败治理的典型，该案是处理国家领导干部严重职务犯罪的代表，在相关法规匮乏的中华人民共和国成立初期有强烈的示范意义。刘青山，时任中共石家庄市委副书记；张子善，时任中共天津地委书记，两人都是革命战争年代的英雄，也是和平建设年代的蛀虫，但反腐败斗争并不允许功错相抵。刘、张案件的事发源于时任天津地委机关干部李克才同志向省委组织部和省纪检委的揭发，这其实是党管干部的原则体现，也在某种程度上决定了刑事司法介入的相对滞后。自此，河北省委迅速成立了"刘青山、张子善大贪污案调查处理委员会"，由时任河北省人民政府主席的杨秀峰担任主任、时任河北省人民监察委员会主任的李国华、[②]时任河北省人民检察署检察长的孙光瑞和时任河北省高级人民法院院长的宋志毅等人任委员，而在多名委员组成的具体办案组中，由孙光瑞任组长，直接负责侦讯。首先是河北省人民检察署成立了该案的"侦讯办公室"，并抽调了河北省公安厅李定一处长参加侦讯工作，要求保证二人吃、喝、睡等正常生活需求。其次是关于刘青山、张子善二人的逮捕决定，由河北省委向中共中央华北局请示，经讨论并报毛

---

① 1951 年 12 月 8 日，毛泽东明确指出，"应把反贪污、反浪费、反官僚主义的斗争看作如同镇压反革命的斗争一样的重要"，即腐败行为被定义为政治错误并被谴责为"封建"、"修正主义"或"反革命"。参见杨开峰：《中国行政伦理改革的反思：道德、法律及其他》，载《公共行政评论》2009 年第 3 期。

② 当时的人民监察委员会隶属于行政机关，承担国家行政监察职责，具体负责监察政府机关和公务人员是否履行职责，是否违反国家政策、法律、法令或损害人民及国家的利益等。

泽东主席以中共中央的名义批准。[①] 再次是有关逮捕执行和后续羁押，由河北省公安厅具体负责。最后是在河北省委省政府领导下，河北省人民检察署提起公诉，河北省人民法院组织临时法庭，时任河北省委组织部部长的薛迅（也是调查委员会副主任）进行控诉。[②] 当时，有关逮捕、审理和判决等，都必须有相当级别党委的审批，特别重要案件则需要报党中央批准。[③] 在这种上层持续关注，下层积极实践，运动式与联合式相结合的反腐败格局中，刘、张案件很快完结。

综上所述，从职务犯罪案件的侦查实践来看：虽然由检察机关统筹，但是参与主体多元，侦查权的行为主体并不明确；虽然由调查小组侦讯，但是囿于法律匮乏，侦查权的权力边界并不清晰；虽然能够满足侦查阶段的基本生活需求，但也只是限于主体自救，并不允许律师参与和提供法律帮助，背后遵循一种权力开放式、权利限制性的侦查逻辑，并且强调惩罚犯罪价值的绝对优先。因为，中华人民共和国成立后，检察权最初也是基于巩固新生的政权、维护法制的统一而不是为了专事刑事诉讼而产生的。[④] 在"党管政法"和"党管干部"的基本治理经验中，中华人民共和国成立初期职务犯罪案件的专门调查事实上是由检察机关统筹的，但是会在大案、要案的具体侦办中抽调公安机关、监察机关的侦讯力量等形成合力，甚至还有法院的提前介入，由此也导致了侦查过程中的权力边界模糊。

（二）职务犯罪的侦查构造

在借鉴和学习苏联法制理论与实践经验的基础上，中华人民共和国

① 参见柳建辉：《立国之初党和毛泽东对执政党建设问题的思考与总结》，载《中共中央党校学报》2001 年第 1 期。

② 参见孙光瑞：《我受命查办新中国反腐第一案》，载《中国经济周刊》2009 年第 38 期。

③ 参见范恒山主编：《政治体制改革辞典》，中国物资出版社 1988 年版，第 305－306 页。

④ 参见韩大元、刘松山：《论我国检察机关的宪法地位》，载《中国人民大学学报》2002 年第 5 期。

成立伊始的法制建设步伐相对较快，并且以1954年《宪法》为基本前提，以《人民检察院组织法》和《人民法院组织法》为主体内容，架构起了中华人民共和国的司法制度，也从规范层面初步明确了职务犯罪案件的侦查构造。因为，《宪法》一方面规定了检察机关检察全体公民是否遵循法律；另一方面又确立了检察垂直领导体制。其中，检察机关的检察权又包含职务犯罪的侦查权，并且以垂直领导原则为运行方式。在1954年的《人民检察院组织法》当中，进一步规定了“对于刑事案件进行侦查，提起公诉，支持公诉”“人民检察院发现国家机关工作人员有违法行为……如果这种违法行为已经构成犯罪，人民检察院应当追究刑事责任”。

至于检察机关如何具体展开职务犯罪案件的侦查，最高人民检察院1956年出台的《各级人民检察院侦查工作试行程序》中，就初步建立起了以惩罚犯罪为导向的侦查制度。首先是要求检察机关在侦查阶段制订侦查计划，以保证从宏观上把握职务犯罪侦查的轻重缓急和循序渐进，并且强调检察机关在侦查讯问时，注意对被告人无罪证据和对其有利信息的搜集，以及严禁刑讯逼供和诱供等非法行为；其次是规定侦查过程中可以采取包括勘验、鉴定、验断、扣押、侦查实验等手段搜集证据，也初步明确了侦查手段应如何具体展开，特别是鉴定人鉴定完毕后出具的也仅是“鉴定意见书”；再次是规定了“取保候审”、“监视居住”和“逮捕”等强制处分，[①]并且以“检举”程序为界限，严格划分“犯罪嫌疑人”和“被告人”的身份，施行讯问或强制处分则只能对“被告人”展开；最后是规定了侦查终结后的决定起诉、免予起诉或不起诉等案件分流机制。“关于人民检察院的侦查工作范围，从广义来讲，不仅包括人民检察院直接进行的侦查工作，而且还包括审查批准逮捕、审查起诉工作在内。”[②]但

---

① 全国人大常委会于1954年颁布的《逮捕拘留条例》（已失效），初步规定了逮捕、拘留的规范问题。

② 闵钐编：《中国检察史资料选编》，中国检察出版社2008年版，第462页。

上述制度并未在实践中得以真正实现，特别是随着1959年《各级人民检察院办案程序试行规定》的出台，“多快好省”的检察目标被确立，办案程序大为简化，甚至采用了“支持第一、制约第二”的工作原则，职务犯罪侦查呈现出明显的严厉打击犯罪、追求效率价值挂帅的倾向。在随后的“文革”中，各级检察机关被造反派组织夺权，检察制度实际上被废弃，检察工作陷入瘫痪。[①] 1975年《宪法》则是从国家根本大法层面确认了检察机关被撤的事实，即明确规定“检察机关的职权由各级公安机关行使”。

与检察机关事实层面的职务犯罪侦查相同步，《刑事诉讼法草案》也经历了从草稿、初稿、三稿到四稿、五稿、六稿的六次变迁，虽然始终停留在草案层面，但这也是一种刑事诉讼经验总结，[②]特别是其中的侦查内容本身就是由检察机关负责草拟的。首先是从体例安排来看，侦查制度独立成章，并且与提起刑事案件、起诉组合成篇；其次是从条文体量来看，侦查规定由最初的10条扩展为最后的40条，条文数量增加的背后是规范化、精细化程度的提升；最后是从侦查权力内容来看，在明确讯问、询问、勘验、检查、搜查、扣押、鉴定和通缉等侦查措施时，也设定了权力形式要件和实质边界等，如规定“进行搜查，必须向被搜查人出示搜查证”“搜查妇女的身体，应当由女工作人员进行”。但是，强制措施始终未规定在侦查中，而是一以贯之地规定在总则中。因为从本质上看，强制措施功能在于保障诉讼顺利进行，并不具备侦查取证等相关功能。以逮捕、拘留的时间长短为例，多数同志主张时间的灵活性，既能保证办案合法，又不束缚自己的手脚，有利于对敌斗争。[③] 总的来说，在没有特别规

---

① 参见王建国：《列宁一般监督理论的制度实践与借鉴价值》，载《法学评论》2013年第2期。

② 中央法律委员会于1956年7月责成最高人民法院负责刑事诉讼法立法以供立法机关参考，最高人民法院牵头，组织了最高人民检察院、公安部、司法部业务人员和中国人民大学、北京大学、中央政法干校研究人员组成了“刑事诉讼经验总结”工作委员会。

③ 参见吴宏耀、种松志主编：《中国刑事诉讼法典百年》，中国政法大学出版社2012年版，第756页。

定检察机关职务犯罪案件侦查权能的《刑事诉讼法(草案)》中,侦查制度具有案件普适性、配合优先性、权利压制性和治罪倾向性等特征,而这又是与运动式反腐的联合办案相契合的。

(三)保障人权的价值错位

在统一刑事诉讼法典等缺位的中华人民共和国成立初期,检察机关与公安机关、人民法院等共同组成了"与犯罪作斗争的刑事追诉机构",强调反腐败斗争要像镇压反革命运动一样,不仅要呼吁发动群众参与,还要体现快、准、狠的有效打击。惩罚犯罪被视为职务犯罪侦查的唯一价值,保障人权则被泛化解读的惩罚犯罪吸收,从而呈现一边倒的态势。例如,突出强调惩罚犯罪,制定量化考核目标;片面理解保障人权,不仅尚未体现以被追诉人为核心的人权理念,而且狭隘地将其理解为惩罚犯罪的实现方式。

在彻底铲除贪污、浪费和官僚主义"三害"问题的斗争中,"三反"和"五反"运动密切关联,重政策、讲时效和依赖群众运动是其基本特征,运动式反腐模式下的职务犯罪侦查更是被当作阶级斗争中的关键战役。在那种"大胆怀疑、穷追务获"的指导方针之下,鼓励使用强逼方法迅速破案,而按程序办事被认为会放纵敌人并难以为社会所接受,导致本身就简单粗糙的各项规范被进一步虚化、搁置。特别是在中央指挥的"三反"运动当中,高压下的"打虎"指标节节攀升,一方面是对数字高的予以鼓励并要求不断追加,另一方面是对数字少的严厉批评并要求向先进看齐,[①]在不断拓宽打击面的同时,也引发了反腐领域的冤假错案。以刑事司法领域的绩效考核为例,实务界与理论界素来持对立态度,前者表现为观念认可和行为主动,强调绩效考核的组织管理与激励功能,后者则表现为持续性的质疑和反对,认为可能诱发功利化行为动机等。[②] 按地

① 参见崔敏:《毛泽东怎样指挥三反运动》,载《炎黄春秋》2012 年第 11 期。

② 参见郭松:《组织理性、程序理性与刑事司法绩效考评制度》,载《政法论坛》2013 年第 4 期。

区分配“打虎”指标的结果导向式激励考核，不仅与刑事司法工作的特殊性相悖，而且未能兼顾权利保障的全面性考察，并且加剧了权利压制型职务犯罪侦查的功能异化，刑讯逼供一度成为完成指标考核的“捷径”。其中，一方面是不符合刑事司法谦抑性、事后性和被动性的程序性特征，这其实是“由案到数”和“由数到案”的逻辑混乱，深层指向则是数量究竟是体现案件还是满足案件的价值抉择；另一方面是忽略了刑事司法动态化、阶段性和对抗性的程序性评价，背后是“程序导向式”和“结果导向式”的畸轻畸重，导致了司法实践中偏激的唯数字论、唯结果论。

尊重和保障人权是刑事司法现代化、法治化的本质要求，具备独立价值和深刻内涵，不仅包括尊重和保障被害人的人权，也包括尊重和保障被追诉人的人权，并且以犯罪嫌疑人、被告人的人权保障为核心指向。虽然自 1950 年第一届全国检察工作会议起，“保障人权”就已成为检察机关三大工作重点之一，主要针对“除检查公安、法院、监狱，有无捕押不当、是否虐待用刑或久押不问等外，特别要注意区乡机关干部有无乱捕乱押乱打等违法行为”①。但是，在运动式反腐斗争中，检察机关的保障人权实践仍以“为中心工作服务”为特点，具体内容涵括政权巩固、政权建设、经济建设、法制建设等方面，②惩罚犯罪更是被当作保障人权的实现方式。首先是“保障人权”主要涉及检察业务的渎职侵权检察，多针对公安、法院和监狱部门等外向型权力行使，并未涉及检察机关职务犯罪的内生型侦查构造，特别是结果导向式考核与惩罚犯罪的目标相契合。其次是“保障人权”主要针对刑事司法的错捕错判问题，这也使其成为“能为人民伸冤的新机关”，但多针对普通刑事犯罪案件展开，实践中少见对检察机关自行侦查中乱捕、乱押、乱打等可能违法的制约规制。最后是“保障人权”主要围绕中心工作的法制建设检察，多针对法制宣传不

① 孙谦主编：《人民检察制度的历史变迁》，中国检察出版社 2014 年版，第 246 页。

② 参见高其才、左炬、黄宇宁：《政治司法》，法律出版社 2009 年版，第 77 页。

力和执法实践不严等问题。例如以推动《婚姻法》(已失效)的实施为例,一方面是考虑到其作为中华人民共和国第一部基本法的特殊地位,法制实践具有强烈的宣传价值;另一方面是兼顾封建思想和封建婚姻制度的根深蒂固,婚姻自由实施的阻力较大,要求检察机关在运动中检举迫害妇女和干部干涉婚姻自由的犯罪案件,因为婚姻自由也是基本人权的重要内容。总的来看,现代刑事诉讼制度中以被追诉人为核心的实质性人权保障理念和机制存在不足,但这也为检察侦查时代的对抗式侦查奠定了实践基础。

二、职权式侦查中的对抗化

遭受了"文革"中"公检法被砸烂"的法制浩劫,党的十一届三中全会开启了我国改革开放和现代化建设的新时期,腐败治理也迈入了制度性反腐的新阶段,党的纪律检查和国家行政监察相继恢复,并进行了合署办公的模式调整。仅就职务犯罪而言,国家立法层面的建章立制和组织架构层面的改革重建等循序推进,职务犯罪刑事司法正式迈入规范意义上的检察侦查时代。其中,分别以1979年《刑事诉讼法》颁布、1996年《刑事诉讼法》和2012年《刑事诉讼法》修改为契机,不断推动我国职权式职务犯罪侦查的法制化。1979年《刑事诉讼法》对检察机关职务犯罪侦查的立体式规定,构成了改革开放新时期检察机关职务犯罪侦查合理扩张和依法规制的规范起点,并且以对抗化要素摄入为行为主线。合理扩张使侦查程序能够达到实质的效果,即达到控制犯罪之目的,符合实质合理性的要求;依法规制则使侦查程序具有正当性,符合形式合理性的要求。[①] 在以惩罚犯罪为主导的职权式侦查构造当中,选择将刑事审判的对抗主义引入侦查阶段,保障被追诉方"有效参与"和"实质影响"

---

① 参见胡铭:《超越法律现实主义——转型中国刑事司法的程序逻辑》,法律出版社2016年版,第197页。

侦查过程并享有诉讼防御、诉讼救济的权利。

(一)强职权主义侦查的确立

根据侦、辩双方在程序中的地位和关系,可以将其划分为对抗式侦查模式和职权式侦查模式,[①]分别对应权力与权利的对抗、权力对权利的压制。综合法制传统、司法理念等因素考量,一般认为对抗式侦查模式普遍存在于英美法系国家,而职权式侦查模式普遍存在于大陆法系国家,但两大法系之间的相互借鉴、相互融合也越发明显。回归中国刑事司法的传统与现实,与之相适应的是权利压制型的职权主义侦查。结合职权主义“诉讼以社会利益优先为导向、国家权力为主导、实质真实为目标,审前程序凸显侦检机关的优势侦查权,审判程序凸显法官主导控制权的正当程序模型”的一般定义来看,[②]职务犯罪侦查兼具扩张性、灵活性等行为特征。因为检察机关侦查以惩罚犯罪为职责导向,职权式侦查下主张从重从严打击职务犯罪,尤其是在 20 世纪 90 年代之前,追究犯罪、惩罚犯罪被视为刑事诉讼法的首要目的。[③]

从 1979 年《刑事诉讼法》对犯罪侦查的整体构造来看:一方面是沿用了前述《刑事诉讼法(草案)》中强制措施与侦查措施分立成章的做法,但定义侦查包括专门调查工作和有关的强制性措施;另一方面是未专门规定职务犯罪侦查的特别程序,并未充分认识到职务犯罪刑事司法的特殊性。在第二编“立案、侦查和提起公诉”的第二章,用 8 节 33 条具体明确了“侦查”的一般性规定,这也为检察机关的职务犯罪侦查提供了明确依据并划定了界限。自此,一系列的司法解释也逐步为检察机关确立了职务犯罪职权式侦查的基本遵循。特别是 1986 年的《人民检察院

---

① 参见万毅:《转折与定位:侦查模式与中国侦查程序改革》,载《现代法学》2003 年第 2 期。

② 参见施鹏鹏:《为职权主义辩护》,载《中国法学》2014 年第 2 期。

③ 参见张文显:《司法文明新的里程碑——2012 刑事诉讼法的文明价值》,载《法制与社会发展》2013 年第 2 期。

直接受理侦查的刑事案件办案程序（试行）》（已失效）规定，讯问被告人，要作好讯问笔录（可以录音、录像），首次规定了职务犯罪侦查中的录音、录像制度；关于羁押，县级以上干部和知名人士犯罪需要逮捕的，按干部管理权限的规定征求有关部门的意见后审查决定；对于秘密侦查，则多年来一直保持着对官员适用技侦手段需要相应级别的党委负责人审批的做法。[①] 与此同时，考虑到职务犯罪手段隐蔽、类型复杂、敏感特殊等客观现实，侦查实践在立法之外展开探索。例如逐步形成了职务犯罪案件的初查制度，即人民检察院针对经审查可能存在职务犯罪的线索，为判明该线索是否具备刑事诉讼法规定的立案条件而进行的具有一定侦查性质的初步调查。[②] 纪检监察和检察机关之间的反腐败联动协作被进一步强调，特别是"双规双指"在实践中演变为职务犯罪侦查措施的外援，成为侦查权的隐形运行方式。

抛开职务犯罪一般性侦查措施的规范本身，背后是一种强职权主义的价值选择，并且呈现国家权力主导、封闭主义构造和绝对真实探知等多重面向。首先是基于对国家权力的倾向性信任和对惩罚犯罪的优先性选择，职务犯罪侦查的权力较大，特别是在检察机关自行侦查权、提起公诉权和免予起诉权的多权融合之下，自侦、自诉、自免等职能同体，进而呈现一种"侦查制约起诉、起诉制约审判"的实然司法。[③] 其次是对封闭主义的程序性构造和对审批主义的行政化决策，职务犯罪侦查的阻力较小。检察机关职务犯罪侦查的制约较少，一方面体现在外部对抗机制的缺失，特别是被追诉人法律帮助权的缺失；另一方面体现在内部制约机制的失灵，又以程序规避为典型。例如在职务犯罪案件侦查中，检察

---

① 参见程雷：《秘密侦查立法宏观问题研究》，载《政法论坛》2011 年第 5 期。

② 参见卢乐云：《职务犯罪初查：概念、法律依据与原则》，载《检察日报》2009 年 10 月 23 日，第 3 版。

③ 参见左卫民：《健全分工负责、互相配合、互相制约原则的思考》，载《法制与社会发展》2016 年第 2 期。

机关可以自行决定使用任何强制措施,且就严重限制人身自由的逮捕而言,由本级人民检察机关批准即可,存在自侦、自捕等身份重合问题,导致自侦案件中的逮捕占公诉比居高不下,1993 年的占比甚至高达 99.07%。最后是基于绝对真实的实体探知主义,职务犯罪侦查具有较强的扩张性和攻击性,例如纪检监察机关事实层面的"准侦查权"构造。在以政党为核心的中国特色反腐败体系框架之下,纪律检查机关、行政监察机关与检察机关的分工负责、相互配合的权力衔接体系,促使其办案机制在深层结构、资源汲取与价值取向等方面的联系日趋紧密。①

在规范意义上检察侦查的初期,国家也注重对制度初创时期经验和教训的汲取,并通过外部立法和内部规范等持续性地规制职务犯罪侦查。首先是职务犯罪侦查的立法规制。通过《刑事诉讼法》中的概括授权和特别授权条款以及相关司法解释,明确了检察机关职务犯罪侦查的权能、范围和规范,以适应立法规制侦查的国际通例。其次是职务犯罪侦查专门机构的调整。形成了"分工→分权→专业机构"的制衡体制,而功能分化与机构分立也是刑事司法专业化和现代化的重要标识。从设立经济检察厅、法纪检察厅,到组建案件举报中心、反贪污贿赂局等,初步形成查办贪污贿赂犯罪案件的专业队伍和侦查体制,推进了职务犯罪侦查的规范化运行。最后是职务犯罪侦查内部制约的持续强化。预审、侦查工作与审查批捕、起诉工作等相对分离,分别由反贪污贿赂局和刑事检察部门分工负责;对于不服免诉的申诉,由上一级人民检察院的控告申诉部门复查处理等。② 以立法规制和运行规范为突破的侦查规制,其实是以内部分权和主体自觉为支撑的,职权式侦查下的保障人权初步明确,但以刑事诉讼中的权利来规制职务犯罪侦查的权力的相关机制还

① 参见邹绯箭、郭华:《纪检监察机关与检察机关办案证据衔接及拓宽机制研究——基于司法解释相关规定的展开》,载《中国刑事法杂志》2013 年第 1 期。

② 参见孙谦主编:《人民检察制度的历史变迁》,中国检察出版社 2009 年版,第 373 页。

需完善。

(二)职权主义侦查中的对抗

通过立法创新推动司法进步是成文法制国家的普遍共识,职务犯罪侦查实践的法治化改革既需要地方试点以优化方案,更需要法制配套以凝结共识。以1996年和2012年《刑事诉讼法》的两次修改为标志,检察机关职务犯罪侦查就经历了合理扩张和依法规制的交互式调整,并且以职权主义侦查中的对抗要素摄入为行为主线,职权式与对抗式相结合的侦查模式逐步成型,这在一定程度上妨碍了对腐败犯罪的有效打击,[①]但基于办案需要也默许了诸如"双规"等非正式程序。因为侦诉对抗的行为本质,核心在于侦查方的攻击性战胜辩护方的防御性,进而确保及时、有效、准确和完整的证据收集。其中,强调职权主义侦查中的对抗和攻防,不仅符合侦查构造的一般理性,也有益于避免冤假错案,防止侦查沦为一种纯粹的治罪工具,特别是基于典型性冤假错案的总结分析,刑事司法过程中的形式主义对抗、顺承主义衔接等共性教训深刻。

理性扩张:职务犯罪侦查手段的升级。立足法制实践经验,结合现代法制理念,1996年《刑事诉讼法》进行了一系列重大修改,直观表现为法条从164条增至225条,其中以吸收英美当事人主义的对抗制要素为指向,以公权力与私权利之间此消彼长的动态博弈为路径,并且引起了理论界和实务界的持续关注。1996年《刑事诉讼法》,一方面承继并细化了"讯问,询问,勘验、检查,搜查,扣押物证、书证,鉴定和通缉"等收集证据、查明案情的方式;另一方面用一节五条专门规定了检察机关对"直接受理的案件的侦查",以及实现检察机关刑事拘留权的法制化。实践中,职务犯罪侦查手段日益升级并强化了侦查权。例如,心理测试(测谎)技术开始被应用到职务犯罪的讯问和询问中,最高人民检察院《关于

① 参见施鹏鹏:《国家监察委员会的侦查权及其限制》,载《中国法律评论》2017年第2期。

CPS多道心理测试鉴定结论能否作为诉讼证据使用问题的批复》(高检发研字〔1999〕12号)明确了:“人民检察院办理案件,可以使用CPS多道心理测试鉴定结论帮助审查、判断证据……”录音录像技术得到试点与推广,被用作固定言词证据,为破解职务犯罪侦查的证据收集固定难题提供了技术支持,特别是保障有罪供述笔录的可信性,防止犯罪嫌疑人、被告人翻供,提高控诉效果,[①]体现在职务犯罪案件侦查过程中“翻供率”“投诉率”等指标大幅下降。数据信息引导、技术平台支撑的侦查变革,电子检务迈向智慧检务的转型升级,通过建立和完善执法信息共享和查询机制、互联网数据采集与存储平台、全景式职务犯罪侦查信息数据模型等,推动侦查指挥、远程取证、智能鉴定等检察业务流程再造,[②]显著提升了检察机关发现、追究和证明职务犯罪之能力。

2012年《刑事诉讼法》则主要从三个方面强化职务犯罪的侦查权:一是丰富侦查手段,特别是技术侦查措施入法。明确了技术侦查的适用范围、主体内容和程序要求等;同时,立法规定了职务犯罪技术侦查要受重罪大案原则、必要性原则、合法性原则和协同性原则等原则约束,且具体措施限于特定种类。[③] 二是新增“指定居所监视居住”的强制措施。在职务犯罪案件的侦查中,指定居所监视居住可以有效防止在住处监视居住中可能发生的串供、毁证等。为防止其被滥用则限制了适用案件的范围,实体上“符合逮捕条件”的高要求,以及须经上一级人民检察院批准等程序性规定。三是建立了行政机关收集证据的司法追认机制,明确了行政机关在“行政执法”和“查办案件”过程中收集证据材料的证据资格,这便搭建起了行政监察与检察侦查之间的衔接桥梁。

多措并举:职务犯罪侦查权的依法规制。1996年《刑事诉讼法》修

---

① 参见董坤:《侦查讯问录音录像制度的功能定位及发展路径》,载《法学研究》2015年第6期。

② 参见曹建明:《做好互联网时代的检察工作“+”法》,载《中国法律评论》2015年第3期。

③ 参见全国人大常委会法制工作委员会刑法室编著:《〈中华人民共和国刑事诉讼法〉释义及实用指南》,中国民主法制出版社2012年版,第291页。

改以及相应的改革探索有效引入了保障人权的理念，通过外部对抗实现权利对权力的有效规制，职权主义侦查中的对抗提升，推动职务犯罪侦查权的规制优化。正如有学者称，“在齐一的侦查程序设计思想和立法体例之下，真正在1996年刑事诉讼法修正后遭遇全面束缚的是检察院的职务犯罪侦查”[①]。

首先是保障人权的理念确立。“尊重和保障人权”在我国经历了一个“由执政党的意志上升为人民的意志，由执政党的政治理念和价值上升为国家建设和发展的政治理念和价值”的发展历程，[②]而其在刑事司法领域也经历了从宏大宽泛到精细科学的认知转变。2004年，“国家尊重和保障人权”写入《宪法》，时任最高人民检察院检察长的贾春旺就要求检察工作“牢固树立尊重和保障人权的观念”。以羁押为例，最高人民检察院相应提出“羁押制度应符合人权保障原则，要切实体现正当性和节制性的要求”，当年的检察机关自侦案件逮捕率就较上一年度下降了近6个百分点。[③] 职务犯罪侦查经历了结构性的转型和变革，实现惩罚犯罪与保障人权的相统一被确立为职务犯罪侦查的基本目标。2012年《刑事诉讼法》进一步将“尊重和保障人权”明确为刑事诉讼法的任务，对职务犯罪侦查起到提纲挈领的指导作用。[④] 反映在侦查实践中，自侦案件逮捕率的下降可以作为一种佐证，如图2所示，自1996年以来，检察机关自侦案件提起公诉的整体总量20年间呈上升趋势，但是决定逮捕的整体总量相对稳定，逮捕占公诉比整体呈下降趋势，逮捕决定的理性化程度逐步提升。

---

① 刘忠：《读解双规侦查技术视域内的反贪非正式程序》，载《中外法学》2014年第1期。

② 参见焦洪昌：《“国家尊重和保障人权”的宪法分析》，载《中国法学》2004年第3期。

③ 2003年，检察机关决定逮捕16,020人，提起公诉26,124人，逮捕率为61.32%；2004年，检察机关决定逮捕17,078人，提起公诉30,788人，逮捕率为55.47%。数据皆源于《中国法律年鉴(2004)》和《中国法律年鉴(2005)》。

④ 参见陈光中、曾新华、刘林呐：《刑事诉讼法制建设的重大进步》，载《清华法学》2012年第3期。

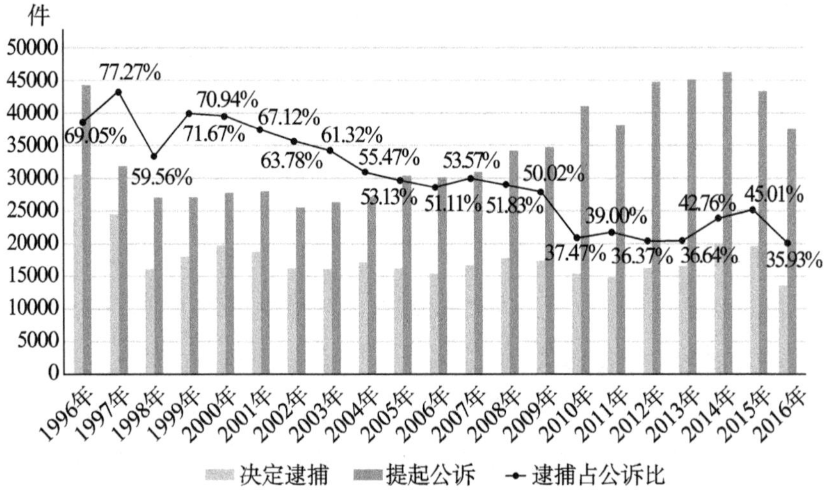

图 2　1996—2016 年，检察机关自侦案件决定逮捕、提起公诉统计

资料来源：《中国法律年鉴》（1997 年—2017 年），考虑到 2017 年开始的国家监察体制改革试点，本部分的统计并未涵盖 2017 年的检察侦查数据。其中，逮捕率是指检察机关自侦案件中决定逮捕的人数与提起公诉的人数之间的比值。

其次是限权性规范的立法定位。区别于刑法授权性规范的特征，刑事诉讼法属于限权性规范，主要以国家公权力机关以及工作人员为调整对象，每一个刑事诉讼法条文都为国家刑罚权划定了行使的边界，暗含着对公权力的限制。① 例如在 1996 年《刑事诉讼法》的“一般侦查”之外，增加了“人民检察院对直接受理的案件的侦查”专门性规定，并在法律条文设计上大幅增加数量，对检察机关职务犯罪侦查权力的行使进行立法规制。② 2012 年《刑事诉讼法》进一步严格并细化了逮捕的条件，创设了羁押必要性审查制度，确立和完善了侦查阶段的非法证据排除规则等。这些规定为职务犯罪侦查权的行使提供了规范和约束。

① 参见汪建成：《〈刑事诉讼法〉的核心观念及认同》，载《中国社会科学》2014 年第 2 期。

② 其中，第一编第六章“强制措施”的第 27 条，第二编第二章“侦查”的第 47 条，而在 1979 年的《刑事诉讼法》中，分别是第 15 条和第 33 条。

再次是权利对侦查权的外部规制，而这也是对抗式侦查模式的必然要求。其中，一方面是从保障被追诉人人权出发，探索“以权利制约权力”的外部对抗机制。例如，1996年确立了侦查阶段的律师提前介入，2012年实现了侦查阶段律师的辩护人化；明确规定除特别重大贿赂犯罪外，律师凭“三证”就可以会见犯罪嫌疑人，会见时不被监听。[①] 另一方面是顺应公民参与司法活动的民主要求，试点和创设人民监督员的外部监督机制。先后通过《检察机关直接侦查案件实行人民监督员制度的规定（试行）》和《关于人民监督员监督“五种情形”的实施规则（试行）》（已失效）等，规范检察机关在查办贪污贿赂、渎职侵权等职务犯罪案件过程中的权力行使，重点是要突出对“犯罪嫌疑人不服逮捕决定的案件”、“拟撤销的案件”和“拟不起诉的案件”三类案件的人民监督。

最后是权力运行的内部规制。通过一系列的司法解释和内部规定，强化了检察机关侦查案件的内部制约机制。例如，《关于省级以下人民检察院立案侦查的案件由上一级人民检察院审查决定逮捕的规定（试行）》（已失效）探索和尝试了有限的异体监督模式，并就“报请逮捕书”中的犯罪事实、证据材料和逮捕必要性说明等进行了强制规定，相关规定也被吸收进了2012年《刑事诉讼法》的修改中；[②]《人民检察院错案责任追究条例（试行）》（已失效）和《检察人员执法过错责任追究条例》（已失效）等确立了检察官办案责任制，把主办检察官的权力、职责结合起来，实现对侦查办案各环节的管理、考核和监督相统一；《最高人民检察

① 辩护是一种对抗性活动，旨在维护被追诉人的合法权益，而辩护权是一项宪法性权利，更是刑事司法中的首要人权保障。纵览我国《刑事诉讼法》1979年、1996年、2012年和2018年的四次变迁，刑事辩护整体上呈扩张趋势，并表现在时间节点前移、辩护权能延伸、专业程度提升等多个方面，进而呈现出一种从实质要件向形式要件重心迁移的倾向。

② 职务犯罪案件审查逮捕权“上提一级”的改革也取得了相应的正向效果。例如，不捕率、捕后起诉率和判决率均有上升；逮捕决定的理性化程度有所提高；侦查重心前移；下级检察机关侦查部门的侦查行为及取证策略得到规范等。参见葛琳：《职务犯罪案件审查逮捕权“上提一级”改革研究——以某省改革实践为分析样本》，载《政法论坛》2013年第6期。

院职务犯罪侦查工作八项禁令》等文件严格规范了检察官的侦查行为，防范侦查权被滥用。

（三）职权与对抗的结合模式

回顾职务犯罪检察侦查时代的改革调整，基本的做法就是在职权式侦查中融入对抗元素，进而追求一种惩罚犯罪价值导向下的保障人权，且依法规制和合理扩张并行不悖。在这当中，加强人权保障的趋势愈发明显，正当性、比例性和必要性等法治脉络日渐清晰，而这也是近年来法治进步的重要表征，以解决职务犯罪侦查措施的不规范性和欠透明性等缺陷。突出表现为：一是职务犯罪侦查经历了从"法制化"到"法治化"的调整，实现了从"有法可依"到"优法可依"的转型，并且坚持在这一过程中不断完善法律和细化规程，特别是与权利文化感召、意识觉醒等相适应，检察机关审查批准逮捕也已突破狭隘的犯罪控制论、效率追求论等，切实关注侦查监督和程序控制等。二是惩罚犯罪模式下的侦查权扩张，但也保持了与程序性控制的相匹配。例如，技术侦查措施由"法外实践"向"法内规范"发展，犯罪控制与个人自由博弈由幕后走向台前，其中"经过严格的批准手续"也表达了程序性控制的实践立场；又如，初衷本为固定证据、防止翻供的职务犯罪侦查讯问的同步录音录像制度，演化成为被追诉方申请非法证据排除的重要线索和可靠证据之一，①进一步遏制刑讯逼供和保障规范取证。三是通过在职权主义侦查中引入对抗性要素的诉讼化改革，使得人权保障在理念、技术和规则等方面全面发展，以保持与国际刑事司法发展相适应。侦查程序的诉讼化改造，有利于破解既往书面形式、封闭主义的单方面压制，促进被害人、辩护律师等参与的开放式、多元化的多主体对话。通过这样一种追诉方公权克制与被追诉方私权扩张的双

---

① 参见易延友：《非法证据排除规则的中国范式——基于1459个刑事案例的分析》，载《中国社会科学》2016年第1期。

向性调整，不断拓展被追诉方作为诉讼主体在职务犯罪侦查中的有效参与并实质影响诉讼的进程。

上述变革与我国《刑事诉讼法》的修改一脉相承，反映出我国职务犯罪追诉的正当法律程序日益成熟，体现了刑事诉讼中打击犯罪和保障人权相平衡的理念。在这一阶段，从规范层面来看，纪检监察没有直接参与职务犯罪侦查，但实践中纪检监察为职务犯罪侦查提供了重要支撑，发挥了线索发现、案件过滤和证据固定、保全、收集等至关重要的作用。如何理顺纪检监察与检察机关职务犯罪侦查的关系，实现腐败犯罪的高效、集中治理始终是一个难题。

三、职权式调查中的封闭化

2018 年《监察法》的出台，标志着我国监察体制改革取得重大进展，旨在建立“集中统一、权威高效”的监察体制的顶层设计初步完成并呈现出以下四大特点：监察权成为与行政权和司法权并列的国家权力；监察全覆盖；监察职权扩展到职务犯罪调查和处置；领导体制以垂直为主。[①]这使我国的职务犯罪侦查模式产生了重大的变革，颠覆了原有的纪检监察机关和检察机关双轨式运行机制。统一监察体制改革，契合了新形势下全面依法治国和全面从严治党的战略布局，一方面是要解决党政合体机制的正当性、监督程序的合理性，以及“双规双指”举措的合法性等问题；另一方面是要解决我国监察体制存在的同体监督乏力、异体监督缺失、党纪国法断层、监察资源分散和对象难以周延等问题，[②]通过监察委员会的高位阶，实现反腐一体化和监督全覆盖。在“反腐倡廉”中国特色的政治话语体系下，有效打击职务犯罪肩负着政治、法

① 参见陈光中、邵俊：《我国监察体制改革若干问题思考》，载《中国法学》2017 年第 4 期。

② 参见秦前红：《困境、改革与出路：从“三驾马车”到国家监察——我国监察体系的宪制思考》，载《中国法律评论》2017 年第 1 期。

律和社会等多重使命,[①]职务犯罪侦查进入了“调查”时代。监察调查虽然不直接适用刑事诉讼法,但不应是对职务犯罪追诉制度的割裂,而应在承继中求发展,监察调查仍然是职务犯罪刑事追诉一体化中的内容,我们应在刑事司法体系化视角下认真审视监察调查与刑事诉讼的规范衔接。

(一)任意性与强制性的调查构造

从职务犯罪的检察侦查到监察调查,虽然是主体、类型和方式等形式调整,但查明犯罪的目标指向、刑事司法的基础地位、合理规制的法治逻辑等实质未变。《监察法》第四章和第五章分别规定了监察权限和监察程序,其中涵盖调查权能的体系构造与程序展开,实质是对既往行政监察、纪律调查和检察侦查的吸收、融合与创新。立足于法条内容和程序规范本身,并结合被调查人的自愿配合与否、权益影响强弱等指标,调查措施中的谈话、讯问、询问、留置、查询、冻结、搜查、调取、查封、扣押、勘验检查、限制出境、技术调查等又可以延续任意性调查和强制性调查的学理分类,[②]但这也是一种相对意义上的类型划分。

一方面是任意性调查措施,但这也绝非不加拘束、漫无限制的任性调查,而是强调任意性调查措施非强制性的属性特征、意志自由的理性保障以及基本权利的不受侵犯等。在任意性调查中,监察机关的调查无须具备严格的法定要件,而多是基于自由裁量的决策施行;要求自愿配

① 特别是自党的十八大以来,反腐败持续高压态势之下,检察机关 2012 年、2013 年、2014 年、2015 年和 2016 年的自侦案件逮捕率分别为 36.37%、36.64%、42.76%、45.01% 和 35.93%,逮捕率有上升趋势。相关数据参见本书图 2。但是从纵向维度来看,全国普通刑事案件的逮捕率呈下降趋势,逮捕似乎成为高压反腐的一种符号象征。相关讨论可以参见李训虎:《逮捕制度再改革的法释义学解读》,载《法学研究》2018 年第 3 期。

② 需要强调的是任意性和强制性是日本刑事司法中侦查概念的划分,一方面是考虑到不同侦查措施对被侦查人的差异化影响,另一方面是考虑到对不同侦查措施的层次性规范。具体参见《日本刑事诉讼法》,宋英辉译,中国政法大学出版社 2000 年版,第 4 页。

合的前提要件，并且源于一种非外力强迫的真实自愿；突出调查手段的非强制性和基本权利的不受侵犯，但又以强制性的调查手段为技术支持。例如，谈话制度不仅是对党纪检查基本经验的延续，更是监察调查体系规范的法制，是监察机关最为灵活的调查手段，并不会对谈话对象的权益和正常工作造成重大影响。[①] 考虑到违法是犯罪前置事实的客观实际，监察机关应当对其中可能涉嫌职务犯罪的出具调查报告，以及衔接其他调查措施，这与犯罪侦查中的初查制度具有相似性。其中，“可能发生”“直接或者委托”“有关机关”等不确定性表述，表现出监察机关谈话制度的较大自由裁量空间，特别是监察机关无须掌握确凿证据的适用情形，不仅谈话活动的展开、推进等以相互配合为前提，而且不以侵犯他人的基本权利为内容。结合规范本身，调查谈话制度具备任意性调查的典型特征，但也存在过分便利、绝对封闭下的滥用风险，因此基于被调查人谈话所形成的笔录并不天然具备刑事司法意义上的证据资格，只是可以作为一种证据材料而转化适用。与此同时，监察机关询问证人等人员、查询存款等财务的任意性也明显高于强制性。

另一方面是强制性调查措施，强调过程当中的强制性、侵权性和限制性等属性特征，蕴含着惩罚犯罪、保障人权、维护秩序和程序正当等多重价值。强制性调查措施，首先不以被调查人同意为前提，特别是国家强制力的坚强后盾保证了调查措施的完整性；其次以侵害基本权利为内容，并且仅限于对个人自由、财产的暂时性侵害；最后以程序正当性和实体公正性为要求，要求严格限定适用主体、法定条件和程序规范等，并且注重多元调查措施之间的承接和转换。其中，根据强制性调查措施的客体不同，又可以进行对人强制性调查、对物强制性调

---

① 参见马怀德主编：《中华人民共和国监察法理解与适用》，中国法制出版社 2018 年版，第 76 页。

查和对隐私强制性调查的体系划分。其中，相比于侦查讯问，监察讯问的机关更权威、程序更封闭，讯问的对抗性与获取有罪证据材料的目的性也更强。[①] 监察讯问只能针对涉嫌职务犯罪的被调查人，而针对其他的一般违纪行为、职务违法行为等均不得采取讯问措施。因其具备与“犯罪嫌疑人、被告人供述和辩解”相同的证据效果，应当遵循刑事诉讼中“讯问”的同质标准。监察机关的调查讯问只能由监察机关的调查人员负责，权力不得委托或转让；调查人员不得少于两人且要求利益无涉，源头治理以保证监察办案的公平正义；特定地点和时间的时空限制又会影响被调查人的人身自由。被调查人应当如实回答问题，讯问过程并不以其自由意志为转移，但是被调查人享有陈述和申辩的权利。监察讯问应当全程录音录像，并且要求保证完整性，既不能选择性录制，也不能删改剪接。对物强制性调查的扣押，是监察机关依法强制转移涉案财物、文件和电子数据等占有的强制调查措施，考虑到与案件事实、监察过程相关的限定条件，要求注意范围的有限性和时效的暂时性。对隐私强制性调查的技术调查，电话监听、电子监控和秘密拍照等经历了从党纪调查向刑事侦查、国家监察的法治跃升，又因其对公民隐私的实际侵害而备受关注。监察机关的技术调查措施，一方面是只能适用于“重大贪污贿赂等职务犯罪”，保持与职务犯罪检察侦查时期的有限适用相一致；另一方面是“经过严格的批准手续”，而这就需要规范性文件、解释性法律等配套补充，相应实践中也应当兼顾公民合法权益的保护，不仅强调调查人员的保密义务，而且要求所获材料的专案专用(见表1)。

---

① 参见魏小伟：《职务犯罪监察调查中的讯问风险及防控》，载《南通大学学报(社会科学版)》2023年第1期。

表 1 监察调查的权能构造

类型		权能
任意性调查		谈话、询问、查询等
强制性调查	对人强制性调查	讯问、留置、限制出境等
	对物强制性调查	冻结、调取、查封、扣押、勘验检查等
	对隐私强制性调查	搜查、技术调查等

(二)模糊性与内部性的调查控制

基于对调查权力滥用的高度警惕,控制调查权力也是监察立法的重要目标,因此从某种意义上讲,监察法也是监察调查的限权法,不仅遵循分权制衡的基本逻辑,调查控制的基本模式包括“以法限权”、“以权制权”和“公平救济”,[1]而且结合侦查规制的历史沿革,由内及外、多措并举的规制方案值得借鉴。但是现阶段,监察调查的法律控制具备内部性和模糊性等显性特征,尤其是监察机关调查阶段的律师辩护成为改革盲点。

监察调查法律控制的模糊性问题与“以法限权”的法治初衷相矛盾,而模糊性限权背后又是监察自由裁量的扩张性风险。在对监察调查种类、条件、执行和期限等进行具体规定的监察法制过程中,不仅要防止法律漏洞,还要避免法律模糊,权力边界应当尽可能地清晰化和可测量,以满足法治基本规律。但是从《监察法》第四章“监察权限”的规范文本来看,诸如“重要问题”“一般应当”“可能有其他”“复杂、疑难案件”等不确定性与可解释性用语,是粗糙立法背景下的客观问题。基于其中第 31 条的总体分析,虽然在“移送人民检察院时提出从宽处罚的建议”上不容置喙,但是监察机关职务犯罪调查中的认罪认罚从宽制度也存在规范与实践相脱节的现象。其中,一方面是整体确立职务犯罪案件的认罪认罚从宽,从而保持了与整体刑事司法的相适应;另一方面是监察调查中认罪认罚从

[1] 参见孙长永:《强制侦查的法律控制与司法审查》,载《现代法学》2005 年第 5 期。

宽制度表达的“标新立异”,而且不适用《刑事诉讼法》的规范前提也决定了其中认罪认罚从宽问题的特殊性。例如针对认罪认罚的性质问题,即究竟是一项公共权力还是一项私人权利的本源问题,而这又直接关乎认罪认罚从宽制度的启动方式。从《刑事诉讼法》中的“应当告知犯罪嫌疑人享有的诉讼权利,如实……和认罪认罚的法律规定”来看,刑事立法倾向性地认为认罪认罚是一项私人权利,并且是侧重于不适用情形的规范;但是《监察法》中的“研究”、“批准”和“可以”等表述,监察立法倾向性地认为认罪认罚是一项公共权力,是以谨慎控制和限制适用为立法指导的,而这又是监察案件适用认罪认罚从宽制度的前提性障碍。又如从宽处理的标准问题,即如何具体界定认罪认罚,而这又直接决定了认罪认罚从宽制度的适用空间。《刑事诉讼法》规定的前提要件是“认罪”与“认罚”相结合,而且强调保持认罪认罚的开放性认定;但监察法在“被调查人主动认罪认罚”基础之上,又补充列举了刑事实体法的四类条件,其实质是《刑事诉讼法》中认罪认罚的要求与《刑法》中的自首、立功等相关规定的糅合。① 在这样一种模糊性的监察规范之下,国家权力的性质认定、交互叠加的认定标准等,都决定了职务犯罪案件中认罪认罚从宽制度的有限性,突出表现为职务犯罪案件中认罪认罚刑事速裁程序的相对保守主义。

监察调查法律控制的内部性问题,是与“以权制权”的控权机制相背离的,因为内部性的法律控制必须依赖社会公众的绝对信任、行为主体的高度自觉和程序规则的逻辑自恰等综合因素,但是封闭性运行又附带自缚性矛盾。完整意义上的“以权制权”应当包括“以权力制衡权力”和“以权利制约权力”两个方面。其中,前者强调权力机关之间的内部制衡,既包括不同系统内的先后性制衡,也涵盖相同系统内的上下级制衡,是监察机关、检察机关和审判机关等机关的动态博弈;而后者强调权利

---

① 参见詹建红:《认罪认罚从宽制度在职务犯罪案件中的适用困境及其化解》,载《四川大学学报(哲学社会科学版)》2019 年第 2 期。

与权力间的外部对抗，不仅包括私益主体的权利对抗，还包括公益主体的权利制约，并且以及时、有效、实质参与为基本前提，特别是基于法治反腐的普遍共识，监察权力制衡能够提供最基本的权利保障功能。但是国家监察机关作为行使国家监察职能的专责机关，依照法律规定独立行使监察权等立法规范，决定了监察机关自我监督模式中的内部性、封闭性约束原则，背后是制衡机制失范和制约机制失衡的法治困顿。其中，一方面是从权力制衡机制来看，监察机关职务犯罪的任意性调查和强制性调查等多依赖监察机关内部的便宜主义，不仅检察机关等无法介入审查，上级监察机关也少有严格审批，特别是在监察机关集体决策的办案模式和决策责任的模糊分配之下，权力难以有效制衡权力。另一方面是从权利制约机制来看，监察立法侧重于监察调查的权力规范，进而忽视了对被调查人的权利保障，特别是对比刑事侦查来看，被调查人员及其近亲属对于监察机关及其调查人员的超期留置、违规查扣等行为，只能是向监察机关申述而无法直接控告，权力主体也较“当事人和辩护人、诉讼代理人、利害关系人”等相对有限。

（三）调查妨碍性判断的监察留置

监察改革中创设一种国家监察的“留置”调查措施来代替纪检监察的“双规”“双指”，既是在腐败治理过程中由党规依赖向法规控制的转变，也是推进国家治理体系和治理能力现代化的重要举措。留置作为一项国家创设的新型公权力，其中事实上的羁押会对公民基本权利形成较大冲击，但是基于现阶段规范层面“赋权”和“限权”的相对不平衡，封闭结构中的权力配置和规范、权利保障和救济等问题极具讨论价值，特别是围绕留置措施的运用及转换，亟须在实践基础上进行类型划分和理论论证，以期进一步矫正刑事立法规范和实现程序有效衔接。

在监察机关的调查措施当中，监察留置措施具有争议，《监察法》的留置条款中也预留了较大裁量空间。首先，留置措施是对人身自由的暂时限制。一方面是从监察调查的动态演化出发,[①]留置措施的适用以“部分掌握”为前提和以“重要调查”为必要;另一方面是从限制自由出发,[②]留置措施的适用效果在折抵刑期上与刑事逮捕具有同质性。虽然留置措施的适用对象具体包括涉嫌严重职务违法和职务犯罪两类,但不仅是在已有的留置实践中,大多只对“职务犯罪”行为采取过留置措施;而且其与刑事诉讼法中的传唤、拘传、拘留、逮捕等强制措施类似,并不直接获取证据,而是为了侦查活动的顺利展开,为获取证据创造条件。[③] 其次,留置措施以调查妨碍性判断为核心,区别于逮捕措施中人身危险性的判断核心,但实质上二者都是较长时间剥夺公民人身自由的强制措施,不仅具有批准决定程序上的规范性,而且具有折抵刑期效果上的同质性。最后,留置措施承载监察调查法治转型的历史使命。因为用“留置”调查措施代替“双规”“双指”等措施符合法治要求和精神,本身即是法治反腐的重大进步,但是如何将留置措施纳入法治轨道同样备受期待。

从既有监察法制来看,在监察机关留置措施适用条件的不完全列举框架内,不仅“案情重大、复杂”的认定和实践难;而且“其他妨碍调查行为”与精细化立法目标相背离,难以维护公权力行使的稳定性、确定性和权威性。与此同时,“经监察机关依法审批”的决定程序虽然已经体现权力制衡的行为逻辑,并且具备监察改革之初成果巩固、经验推广的相对可行,但仍有完善空间,未来通过引入和构建一种检察主导下的中国式司法审查机制则是监察法治的长远目标。其实,围绕这样一种上级机关

---

① 监察调查的动态演化,是指监察机关调查职务违法和职务犯罪过程中情报获取、线索甄别、证据收集、证据链形成等过程。

② 限制自由是刑法惩罚性功能的实现方法,而且“未经人民法院依法判决,对任何人都不得确定有罪”,审前羁押(逮捕、留置)的功能更多是诉讼保障性和调查服务性,这些都决定了人身自由限制的暂时性。

③ 参见张翔、赖伟能:《基本权利作为国家权力配置的消极规范——以监察制度改革试点中的留置措施为例》,载《法律科学》2017 年第 6 期。

内部审批、调查妨碍兜底判断的监察留置，是对留置措施调查功能的逻辑结构弥补和解释扩充准备，但是基于调查妨碍判断的便利主义、功利主义又可能导致留置泛化，特别是在监察调查封闭式的权力运行体系中，本身就潜藏着留置措施滥用的法治风险，监察留置措施始于调查的需要，终于调查的实现。基于行政裁量治理的研究视角，有学者主张采用功能主义的建构模式，[①]其实依托“政府自治”的功能主义不仅伴有专制主义的实践风险，本身也缺乏深厚的文化基础，[②]国家监察体制改革初期的参考价值有限。

（四）构罪即留置及留置场所差异

众所周知，逮捕率高、羁押期限长和超期羁押现象是中国刑事司法屡遭诟病的顽疾，考虑到刑事逮捕与留置措施在限制人身自由上的同质性，留置作为一种临时审查措施，容易在实践中被滥用。[③] 通过对 100 份裁判文书的梳理与观察：[④]在 111 名被告中，监察调查阶段受到留置措施的共有 101 名，留置措施的适用率高达 90.99%。一方面印证了过往职务犯罪案件突破中“双规”“双指”措施普遍适用的实际；[⑤]另一方面呈现出远高于检察机关职务犯罪案件侦查中逮捕率的现象，“构罪即留置”成为监察机关职务犯罪调查过程中较常用的做法。在 10 名没有被适用留置措施的被告中，又包括 1 名因无直接留置对象的单位犯罪和 3 名被判免

---

① 参见徐继敏、张洪亮：《论监察留置裁量及其有效规制》，载《法学论坛》2019 年第 4 期。

② 参见刘启川：《责任清单编制规则的法治逻辑》，载《中国法学》2018 年第 5 期。

③ 参见郭华：《监察委员会留置措施的立法思考与建议》，载《法治研究》2017 年第 6 期。

④ 以简单随机抽样进行样本选择，其中数据源于北大法宝案例库（http://www.pkulaw.cn/Case/）：在高级检索中，全文中含“监察”，但也可能包含行政监察、监察移送等无效案件；案由为“刑事”，因为在监察机关纪法调查与犯罪调查的双重调查模式之下，本书显然只是以职务犯罪案件为根本观照；审理程序为“一审”，因为无论是在审级的功能、证据的可靠性、信息的全面性等方面，一审程序在事实审理方面都有其天然优势；参照级别为“普通案件”，保证尽可能多的呈现样本素材；最后访问日期则为 2019 年 4 月 22 日。

⑤ 参见张智辉、邓思清：《论我国刑事强制性措施制度的改革与完善》，载《法商研究》2006 年第 1 期。

于刑事处罚的轻微犯罪。监察法规定留置期限，其实是确立了留置措施最长期限的“3+3”的模式，这也区别于逮捕措施最长期限的“2+1+2+2”的模式。从留置期限的具体分布来看：在94名可被计算留置期限的被调查人中，平均留置天数为46.96天，能够保持“留置期限越长，留置人数越少”的相对理性，在既有经验框架内并不能够得出留置期限过长的基本判断，而且未见超期留置的情形出现。留置期限更多地集中在30日内，其中有14名被告人的留置期限更是在15日以内，这也是监察机关通过降低留置期限以消解较高留置适用率的一种主体自觉。[①]

其中针对“构罪即留置”，不仅是对“双规”“双指”措施普遍适用的延续，更是对职务犯罪较高逮捕率的强化。在随后的检察起诉和法院审判阶段，拥有裁量权的检察官和法官也不得不考虑留置与否的前提事实，全面分析相关决定的可能后果和审慎选择互相配合的最优方案，进而达成一种共议格局下的司法默契。以监察留置与法院量刑的关联分析为例，在监察调查阶段没有适用留置措施的10个量刑中，被判处管制、拘役、单处罚金、徒刑缓刑和免于刑事处罚等轻缓刑的共8个，轻缓刑比例高达80.00%；但是在监察调查阶段有适用留置措施的101个量刑中，被判处轻缓刑的共25个，轻缓刑比例仅为24.75%，是否留置与是否轻缓刑成立统计学意义上显著的负相关关系，而且有研究发现，“在法院审理阶段，留置案件的审判时间显著少于非留置案件（$p=0.01$）”[②]，这样一种留置“绑架”审判的司法格局，其实就是刑事司法既往“押判倒挂”问题的延续。审判中心主义整体视域之下，不仅违反现行法律规定，

---

① 有学者通过对768份裁判文书的分析，同样发现监察委员会办理职务犯罪案件中“留置期限整体较长、解除留置后逮捕率高”。参见韩旭：《监察委员会办理职务犯罪案件程序问题研究——以768份裁判文书为例》，载《浙江工商大学学报》2020年第2期。

② 于晓虹、杨惠：《监察体制改革视阈下的地方治理逻辑——基于地方监察委实践的实证分析（2016—2018）》，载《治理研究》2019年第6期。

也违背刑事诉讼认识规律,甚至可能导致案件处理错误呈现连锁反应。[①]监察程序和司法程序的有效衔接以留置措施的功能维系和司法审判的中立保持为根本前提,进而实现法治反腐的历史转型。监察留置措施的具体适用应当围绕以下原则展开:(1)合法性原则。这就要求监察机关留置措施的于法有据和规范运行,进一步明确留置措施适用的程序性和实体性规则,不仅要求接受内部、外部等多重监督,而且要求违法留置无效和责任主体负责相配套。(2)必要性原则。考虑到留置措施在监察调查措施中的补充性、兜底性定位,以及对留置相对人的客观性、实质性侵害,这就要求成立留置措施实质必要和解释合理的前提要件,例如围绕"职务犯罪"的程度要件、"部分掌握"的事实要件和"重要调查"的目的要件等体系化解释说明。(3)比例性原则。这就要求留置措施的适用与监察调查的妨碍相适应,要求以留置替代性措施为优先,进一步释放谈话、讯问和搜查等措施的调查发现功能,以及未来建构一个梯度设置、差异分层的监察强制措施体系。(4)可变更原则,避免"留置到底"的实践困境。可以学习和借鉴刑事司法中的羁押必要性审查制度,引入留置必要性的动态审查机制,并且尝试监察内部审查到司法外部审查的阶段性调整,进一步实现留置措施调查服务性功能的理性回归,以及防止出现类似于逮捕措施"追究责任""预支刑罚""震慑犯罪"等功能异化。[②]

职务犯罪监察调查、审查起诉和法庭审判的阶段转换,表象层面即物理场所的变更,与之相伴的是过程透明、实体公正的潜在表达,而且通过看守所、拘留所、监狱、法庭等基本格局的田野调查,也是推进司法实证研究的重要面向,在此基础上讨论留置场所的设置问题意义重大。但是基于现阶段的规范文本分析,监察法只是明确留置场所依照规定

---

① 参见汪海燕:《论刑事庭审实质化》,载《中国社会科学》2015年第2期。

② 参见刘计划:《逮捕功能的异化及其矫正——逮捕数量与逮捕率的理性解读》,载《政治与法律》2006年第3期。

执行,但具体又是依何种规定实践,还是具备较为宽泛的解释空间。从监察实践来看,有的是将留置场所安排在办案场所,即纪委原有的“两规”场所;有的是将留置场所设置在看守所,并专设监察留置区和监察留置专用提审区,虽然并未触及人力物力等改革成本增加,但场所的差异背后又是价值的冲突。其中,支持纪委“两规”场所留置的认为有利于排除干扰和案件保密,强调监察调查的独立性和有效性;而支持看守所留置的认为有利于执法规范和权利保障,特别是在看守所中立性改革、规范化管理等建设背景下,更能实现监察法治“保障当事人的合法权益”的预设前提。与此同时,有意见主张建立专门的留置场所,或者监察机关建立单独的留置场所,[①]或者司法行政机关管理配套的留置场所,[②]但是又都面临着诸如“另起炉灶式”改革的成本问题、身份重叠式监督的公信力问题,以及司法行政机关主导的可行性问题等现实挑战,毕竟现阶段交由司法行政机关负责的看守所管理模式尚未实现。综合监察独立调查、衔接刑事司法、控制改革成本等要素分析,本书主张监察留置脱离监察办案场所而交由看守所执行,避免过往职务犯罪案件中指定居所监视居住制度功能异化的反复,一方面是要求看守所中留置专区、单间管理、录像监控等硬件支撑,另一方面是要求制定看护人员守则、提讯工作流程、保密纪律条款等软件支持,并以此推动监察留置的规范化和法治化。

四、法治反腐框架内的动态平衡

从运动式反腐到检察机关的职权式侦查,到职权式与对抗式侦查相结合,再到监察机关的职务犯罪调查,我国职务犯罪侦查模式的历史演

① 参见胡铭:《职务犯罪留置措施衔接刑事诉讼的基本逻辑》,载《北方法学》2019 年第 4 期。

② 参见张建伟:《监察至上还是三察鼎立——新监察权在国家权力体系中的配置分析》,载《中国政法大学学报》2018 年第 1 期。

进是与我国刑事司法的成熟化、文明化与现代化相伴相生的，并且法治化构成了职务犯罪刑事司法的核心内容。从法理基础来看，职务犯罪侦查到职务犯罪调查绝不是要回归运动式反腐，而是要在全面依法治国、国家治理体系和治理能力现代化的大背景下，在承继我国职务犯罪侦查已经取得的成绩和经验的基础上，通过相关权力的整合和优化来实现公正高效的腐败治理。从这一意义上来看，在职务犯罪监察调查与刑事侦查双轨运行体系之下，调查和侦查不是非此即彼的断裂，而是紧密联系的融贯，这也是监察调查与刑事诉讼有效衔接的共识性前提。

（一）人权保障理念的价值统摄

“权力与权利的冲突与平衡”问题由来已久，国家监察体制改革在基本人权保障方面只能向前走，不能倒退。[①] 不仅是因为从刑罚权的基本属性来看，保障人权亦是刑罚权的义务，而且尊重和保障人权早已成为国际公约的基本共识，我国《宪法》和《刑事诉讼法》也都已经明确规定了尊重和保障人权条款。此外，我国职务犯罪侦查模式演进的经验和教训告诉我们腐败犯罪追诉中的人权保障是理性、长效和法治反腐的必然要求。人权保障应当成为监察调查的价值统摄，而这也符合国家监察体制权威性的建设目标，是法治化反腐斗争的基本要求，对内有助于职务犯罪刑事司法的公平正义，对外有助于国际刑事司法协助的有效衔接，特别是人权保障一直是国际司法的基本准则。因此，建议在《监察法》第5条中增写“尊重和保障人权”，[②]在总则部分以制度文明和价值统摄的方式明确人权保障理念对职务犯罪调查的适用，进一步发挥总则对于分则的指导、约束和补充等功能，进而矫正监察立法中信任式权力授予和

---

① 参见童之伟：《国家监察立法预案仍须着力完善》，载《政治与法律》2017年第10期。

② 参见陈光中、姜丹：《关于〈监察法（草案）〉的八点修改意见》，载《比较法研究》2017年第6期。

敌对式权利保障的价值偏颇。与此同时，将职务犯罪调查中的人权保障具体化为比例原则中的适合性、必要性和相称性要求，贯穿监察机关调查制度设计、运作和规制等始终。比例原则着眼于法益的均衡，以维护和发展公民权利为其归宿，是法治国家控制自由裁量权行使的一项重要原则。在职务犯罪调查中，比例原则的基本要求应是：当监察机关调查对权利形成冲击时，既要考量监察调查的必要性与替代性，又要关注权利冲击的适度性与救济性。例如，对留置理由是否充分、合法进行审查并建立救济机制；[①]又如在坚持重罪原则的前提下，对技术调查进行类型化细分和层次化梳理，明确不同的前提要件和适用期限，并对次数进行严格限制等。因为基于权利与权力本源的双重考量，权力是维系国家正当的公众让与，匹配限制性条款，而权利是免予国家干涉的个人自由，[②]不能因为宪法未完全式列举而选择性忽视。

（二）权力制衡权力的分权逻辑

集中和分散是权力构造的两种基本思路，前者崇尚高效便利的价值理念，例如，国家监察体制改革中纪律检查、行政监察和检察侦查的权力集中；而后者遵循分权制衡的一般逻辑，例如惩罚职务犯罪过程中监察调查、检察起诉和法院审判的权力分散。在这当中，我们既要防止绝对集中的垄断风险，也排斥绝对分散的扯皮推诿，理想化的改革方案应当是立足于国家集中治理的现实基点，进一步提升分权制衡的理性选择。洛克、卢梭、孟德斯鸠与汉密尔顿等权力制衡理论也极具启发意义，[③]考虑到国家监察体制改革中集中、统一和高效等价值初衷，分权制衡虽然

---

① 应根据涉嫌犯罪的严重性、破坏证据的可能性，以及妨碍调查的其他因素等，审慎采取留置措施，并以留置必要性审查机制为配套，以适应职务犯罪调查手段的必要性，还可以探索留置措施的听证制度和司法救济制度。

② 参见陈雄：《国家权力与公民权利的规范理论》，法律出版社 2012 年版，第 41 页。

③ 参见赵宝云：《西方六国权力制衡机制通论》，中国人民公安大学出版社 2009 年版，第 5 - 19 页。

与改革话语相冲突，但是难掩其作为监察法治的重要作用，未来应当着力于从内部和外部两个方面完善国家监察中的分权制衡。其中，内部权力制衡要求“行纪检”复合监察权力的有限和有效分离。诸如选择以调查事项的差异、证明标准的高低等进行的类型化区分，以突显职务犯罪调查手段的适合性，其中就有学者提倡职务违法与职务犯罪监察调查程序“相对二元化模式”，[①]进而避免违纪、违法和犯罪调查的模糊性。除设置专门实施监督的内设机构外，还要求国家监察机关内部的日常监督部门、调查部门、审理部门、案管部门等形成内部制约与监督机制。外部权力制衡要求强化公诉机关和审判机关对监察机关职务犯罪调查的监督和制约。应在当前“以审判为中心”的诉讼制度改革整体框架内规制职务犯罪调查，克服及防范可能发生的“调查中心主义”风险。例如，检察机关对监察机关可能存在应当进行刑事立案调查而不进行刑事立案调查的，应当要求监察机关书面说明不立案的理由；对监察机关立案后又随意撤案的，应当发出纠正违法通知书予以纠正；[②]对监察机关采用暴力、威胁、引诱和欺骗等非法方法进行职务犯罪调查的，应当以书面形式提出纠正意见，并且在审查起诉过程中适用非法证据排除等。

（三）权利制约权力的基本范式

监察机关职务犯罪调查中的“以权利制约权力”，核心任务就是增强职务犯罪调查阶段被调查人的对抗性权利，尤其是让有专业知识的律师参与到监察调查当中，以克服当前职务犯罪监察调查完全封闭结构下的先天性缺陷。监察法并未赋予职务犯罪调查阶段律师介入的一般权限，在某种程度上也反映出改革者和立法者对律师功能的担忧，这是与检察机关职务犯罪侦查阶段辩护律师参与的时间前移、权能拓展等我国近年

① 参见谢小剑：《职务违法与职务犯罪监察调查程序“相对二元化模式”提倡》，载《法商研究》2021 年第 5 期。

② 参见周长军：《监察委员会调查职务犯罪的程序构造研究》，载《法学论坛》2018 年第 2 期。

来刑事司法改革动向相背离的,对于职务犯罪调查,被调查人同样应当有权获得辩护律师的有效辩护、值班律师的法律帮助等,而且能保持与认罪认罚程序设计中的法律帮助“福利”相适应。基于惩罚犯罪与保障人权的价值权衡,监察机关职务犯罪调查过程中亟须律师参与的主要包括留置措施的适用和认罪认罚的展开,但是究竟是以一种“监察委员会设立的法律顾问或公职律师”还是“被调查人或近亲属委托的辩护律师”身份参与,有待进一步的分析论证。诚然,为了保持与改革前“特别重大贿赂犯罪案件”中律师介入的适度限制相适应,对调查期间的律师介入也应设置必要的限制和审批程序。与此同时,一方面是基于检察机关职务犯罪侦查引入人民监督员的实践探索,另一方面是基于《监察法》第54条监察工作应当接受民主、社会、舆论监督的规范解读,能够为深化国家监察体制改革和调查规制提供可参照的外部监督模式。

通过对我国职务犯罪追诉模式演进的过程梳理和制度深窥,可以预见监察调查权的合理扩张和依法规制的逻辑仍然将伴随着监察机关职务犯罪调查的制度构建和实践过程,在职权式和对抗式中谋取一种动态的平衡仍是监察法治的基本方向和改革思路。基于对公权力扩张天性的先验认知,监察调查制度的完善中应巩固和强化以权利对权力的制约机制、以权力对权利的制衡机制,并且保持在刑事司法体系的框架下,以比例原则为指引明确调查权的合理界限,充分体现诉讼主体的利益并保障被追诉人的有效参与和实质影响。因为只要发现和惩治职务犯罪的要求是建立在尊重司法规律和坚持法治理念的基础之上的,相关制度的完善便有了基本的方向。

第五章

检察机关的审查起诉与法律监督

从刑事司法体制的应然结构出发，检察机关的审查起诉作为衔接侦查与审判的中间程序与过渡环节，不仅是法律监督职能的主体内容，而且是法律监督实现的重要保障，承担着刑事司法规范层面的审前主导权。以现代检察制度法治变迁为线索，一方面是监督侦查行为的合法性，防止警察权力失范，例如侦查立案监督、退回补充侦查、非法证据排除等；另一方面是破除法庭审判的封闭性，实现控审分离构造，因为“从检察制度的起源来看……在法庭上制约法官的专断”[①]。职务犯罪案件中，检察机关独立垄断之下的公诉构造内含审查起诉、庭审参与、裁决抗诉等应然权力，不仅前接职务犯罪的监察调查与刑事侦查，具体包括留置措施的衔接、监察证据的转换和补充核实的实践等，而且后接职务犯罪的定罪与量刑，又包括程序性证明的展开、实体性罪名的指控、结果性量刑的建议等。与此同时，中国检察机关在宪法上被定性为法律监督机关，但如何实现法律监

---

① 韩红兴：《世界检察制度产生和发展的理论评析》，载《政治与法律》2006年第1期。

督,是1979年《人民检察院组织法》遗留的一个难题。[①] 一般而言,宏观层面法律监督职能的实现依赖技术层面检察权力的实践,其中就包括具体化的"诉讼职权"和狭义上的"监督职权"两重面向,前者以侦查、起诉等为内容,而后者以对侦查、起诉等的监督为内容,二者都是检察机关广义法律监督的题中之义。在监察机关调查职务犯罪的类案实践中,检察机关的审查起诉与法律监督,诸如调查质量的评价、司法资源的调配、诉讼权利的保障等问题,亟须理论、规范和实践等层面的系统性阐释与职能性回应。

一、监察措施到刑事强制措施

基于程序流转、案件转移的阶段论,刑诉法衔接监察法、司法程序衔接监察程序的主体即检察衔接监察、检察起诉衔接监察调查,尤其以监察措施与刑事强制措施的程序性衔接为关键,突出表现为"监察机关留置措施与刑事强制措施的衔接"的学术热点关切,"留置"一词甚至入选了2018年度十大反腐热词,留置裁量的运作过程贯穿权力运行的多个阶段。从国家监察体制改革地方试点到全国推广,从《监察法》草案出台到正式文本公布,再从刑事诉讼法暂缓性适用到适应性调整,监察留置措施衔接刑事强制措施始终存在理论研究不足、规范制度模糊等困境。例如对于留置或未留置的被调查人,检察机关如何衔接刑事强制措施,是直接衔接还是自行衔接,背后又是提前介入、事前审批与先行拘留等实践性争议。围绕职务犯罪刑事司法的法治化改革目标,监察调查措施应符合刑事司法的基础正义、人权保障的底线要求,进而实现与刑事强制措施的有效衔接。

(一)直接衔接模式的配合逻辑

监察措施到刑事强制措施的直接衔接模式,是指监察留置措施与刑

---

① 参见魏晓娜:《依法治国语境下检察机关的性质与职权》,载《中国法学》2018年第1期。

事逮捕措施的前后连贯、整体一致,无须检察机关的审查决定,贯彻审前程序的配合逻辑,是宪法“互相配合”的关系延伸。因为综合涉嫌犯罪的事实要件、限制自由的行为内容、折抵刑期的法律效果等初步比较,留置与逮捕的高度重叠构成了直接衔接的现实基础,而且契合统一高效的监察目标、便宜行事的权力倾向。但是,从功能指向来看,监察机关的留置措施是服务于监察调查的完整性的,本质上是一种监察追诉权;而检察机关的刑事强制措施保障刑事诉讼的顺利性,本质上是一种司法保障权,这也表现为侦查手段与刑事强制措施二分式的立法结构。① 从适用条件来看,监察机关的留置措施以单一性的调查妨碍判断为核心,但是调查妨碍是一种动态化的评价标准,特别是移送检察机关所要求的“犯罪事实清楚,证据确实、充分”;而检察机关的刑事强制措施以复合性的诉讼保障判断为基石,一方面是为了防止犯罪嫌疑人和被告人逃跑、自杀、串供、毁灭证据、伪造证据、转移赃款赃物,另一方面是为了防止犯罪嫌疑人、被告人继续实施新的犯罪或其他危害社会的行为。从行为方式来看,监察机关的留置措施采相对封闭的决定式,以保证监察调查的独立性;而检察机关的刑事强制措施采相对开放的审查式,以确保强制措施的程序性,毕竟程序性是刑事强制措施的基本属性。② 基于以上监察话语和司法话语的差异分析,直接衔接模式实质上是将留置措施与逮捕措施功能、条件和方式等混同,或者说是阶段转换之下留置措施对逮捕措施的替代,客观层面将引发审查起诉过程中检察机关刑事强制措施主体地位的侵害、刑事强制措施针对留置措施调整分流的阻隔等后果,并且以监察实践中的留置适用率较高关联审查起诉中的逮捕适用率较高

---

① 因为单从《刑事诉讼法》“侦查”概念的界定来看,不管是“专门调查工作”和“有关的强制性措施”的结构,还是“收集证据、查明案情的工作”和“有关的强制性措施”的组合,始终遵循一种相对分立的立法逻辑。

② 杨雄:《刑事强制措施实体化倾向之反思——以预防性羁押为范例》,载《政法论坛》2008 年第 4 期。

为显性结果。与此同时,透过权力与责任统一和对等的基本框架,留置责任和逮捕责任本应分属监察和检察两大系统,但是顺承主义的直接衔接可能会引发个人负责、机关赔偿的适用混乱,而且由事实层面不行使逮捕决定权的检察机关承担不法羁押的相关责任有失公正。因此,为了尽可能地避免显失公正,检察机关会竭力证明逮捕的合法性,追求定罪的稳定性,并由此造成职务犯罪案件中"一押到底、实报实销"的局面。

(二)自行衔接模式的程序改革

监察措施到刑事强制措施的自行衔接模式,是指在监察机关对被调查人采取留置措施的案件中,在移送审查起诉后,由检察机关作出是否逮捕、取保候审或者监视居住的决定,[①]遵循控制主义的制约结构,是宪法"互相制约"的实践反馈。这其实是以监察措施与刑事强制措施的功能差异和以刑事强制措施的相对独立为前提的,通过引入一种程序性、独立性的预决审查机制,进而实现职务犯罪刑事司法过程中监察措施的检察控制。因为纵览中国刑事强制措施的体系发展与改革变迁,中国刑事强制措施是与类型多元、层次清晰、转换灵活场景下的诉讼化改造和法治化进步相适应的,并且呈现出非羁押性刑事强制措施适用的相对增长趋势,而这种留置与逮捕绝对无碍的直接衔接模式也有待进一步论证。鉴于此,2018 年修正的《刑事诉讼法》第 170 条引入"先行拘留"模式,其中对被留置人采取先行拘留措施也使拘留成为了一种常规手段,[②]但在此期间辩护律师能否介入也存在理论和实践上的分歧,例如有的地方就明确规定"检察机关自决定是否适用强制措施之日起三日内,应当告知犯罪嫌疑人有权委托辩护人"。创设、配套一种目标和阶段双重独立的刑事强制措施审查决定程序,服务于监察留置与刑事强制措施衔接

---

① 参见龙宗智:《监察与司法协调衔接的法规范分析》,载《政治与法律》2018 年第 1 期。

② 参见杨宇冠、郑英龙:《〈刑事诉讼法〉修改问题研究——以〈监察法〉的衔接为视角》,载《湖湘论坛》2018 年第 5 期。

转换的预设目标,但又不是监察调查与审查起诉的必经阶段,因为并不是所有被移送审查起诉的被调查人都会被采取留置措施。从刑事诉讼阶段分化的一般逻辑来看,非必经性又与非必要性发生显性张力,因为传统意义上诉讼阶段的非必经性止于程序终结,而且由全国人大常委会以修正案方式主导的刑事诉讼法实质性、结构性调整,面临合法性的危机。

面对这样一种独立程序的对策改革,刑事司法的基础理论、实践经验较难回应制度层面的必要性与正当性质疑。在现阶段监察与司法话语分歧的背景之下,回归刑事司法阶段论和规范论的基础原点,"先行拘留"或"直接逮捕"都会引发程序适用的不当,冲击刑事强制措施的一般理性,特别是要应对职务犯罪刑事立案的制度阙如。首先,刑事强制措施的适用前提是刑事立案,但是监察立案尚不能代替刑事立案,案件移送也并不发生刑事诉讼法上的效果,职务犯罪刑事立案的时间节点不明。其次,先行拘留的适用对象是现行犯或者重大嫌疑分子,并且要求具备特定情节要素,被留置人员因涉嫌犯罪而被监察机关移送司法机关之时仅仅具备"被调查人"而非"犯罪嫌疑人"的身份。不仅"调查结果移送"排除了现行犯的可能性,而且"犯罪事实清楚,证据确实、充分的"移送标准高于重大嫌疑中初步证据和初步印证的要求。再次,刑事拘留的本质特征显然是紧急性、临时性的初期到案措施,而先行拘留作为监察留置措施到刑事强制措施的中间过渡,与其本质定位和逻辑自恰相冲突。最后,基于既往经验,检察机关审查起诉时对于侦查机关采取的强制措施往往持认可态度,即使设立专门程序对强制措施再进行审查,一般也是同意批准逮捕,①逮捕、取保候审或者监视居住等刑事强制措施的多元分流功能有限,背后又是刑事司法过程中重复性劳动、象征性立法

---

① 参见左卫民:《一种新程序:审思检监衔接中的强制措施决定机制》,载《当代法学》2019 年第 3 期。

的延续。例如，通过百份裁判文书中监察留置措施到刑事强制措施的初步观察，针对其中采取留置措施的101名被调查人，后续适用逮捕措施的87人、取保候审的14人，并且未见适用监视居住的情形，这也能从前述研究中“职务犯罪指定居所监视居住数量呈‘山峰’形状”得到印证。[①]

（三）退回补充调查的程序回逆

事实探知主义是我国刑事司法的价值导向，程序回逆构成了司法机关不枉不漏的技术支持，更是公检法机关协调衔接的一种执法默契。考虑到程序回逆会对当事人合法权益产生重要影响的客观实际，在权力规范与权利保障的动态博弈中，刑事立法不仅规范限制，司法实践更是严格慎用。《监察法》与《刑事诉讼法》均规定了职务犯罪案件中的退回补充调查和自行补充侦查制度，而其中退回补充调查和自行补充侦查就是典型的程序回逆，是法定起诉与法定不起诉之外的第三条道路，但是未见协调衔接时的具体规范。从国家监察委员会与最高人民检察院办理职务犯罪案件的指导性、示范性工作衔接办法来看：[②]一方面是退回补充调查与自行补充侦查的模式选择是依机构属性和职能分工划分的，其中补充调查是原则，强调监察机关的职务犯罪调查的优先性和独立性；补充侦查是例外，仅限检察机关补充侦查相对高效、便捷的个别情节、材料鉴定等，并且需要通报监察机关。另一方面是在退回补充调查期间，犯罪嫌疑人沿用人民检察院作出的刑事强制措施，遵循一种“案卷退、人不退”的“人案分离”模式，监察机关持函讯问实践中的检察配合，能够从形式上化解逮捕退回留置的法治危机。但是，退回补充调查即意味着司法到监察的程序回逆，至少现阶段的法学理论、法律规范等难以有效论证

---

① 参见谢小剑：《职务犯罪指定居所监视居住的适用：统计分析——以1694份判决书为样本》，载《交大法学》2018年第4期。

② 2018年4月16日，中央纪委办公厅、国家监委办公厅、最高人民检察院办公厅联合发布《国家监察委员会与最高人民检察院办理职务犯罪案件工作衔接办法》。

"人案分离"模式的正当性与合理性。因为从三大诉讼基础理论中的客体、标的等对象出发，案件即"人"与"事"的组合构造，而刑事案件之人与事即"特定被告"与"特定犯罪事实"。[①] 虽然刑事缺席审判制度也引发了结果层面的"人""案"割裂，但其本身即有"天然缺陷"，而且考虑到充分救济的程序保障，包括事前的严格限制、事中的强制辩护、事后的绝对异议等；司法协助的程序功能，以确保犯罪之人得到及时、有效的追诉等特征，这些都决定了它对"刑事案件"基本概念冲击的有限性。

通过比对退回补充侦查、自行补充侦查中传统的程序回逆，更能发现这种"人案分离"模式的衔接困境。因为在传统刑事司法的话语体系和程序流转当中，补充侦查对应侦查程序且是刑事诉讼的基本环节，源自实践探索的换押制度更能够确保"人案合一"的连贯性，[②]并且能够达成一种在刑事司法场景中"场所不变而阶段调整"的法制共谋。随着审查起诉机关将"人"和"事"交由侦查机关补充侦查，侦查机关分别作为办案主体和责任主体对审讯和羁押负责，不仅犯罪嫌疑人的身份未变，而且具体羁押期限又与补充侦查的一个月和两次上限相适应，以及要求审查起诉办案期限的重新计算。但是这种刑事司法框架内的适应性调整，侦查与起诉的相互性配合，并不能够直接套用到监察与司法的外部性衔接上。例如，针对退回补充调查中行为相对人的身份问题，一方面是退回补充调查中的被调查人，另一方面是沿用强制措施中的犯罪嫌疑人；律师参与辩护的边界问题，一方面是监察调查阶段的律师禁止，另一方面是自采取强制措施之日起的律师参与；[③]强制措施期限的属性问题，

---

① 参见林钰雄：《刑事诉讼法》，台北，元照出版有限公司2015年版，第285页。

② 换押制度是指公、检、法机关在办理刑事案件过程中，对被羁押的犯罪嫌疑人、被告人，随着诉讼阶段的变化和办案单位的更替，新承办单位须以书面形式通知看守所的制度，旨在厘清羁押期限和明确办案责任。参见程雷：《刑事诉讼法与监察法的衔接难题与破解之道》，载《中国法学》2019年第2期。

③ 例如，在地方实践中，关于退回监察机关补充调查期间的律师介入问题，H省规定律师不得会见，但是Z省Z市允许律师会见。

一方面是实然层面与补充调查期限的交叉,另一方面是应然层面与刑事办案期限的重合,可能导致刑事强制措施期限的不当延长,但这又与《宪法》和《立法法》的精神相悖。在监察与司法职能构造、行为模式、规范体系等整体差异之下,不仅难以实现监察调查的逻辑自恰,而且构成了对刑事司法的体系冲击。

(四)监察调查环节的源头治理

基于惩罚犯罪的单向性思维模式,直接衔接、自行衔接和补充调查等程序性衔接理论和实践的诸多困境,一方面是宏观层面监察调查与刑事侦查、监察留置措施与刑事强制措施的体系割裂,另一方面是微观层面独立程序创设配套、程序回逆人案分离的对策调整。在刑事司法基础理论和基本框架相对完备的前提下,试图通过技术调整以消除思想隔阂多少显得有些勉为其难,而难题破解也唯有立足宏观层面的源头治理,特别是要兼顾被追诉人的权利保障问题。其中就有两种可供选择的指导方案:一种是刑事诉讼理论和规范的大修以适应监察调查,例如,刑事立案模式、人案合一制度等适应性调整,但这不仅是一种伤筋动骨的颠覆,而且要面临正当性、合理性、经济性等质疑;另一种是监察调查理论和规范的微调以适应刑事司法,例如职务犯罪监察调查属性、监察调查措施与刑事强制措施配套等补充性规范,以促进职务犯罪监察调查与刑事司法的融贯性,并且确保职务犯罪的监察调查真正被纳入刑事司法轨道。

首先是职务犯罪监察调查的单独立案。立案制度承载着筛选和剔除的过滤功能,既能保证公权力介入的及时性,又能规范公权力介入的合理性,在权力控制、权利救济、案件管辖与综合治理等方面发挥重要作用。囿于诉讼理念和基本构造等不同,在民事诉讼和行政诉讼的救济性司法中,从审查型向登记型的立案模式转型意味着选择性司法的时代终结,从而使法院在纠纷解决中扮演更多角色;但是在刑事诉讼的惩罚性司法中，有犯罪事实（事）和要追究刑事责任（责）是刑事立案的先决条件，以保证刑事司法活动的克制和谦抑。国家监察本质上系追责行为，分别以权利干预为过程和以责任承担为结果，监察法明确要求监察对象（人）、涉嫌职务违法犯罪（事）和需要追究法律责任（责）兼具的立案条件，其中违法犯罪较之犯罪、法律责任较之刑事责任的内容涵盖，都决定了监察立案与刑事立案之间成立包含与被包含的基本关系。其中，监察案件包括刑事案件，监察调查包括刑事侦查，而刑事案件、刑事侦查又要遵循刑事诉讼法，这就决定了监察调查过程中职务犯罪单独立案的现实必要。有观点主张从严解释监察立案，确定监察立案的刑事地位，从而确保在监察立案后即适用刑事诉讼法；也有观点建议在监察内部进行政纪调查部和刑事侦查部的物理区分，并且要求刑事侦查部的单独立案；还有观点认为应当明确检察机关受理案件的"形式立案"转换，一方面是不对监察机关移送的案件作实质性审查，另一方面是受理案件承担开启刑事诉讼起点的功能，[①]但与"行纪检一体化"的国家监察改革目标或基本权利保护的刑事司法理论自洽存在不同程度的背离。以检察机关受理案件的"形式立案"为例，我国自诉案件中的法院受理程序、域外受理程序下的诉讼起点开启等并不能够恰如其分地论证职务犯罪"形式立案"的妥当性，特别是基于我国审前阶段司法审查、令状主义等阙如的制度现实。因此，本书主张立足于监察立案的既有规范，寻求阻力最小的解释方案：前提是要求承认职务犯罪监察调查的侦查属性，一方面是经过初步核实，对监察对象涉嫌职务犯罪，需要追究法律责任的，监察立案即刑事立案；另一方面是在涉嫌职务违法的监察立案中，调查发现涉嫌职务犯罪而需要追究刑事责任的，依法补充刑事立案登记，具体技术的支持则有赖于监察机关立案文书的表达。

---

① 参见董坤：《法规范视野下监察与司法程序衔接机制——以〈刑事诉讼法〉第 170 条切入》，载《国家检察官学院学报》2019 年第 6 期。

其次是监察强制措施体系的梯度建构。强制措施系权力机关为实现执法目的,依法对相对人人身、行为和财产进行临时控制和有限处置的强制行为,临时性、限权性、保障性和非制裁性是其本质特征,是一种调查从属行为而非调查替代行为。其中,从《行政强制法》和《刑事诉讼法》的内容出发,行政强制措施包括对人的人身自由限制,对物的查封、扣押和冻结等;而刑事强制措施只包括对人的人身自由限制,具体又可以细分为拘传、取保候审、监视居住、拘留和逮捕等五类。虽然针对财物、隐私等是否应当纳入刑事强制措施体系范畴的争议仍在持续,但在1979年、1996年和2012年等刑事立法变迁背景之下,限制人身自由刑事强制措施的显著进步也不置可否。现阶段,监察立法尚未明确规定监察强制措施种类,调取、查封、扣押等也多系监察调查行为而非调查保障行为,不符合强制措施保障功能的厘定,就此引发了强制到案手段缺位与强制候审比例失当的实践困顿。针对其中限制人身自由的监察留置而言,有学者主张兼具"特殊刑事强制措施"与"隔离审查措施"的性质,属于一种被用来进行党纪调查、政务调查和刑事调查的综合手段,①但是并未点出"名"为调查措施而"实"为强制措施的割裂。一是从留置措施的来源来看,其是纪委"双规"基础上的改造,而"双规"不仅是党内的强制措施,也是一种法律强制措施;②二是从监察留置的功能来看,其以调查妨碍性为兜底的前提要件,即表明其保障监察调查顺利的功能属性;三是从监察留置的内容来看,正如拘留和逮捕那样,留置措施本身不能调查取证,而是要求依托后续的讯问调查,其实,监察留置本质上系监察强制措施而非监察调查措施,与逮捕有相同的实质;③四是从监察留置的转型来看,基于监察立法条款中不确定性法律概念的留置裁量,背后又是程序制约不足、

① 参见陈瑞华:《论国家监察权的性质》,载《比较法研究》2019年第1期。

② 参见王振民:《党内法规制度体系建设的基本理论问题》,载《中国高校社会科学》2013年第5期。

③ 参见张建伟:《法律正当程序视野下的新监察制度》,载《环球法律评论》2017年第2期。

救济途径缺陷等法治困顿，而诉讼化、司法化的程序构造或许能成为一种改革思路。现阶段，由单一监察留置措施衔接多元刑事强制措施的规范本身就难以周延：一方面是基于先行拘留之后逮捕、取保候审或者监视居住的条文排序，逮捕措施不仅具有规范层面的优先性，而且带有实践层面的倾向性，毕竟功利主义之下的逮捕措施有利于最大限度惩罚犯罪。另一方面是基于先行拘留之下监察留置措施向刑事强制措施转换，立法重点列举转向何种强制措施，但是忽略了是否都需要强制措施承接的重要前提，[①]毕竟强制措施核心指向的程序保障与社会防卫具有变动性。因此，未来应当加快在监察框架内建设与刑事强制措施梯度相适应的监察强制措施体系，以及遵循一种从轻到重的转换逻辑，特别是要从刑事强制措施由粗及精、由重打击到重保护的历史沿革中汲取经验。

最后是侦诉关系视角下的承接式监检构造。审判中心主义视域下，职务犯罪监察调查与职务犯罪审查起诉衔接下的监检构造，应当以诉讼法理为指导，以侦诉构造为参照，形成审前程序的控诉合力，不仅突出"互相配合"的程序面向，避免过程中的扯皮和推诿；而且强调"互相制约"的事实面向，防止结果上的带病起诉。因为在现行法律规定下，审前程序的"互相配合"集中程序问题，例如，检察机关决定采取技术侦查措施的，交由公安机关等执行；"互相制约"聚焦实体事项，例如检察机关决定退回补充侦查的，通常因为事实不清、证据不足或漏罪漏犯等情形，审前程序的"互相配合"应当优先于"互相制约"。[②] 在职务犯罪案件的刑事司法过程中，检察机关审查起诉的制约作用多集中在审查犯罪事实、调查证据和非法证据排除等实体性事项上，与之相反的则是程序性事项

---

① 相适应或成比例是强制措施的基本原则，其中取保候审、监视居住等后生性的逮捕分流措施也都要求相应条件，但是有的地方文件甚至凌驾于《刑事诉讼法》之上，直接规定"对未被采取留置措施的被调查人，人民检察院应当在接收案件后对其取保候审、监视居住或者逮捕"。

② 参见陈岚：《我国检警关系的反思与重构》，载《中国法学》2009 年第 6 期。

的配合与支持。在这样一种承接式的监检程序构造中，围绕职务犯罪审前程序的同向目标，监察强制措施到刑事强制措施的程序性衔接，配合应当优先于制约。刑事立法通过引入一种刑事强制措施审查决定程序的对策改革，通过多元刑事强制措施对单一监察留置措施的后阶分流，初衷是加强对监察调查的检察控制，但是结果有违程序配合的基本理性，特别是立法本身亦难有效付诸实践，因为刑事强制措施具备应然的程序延续性。

综上所述，围绕职务犯罪监察调查的侦查属性本质，保持"诉讼阶段"的连贯性、"人案合一"的统一性，其中一方面是配套监察强制措施体系的梯度建构，补充取保候审、监视居住等类似措施；另一方面是沿用侦诉构造中刑事强制措施直接衔接的配合逻辑，例如逮捕衔接留置等，而后通过检察环节的羁押必要性审查进行分流。

二、监察证据到审查起诉证据

监察机关调查职务犯罪，其实就是证据收集、审查和判断的过程，而且移送检察机关审查起诉的案件材料主要是监察证据，证据制度是监察制度与刑事司法衔接的重要环节，①监察证据如何在刑事诉讼中使用是一个亟须阐释的理论问题。② 围绕着以审判为中心的诉讼制度改革，应当充分利用审查起诉过程中的过滤机制作用，激活刑事证据制度的规范、筛选和处罚等功能，推动实现职务犯罪刑事司法证据制度的法治转型。

（一）审查起诉的证据检验功能

基于国家公诉的历史沿革，权力制约与权利保障是制度变迁的价值

---

① 参见纵博：《监察体制改革中的证据制度问题探讨》，载《法学》2018 年第 2 期。

② 参见陈卫东、聂友伦：《职务犯罪监察证据若干问题研究——以〈监察法〉第 33 条为中心》，载《中国人民大学学报》2018 年第 4 期。

导向,要求检察机关客观、公正地履职,坚持以事实为依据和以法律为准绳。其中,审查起诉作为刑事司法过程中的独立环节,一方面采检察机关单独负责的垄断模式,是其法律监督和诉讼监督的重要内容;另一方面以职权主义方式展开,并且不断吸收辩论主义内容,具体承载着侦查监督、案件过滤和启动审判等多重功能,[①]而其中证据审查又是审查起诉的基础工作。首先是从证据审查的内容来看,主要依赖移送检察机关案卷材料的书面审查,但是那些经过"包装"的案卷材料未能全面反映侦查(调查)的客观真实。与《刑事诉讼法》的修正相适应,人民检察院以口头方式审查案件的对象、内容和要求也不断提升,[②]进而确保检察机关全面审查证据。其次是从证据审查的方式来看,主要是围绕证据的合法性、客观性和关联性展开,例如,检察机关工作人员参与复验、复查的事中监督,要求对证据收集合法性作出说明的事后监督等,通过检察机关参与调查取证或公安机关自证合法等方式审查证据的三性要素。最后是从证据审查的结果来看,证据"确实、充分"不仅有利于精准和有效打击犯罪,而且有利于统筹与优化司法资源,是刑事司法过程中的最优情景,但也正是围绕证据"确实、充分"的挑战和质疑,才有了刑事司法的极不稳定和极具活力。针对其中满足证据"确实、充分"要求的是移送法院审判;不满足证据"确实、充分"要求的,一方面是针对实体性争议证据的退回补充侦查,另一方面是程序性瑕疵证据的检察自行侦查,并且设置两次上限以实现惩罚犯罪与保障人权的相对平衡。

(二)证据审查判断的司法标准

标准问题是刑事司法的核心问题,职务犯罪刑事司法实践中监察调

---

① 参见甄贞、孟军:《审查起诉程序研究》,载《法学杂志》2005 年第 4 期。

② 1979 年的《刑事诉讼法》规定,人民检察院审查案件,应当讯问被告人(系后来的犯罪嫌疑人);1996 年的第一次修法,增加了听取被害人和他们的委托人的意见;2012 年的第二次修法,突出了听取辩护人、诉讼代理人的意见,并要求书面意见的应当附卷;2018 年的第三次修法,补充了听取值班律师意见的规定。

查、检察侦查、审查起诉和定罪量刑等都是围绕特定标准展开和推演的。“确实、充分”证据标准贯穿我国职务犯罪刑事司法的全过程,并且贯彻同一性的衡量基准,①是“求真主义”刑事司法的制度表达。其中,监察立法同样确立了“认为犯罪事实清楚,证据确实、充分的”移送标准和起诉标准,只是在由“谁”认为上有所不同。囿于诉讼阶段、职能属性、价值倾向等现实差异,主观认识下的标准实践也有所区别。虽然理论界和实务界一直有建立一种有层次、分梯度证据标准的改革呼声,②但是我国的刑事司法尚且缺乏相应制度的配套体系。围绕我国检察机关审查起诉的理论与实践,起诉法定主义要求证据确实、充分的必要前提。从我国侦查(调查)终结与提起公诉相一致的证据标准来看,核心区别即在于二者的判断主体不同,有学者主张不仅“犯罪事实已经查清,证据确实、充分”应该从一种弱意义上来理解,而且在标准把握上应当比定罪标准宽松,③以呈现刑事司法程序推进的“漏斗原理”。其中,一方面是着眼于证据证明能力而强调据以定案的证据均经法定程序查证属实,审查判断证据收集、固定、运用和保存等是否符合法定程序;另一方面是着眼于证据证明力而要求定罪量刑的事实都有证据证明,重点考察证据与待证事实经验法则、自然意义上的客观联系和相互印证。例如以“综合全案证据”为前提,通过引入自由心证框架下“排除合理怀疑”的证明方法和证据标准,寻求证据链条完整闭合、协调统一的经验分析和逻辑验证。

(三)非法证据排除的程序治理

证据依托事实而存在,本身并无“合法”与“非法”的天然界分,但是

---

① 《刑事诉讼法》第55条第2款规定:“证据确实、充分,应当符合以下条件:(一)定罪量刑的事实都有证据证明;(二)据以定案的证据均经法定程序查证属实;(三)综合全案证据,对所认定事实已排除合理怀疑。”

② 参见郭松、林喜芬:《文本·实践·语境:公诉证据标准的现代性诊断》,载《法制与社会发展》2007年第5期。

③ 参见周洪波:《迈向“合理”的刑事证明 新〈刑事诉讼法〉证据规则的法律解释要义》,载《中外法学》2014年第2期。

作为证据制度重要内容的“非法证据排除”,主要以权力机关的调查证据为适用对象,以实现证据资格问题的后天治理与源头控制,是现代法治国家的普遍要求。围绕权力与权利博弈的核心治理,通过设定刑事司法真实发现的合理边界,一方面是防止非法证据影响理性判断,确保刑事司法的公正性;另一方面是通过规则指引和典型治理,提升刑事司法的公信力。作为程序性制裁的一种典范,非法证据排除规则强调的是以非法方式收集的证据不得作为证据使用,事实发现应当在一种社会公允的制度框架内展开。

从历史上看,作为舶来之品的非法证据排除规则,在我国也经历了从口号宣言到法律文本、从法律文本到规范实践的历史沿革,具体又以排除面向扩大、操作规程细化和实践理性提升等为特质。我国刑事诉讼奉行“实事求是,有错必纠”方针,[①]不仅强调侦查、审查起诉和定罪量刑的“犯罪事实清楚,证据确实、充分”,而且要求侦查、审查起诉和定罪量刑的“非法证据排除”,与国外审判阶段的非法证据排除重点规制相区别。这是因为在我国公检法三机关“互相配合”的宪法框架内,审查起诉作为中间程序和分流环节,其中非法证据排除能够契合侦查机关、公诉机关和审判机关等机关的多样需要,是一种共谋而合的共赢产物,因此《刑事诉讼法》也专门规定了检察机关非法证据排除的职责担当。首先是对侦查机关而言,能够采取替代证据以补证、补充侦查以考证、主动撤案以分流等应对措施,况且证据部分排除也不一定影响证据链条的完整闭合;其次是对公诉机关而言,法律监督的宪法地位决定了其非法证据排除的职责担当,起诉阶段的提前排除也能够有效避免庭审过程的被动受制,进而实现追诉成功的最大化;最后是对审判机关而言,审查起诉阶段非法证据排除不仅有利于法庭审判的连贯性,避免正式庭审中非法证

---

① 参见陈光中、张建伟:《联合国〈公民权利和政治权利国际公约〉与我国刑事诉讼》,载《中国法学》1998 年第 6 期。

据排除的效率低下，而且有利于法庭审判的可控性，缓解司法审判压力。[①] 基于审查起诉阶段非法证据排除的多重功能，侦查机关、公诉机关和审判机关的利益兼顾等，也带来了审查起诉阶段非法证据排除程序的频繁应用和功能异化等问题，进而呈现出一种重证据把关补充而轻证据非法排除的中国特色。

从《监察法》第33条监察证据适用与非法证据排除的规定来看，不仅未作实物证据与言词证据的类型划分，呈现出范围扩大化的适用特征，而且未有排除规范与补正条款的体系配套，表现出标准参照式的认定实践，特别是在执纪、执法和职务犯罪调查的监察合署办公模式之下，证据客观性、合法性和关联性等客观差异，是监察机关非法证据排除的客观难题，[②]而这又更加凸显出职务犯罪案件中审查起诉阶段非法证据排除的意义重大。审查起诉阶段的非法证据排除，一方面是应当围绕《刑事诉讼法》及相关司法解释展开，进行言词证据与实物证据、绝对排除与相对排除的分类处理。其中，对于监察机关采用刑讯逼供等非法方法收集的被调查人供述和采用暴力、威胁等非法方法收集的证人证言，都应当绝对排除。实质化解释"等非法方法"的核心要点即在于把握刑讯逼供、暴力、威胁等行为与自白任意法则的内在张力，而形式化内容即造成被调查人生理上或精神上的痛楚结果。与此同时，对物证、书证的相对排除，要求以调查程序违法和证据影响公正为前提，并且以监察机关补正、作出合理解释，检察机关作出排除决定为先后性应对，强调只有在不能补正、不能作出合理解释情况下的相对排除，遵循一种"重实体、轻程序"的价值导向。其中"不符合法定程序"的程序标准应当既包括监察法定程序，又包括刑事法定程序，并且遵循程序"就高不就低"的权利

---

① 参见吴洪淇：《证据排除抑或证据把关：审查起诉阶段非法证据排除的实证研究》，载《法制与社会发展》2016年第5期。

② 参见秦前红：《我国监察机关的宪法定位　以国家机关相互间的关系为中心》，载《中外法学》2018年第3期。

保障原则。例如监察机关调取、查封、扣押用以证明被调查人涉嫌违法犯罪的财物、文件和电子数据等信息的重要取证工作,就要求符合全程录音录像的法定程序规范,并且只有检察机关认为该证据可能严重影响司法公正,实体上的证据客观性、真实性存在疑问,或者程序上的取证规范性、公正性有瑕疵的,才适用有先后序列的裁量排除。另一方面是进行非法证据排除程序的诉讼化改革,通过公诉主体、调查主体和辩护主体等多方参与,并引入人民监督员的外部监督,确保检察环节证据审查的实质主义。立足于辩护方主动发起、积极参与非法证据排除的现实基点,这就要求犯罪嫌疑人及其辩护律师及时、全面、真实地掌握监察调查程序材料,而这又以监察机关的如实提供为前提。例如,监察机关调查过程中主动排除的刑讯逼供供述,也应当作为案卷材料随案移送,作为公诉主体、辩护主体合理怀疑的有效起点与发现非法取证的关键线索。

三、职务犯罪捕诉合一的转向

在职务犯罪传统的检察侦查构造中,虽然也存在检察一体化视域下侦、捕、诉同体的正当性质疑,但是侦查和起诉部门的内部分离、批准逮捕的上提一级等业务部门分设,旨在最大限度实现职务犯罪案件的检察过程公正。囿于国家监察体制改革背景之下职务犯罪案件的侦查体制改革,形式上呈现出检察机关内设机构减少的表象,并且以机构整合与权能调整为内容,实质上催生检察机关主责主业的理性回归,围绕检察机关国家公诉和法律监督的基本职能展开。因此,检察机关内设机构的适应性改革与检察模式的针对性调整,都可能会直接影响职务犯罪案件的实体公正和程序正当,例如检察机关有限侦查的责任主体、强制措施的运行机制、检察公诉的设置模式等。在中国特色检察制度的改革时期,"捕诉分离"与"捕诉合一"的利弊分析、模式选择一度成为理论界与实务界的焦点话题,[1]但改革方向是检察机关"大部制"调整下的批捕与公诉机构合并,以及相应大刑事检察部的应运而生。其中,地方实践中的"职务犯罪检察部"职能构造也已经表达出"捕诉合一"的改革意蕴,统一办理强制措施、审查起诉、提起公诉和对法院审判活动进行法律监督等,以至于有学者称"就监察委调查案件而言,捕诉合一的诉讼格局已经形成"[2]。

(一)整体授权检察的内部博弈

在检察机关法律监督的国家宪制框架内,《宪法》和《刑事诉讼法》整体性地授权检察机关负责审批逮捕和提起公诉,至于检察机关如何具体展开逮捕、公诉工作则更多的是一个检察实践议题。审查批捕和提起公诉作为刑事程序性措施而典型存在,并且学界普遍性的主张分别以监督职能、司法属性和诉讼职能、行政属性为理论支撑,但是也有学者主张审查批捕实际属于暂时由检察机关代为行使的"司法审查"职能。[3] 尊重和保障人权是现代法治国家的基本特征,针对未决羁押的司法审查更是国际通行惯例,诸如逮捕措施等限制人身自由的国家强制行为一般由法院、法官决定,并且要求围绕诉讼保障、危险预防等基本功能展开,遵循司法控制和司法审查的行为逻辑和慎用理念。基于比较法的经验观察,大多数学者主张将我国刑事司法实践中的审查批捕权交由法院、法官行使,[4]并且通过配套预审法官、治安法官等隔断机制,进一步强化法院审

---

① 参见孙长永:《"捕诉合一"的域外实践及其启示》,载《环球法律评论》2019 年第 5 期;王敏远:《透视"捕诉一体"》,载《环球法律评论》2019 年第 5 期;叶青:《关于"捕诉合一"办案模式的理论反思与实践价值》,载《中国刑事法杂志》2018 年第 4 期。

② 王戬:《检察机关审查起诉与监察委调查案件的程序对接问题》,载《国家检察官学院学报》2018 年第 6 期。

③ 参见陈瑞华:《论检察机关的法律职能》,载《政法论坛》2018 年第 1 期。

④ 参见陈卫东:《我国检察权的反思与重构——以公诉权为核心的分析》,载《法学研究》2002 年第 2 期;刘计划:《逮捕审查制度的中国模式及其改革》,载《法学研究》2012 年第 2 期;陈永生:《逮捕的中国问题与制度应对——以 2012 年刑事诉讼法对逮捕制度的修改为中心》,载《政法论坛》2013 年第 4 期;等等。

查批准逮捕和审判定罪量刑的客观中立，诚然作为一种建设方案而极具导向价值。但检察机关审查批准逮捕的中国模式，其实又是基于侦查起诉分工负责的接力关系、检察机关法律监督的宪法定位、检察机关审查批捕的内生改革等现实国情，很难单独进行检察批捕制度的整体变革。

与我国自1978年以来检察机关的规范复建、机制调整和体制改革等历史性变革相适应，捕诉关系也陷入了一种“合久必分，分久必合”的历史循环，并且这种循环只是检察系统内部的分工调整，并不构成与宪法、刑事诉讼法整体授权的规范冲突，这也表现为法条内容的相对稳定。因为检察机关作为一个系统整体，不仅上下级之间成立领导关系，而且在检察机关内部实行检察长负责制，内部职能的“分”与“合”仅仅具备相对意义上的讨论价值。其中，捕诉分离强调在检察机关内部分设批捕与公诉两大部门，考虑到检察队伍业务水平参差不齐的客观实际，检察机关希望通过环节增设和流程控制以细化专业、强化制约，但是资源重复投入和检察效能低下的问题也日益凸显。现阶段，检察体系内部上下联动的捕诉合一改革，[①]就是将审查批捕部门与检察公诉部门进行资源整合，明确同一主体相对独立和相对完整地开展批捕、起诉等检察工作，具备主体、权力、部门等多重合一的形式特征，有利于推动建设检察机关内设机构类型化、检察团队专业化的整体格局，防止捕后诉前的监督盲区。首先是契合国家大部制改革的整体布局，兼具“宽职能，少机构”检察构造和“多权力，双肩挑”职能合并的外在表象，并且具备“全能型检察官”和“同一办案主体”的典型特征，进而克服权能分散导致的效能低下。因为一方面是“中央提出50人以下的检察院，其内设机构不超过5个，

① 例如，2015年的湖北、广东、海南、吉林四省相继进行检察机关内设机构改革，并且在部分检察院内部实行“捕诉合一”试点；2018年的全国大检察官研讨班上，时任最高人民检察院检察长的张军指出：“总体上，要以案件类别划分、实行捕诉合一，形成完整的、适应司法责任制需求、有助于提高办案质量效率和提升检察官素质能力的内设机构体系。”

而绝大多数基层检察院属于不超过5个内设机构的情形"[①],另一方面是与民事检察、行政检察、公益诉讼等检察职能扩张相适应,最高人民检察院内设机构改革中将民事行政检察厅一分为三,[②]能够对下属检察机关的机构调整产生较强的示范效应,因此整合刑事检察职能具有一定的历史必然性。其次是服务以审判为中心的诉讼格局,有利于激活刑事诉讼机制内的制约机制和强化检察官对于侦查活动的引导。[③] 因为在捕诉分离的职能分立构造中,逮捕和公诉各自为战而引发的办案质量不高、诉讼效能低下和部门内耗摩擦等问题突出,难以发挥检察机关审前主导的预设功能。再次是满足司法责任制的整体要求,而这又是当下司法体制改革的核心内容。同一办案主体模式下的办案责任明确,有利于避免检察机关内部责任分配的混乱和无序,进一步落实"谁办案、谁决定、谁负责"的分配原则,并且能够关联性地强化办案人员责任意识,提升检察环节工作质量。最后是符合司法改革试点先行的根本遵循,试点被视为推动司法改革的重要甚至必备的手段。[④] 捕诉合一模式,一方面是上海、湖北、广东等地的地方性试点,办案时间缩短、检察效率提升和逮捕率明显下降的正向效用显著;[⑤]另一方面是基于未成年人刑事司法、金融和知产犯罪检察等局部性先行,都能够为捕诉合一的制度完善与推广积淀经验。诚然在捕、诉关系总体或"合"或"分"的理论探讨上持续存在争议,但是当前围绕部分合一所达成的基本共识包括:具备未成年人刑事司法政策的特别支持、满足金融和知识产权类案犯罪的办案需求、契合认罪

① 谢小剑:《检察机关"捕诉合一"改革质疑》,载《东方法学》2018年第6期。

② 参见于潇、郭璐璐:《最高检:满足人民群众新需求,民事行政检察厅一分为三》,载正义网,http://news.jcrb.com/jxsw/201901/t20190103_1948935.html。

③ 参见张建伟:《"捕诉合一"的改革是一项危险的抉择?——检察机关"捕诉合一"之利弊分析》,载《中国刑事法杂志》2018年第4期。

④ 参见何挺:《司法改革试点再认识:与实验研究方法的比较与启示》,载《中国法学》2018年第4期。

⑤ 参见步洋洋:《除魅与重构:"捕诉合一"的辩证思考》,载《东方法学》2018年第6期。

认罚从宽公力合作的价值取向,以及适应国家监察体制改革的协同配合等,特别是在职务犯罪案件的监察调查中,如果坚持审查逮捕等强制措施由侦监部门负责,但是监察机关只向公诉部门移送案件,不仅可能导致检察机关内部割裂,还会引发法法衔接不畅等问题。

(二)检察内设机构的条块模型

内设机构是司法职能的具体承载,并且直接呈现于司法办案过程中的组织架构。例如,检察机关自侦、侦监、起诉等流程分化的“条线型”结构,人民法院刑事、民事、行政和执行等职能分设的“条块型”结构,都要求遵循权能属性的基本规律和基础原理,以及保持一定的体系性与融贯性。在全面依法治国的历史演进中,检察机关法定职能与内设机构等阶段性调整、适时性改革,构成了中国特色社会主义检察事业的主要内容。其中,检察机关“条线状”的部门设置又以专业细分和职权扩展为沿革脉络,但也存在失控和失范的管理乱象。鉴于此,需要根据检察实践规律与目标价值进行内设机构改革,以确保检察机关依法、独立、公正与高效行使检察权。主任检察官制度、检察官办案责任制和捕诉合一改革等系列调整,均表现出检察机关专业化办案机制的整体设想,以及从“纵强横弱”的传统模式向“扁平化”“条块型”的现代模式转型。因此,具体探讨职务犯罪检察环节捕诉如何合一的实践展开,需要把握检察管理扁平化与检察业务专业化的总体方向,持续关注反腐效率与司法公正、惩罚犯罪与保障人权、程序控制与权利救济等基本命题。在职务犯罪职能管辖的二元构造中,捕诉合一改革其实就是检察机关在探索案件类型化、办案专业化过程中的有效尝试。

一方面是针对监察调查职务犯罪案件的移送检察,规定由检察机关依照刑事诉讼法和监察法进行审查,而其本质上是一种“事后纠错型”的综合审查,具体包括监察程序与刑事程序、监察证据与刑事证据等内容,背后更是配合思维、制约思维、程序思维和法治思维等的宏观交错,亟须检察环节的专业化以配套监察调查的专业化,例如“专人办专案”模式。这就要求监察调查措施转换刑事强制措施，是否诉至法院，以及是否采取逮捕措施等都由同一个检察官、检察官办案组全权负责，并且符合最高人民检察院第三检察厅的职能涵盖。这也与普通刑事犯罪案件中逮捕措施由公安申请与检察审批的流程衔接相区别，并呈现出捕诉合一工作机制上的具体差异。首先是诉讼阶段上的差异，普通犯罪案件中逮捕措施的审批在侦查阶段，遵循依申请启动的行为逻辑，具体列举了书面申请、案卷移送、同级审查等程式要求，并且在结果上只存在批准逮捕与不批准逮捕的检察决定。监察移送案件中逮捕措施的决定在审查起诉阶段，遵循依职权启动的行为逻辑，主要依据监察机关的调查移送材料，并且可以同时决定适用取保候审、监视居住等多元刑事强制措施。其次是捕诉时序上的差异，普通犯罪案件中往往先有逮捕审批，再有审查起诉，具体由审查批捕的检察官审查起诉；监察移送案件中只可能先有审查起诉，再有逮捕批准，与之对应的是由审查起诉的检察官审查批捕，而且犯罪嫌疑人很可能已经遭受过长时间的人身自由限制（监察留置），检察机关决定逮捕作为续行强制措施的斟酌余地不大，[①]这些都决定了检察办案人员介入具体个案时序节点和思维模式上的差异。最后是逮捕程序上的差异，例如普通犯罪案件中检察机关审查批准逮捕，“侦查活动可能有重大违法行为的”应当讯问犯罪嫌疑人，但是监察移送案件中检察机关决定是否逮捕，暂时无法适用“调查活动可能存在重大违法行为的”应当讯问犯罪嫌疑人的规定。其实，在未来监察强制措施体系的梯度建构以及侦诉关系视角下承接式的监检构造框架内，要求遵循逮捕衔接留置措施的基本逻辑，而且检察机关审查批准逮捕措施本质上是一种后阶性的羁押必要性审查，是通过降低羁押率而践行人权保障的程序控制。

另一方面是针对检察侦查职务犯罪案件的移送起诉，在侦诉分离“分工负责”的国家权力结构中，具体以犯罪侦查与审查起诉的部门分设

---

① 参见龙宗智：《检察机关内部机构及功能设置研究》，载《法学家》2018 年第 1 期。

为前提。例如,在最高人民检察院内部就分别规定由第五检察厅、第一检察厅具体负责职务犯罪部分保留的立案侦查与审查起诉,并且要求后者同时进行审查逮捕工作。强调检察机关职务犯罪案件办理过程中的侦诉分离,是因为我国秉持"检警分隶"分工与制约的一般逻辑,而审查逮捕作为一种程序性裁判活动,实际又以诉讼保障为功能导向。但是,针对检察机关保留部分职务犯罪的立案侦查,司法解释新设一种"市级检察机关立案侦查、多元检察机关审查起诉"的工作机制,①而这又与捕诉合一的办案机制相悖离,以及与中级人民法院一审管辖"危害国家安全、恐怖活动案件;可能判处无期徒刑、死刑的案件"等既定规范相冲突,因此有学者主张通过细化级别管辖,建立上级指导下的职务犯罪侦查案件捕诉一体机制。② 在捕诉合一的基本模式之下,审查起诉机关负责审查批准逮捕,核心指向应当是坚持"司法中立审查"原则下的逮捕诉讼化构造,通过审查逮捕"准司法证明"机制的层次性构建,③逐步推进书面审查方式向言词审查方式的整体转型。不仅要求建立审查逮捕的听证程序,形成申请方、辩护方和裁决方多主体参与的准司法结构,通过强化人民监督员的外部监督,④提升审查批准逮捕决定的公信力;而且要求配套科学合理的逮捕责任,严格区分实体性错捕和程序性错捕、有错型错捕和无错型错捕等责任体系,以及进一步反思捕后起诉率、捕后判决率等关联指标的科学性与合理性。因为在我国刑事司法"分段负责"和"权责

---

① 参见《关于人民检察院立案侦查司法工作人员相关职务犯罪案件若干问题的规定》第 2 条"级别管辖和侦查部门"的规定。

② 参见邓思清:《捕诉一体的实践与发展》,载《环球法律评论》2019 年第 5 期。

③ 参见杨依:《我国审查逮捕程序中的"准司法证明"——兼论"捕诉合一"的改革保障》,载《东方法学》2018 年第 6 期。

④ 因为人民监督员制度的创设初衷就是加强公众对检察机关自侦工作的监督,是社会公众参与和监督司法的重要形式。虽然国家监察体制改革带来的是检察机关自侦案件的数量减少,但是如何强化人民监督员有效和实质的参与,已经成为新时代人民监督员制度转型与升级的基本方向。例如,在捕诉合一的基本模式之下,引入人民监督员外部参与的逮捕与起诉质效评价。

一致”的责任体系之下，捕、诉职能的合一也叠加了错捕、错诉的责任负担，有利于倒逼检察官审慎、公正用权，而这又以检察机关科学、合理的业绩考核制度为前提。

（三）捕诉合一改革的制度体系

党的十八大以来，新时代社会主义司法体制“四梁八柱”的整体框架已基本确立，深化司法体制综合配套改革已成为未来的工作重心和主要抓手。捕诉合一改革虽然只是检察系统内部的功能性调整，但同样离不开系统内部关联要素的配套支撑，并且要求围绕权利与权力的两大核心要素展开。回归检察机关具体办案的个案实践，例如办案时间管理、思维模式转换以及检察程序构造等，诚然都只是作为辅助框架的配套措施，但是往往能够决定捕诉合一改革的生命力与实现性。

首先是办案时间管理，其背后是司法资源的整体分配。因为基于逮捕措施程序保障型和审查起诉程序推进型的功能差异，这也决定了具体检察行为当中证据审查、事实认定、定罪量刑等关切不同。其中，前者是一种面向未来的社会危险性审查，而后者是一种面向过去的定罪可能性审查，检察机关相应捕、诉工作所要求的时间、精力也不尽相同。从《刑事诉讼法》的规定来看，审查逮捕期限相对紧迫，审查起诉期限相对宽松，但是捕诉合一改革可能会导致办案时间分配的混乱。因此，在检察机关审查起诉期限统一适用“1 个月 +15 日”的模式之下，一方面是检察机关自侦案件中遵循逮捕审查期限“14 日 +3 日”的组合，但是会与侦查过程中的办案期限重合，进而能够确保检察机关办案时间的逻辑自洽；另一方面是监察机关移送案件中遵循逮捕审查期限“10 日 +3 日”的组合，虽然不会计入审查起诉期限，但客观上产生审查起诉期限延长的法律效果，并且带来了此类先行拘留期限的法律定位难题。因为在《宪法》“人身自由不受侵犯”和《刑事诉讼法》“尊重和保障人权”的规范前提下，只能通过全国人民代表大会常务委员会决定的方式创设羁押期限，应急性立法的正当性和合理性等问题都有待进一步的思考与论证。职务犯罪案件中捕诉合一的时间管理,要求根据不同类型案件中“先捕后诉”与“先诉后捕”的逻辑关系,遵循审查起诉事实层面“1 个月 +15 日”和“10 日 +3 日 +1 个月 +15 日”的时间分配,并且呈现在随案移送的案卷材料中。

其次是思维模式转换,背后是证明标准的层次差异。因为在捕诉合一改革中,比较集中性的质疑就是可能导致不当拔高逮捕证明标准,[①]以及混淆逮捕与公诉的证明标准,要么导致逮捕的标准居高不下,要么导致公诉标准的降低,[②]进而加剧“够罪即捕、一捕到底”的恶性循环,而这又以实践中的程序混同为前提。但是从基础法理来看,检察机关内设机构的捕诉合一改革,显然只是部门合一和主体合一,并非阶段合一和职能合一,捕、诉仍然是两道独立的法律程序,要求检察办案人员逮捕和公诉的两种思维模式,[③]以及把握逮捕证明与公诉证明的层次差异。因此,一方面是从思维模式来看,作为诉讼保障型程序措施的逮捕,是以人身自由限制为表象和以社会危险性衡量为标准的,但也客观存在案件审查、期限规范、权利救济不充分等难题。慎用逮捕措施和完善替代措施一直是我国逮捕制度改革的基本方向,核心要义就是树立以逮捕措施控制性和程序性为主的思维模式,避免检察机关适用逮捕措施时“构罪即捕”的实体化倾向。在以程序性和实体性为具体内容的“防漏纠错”审查起诉结构中,补充调查、补充侦查等为了满足“犯罪事实清楚,证据确实、充分”的实体要求,而且“构罪即诉”的进攻性是审查起诉的本质属性,检

---

① 参见谢小剑:《以审判为中心改革中的统一证明标准:学术争辩与理论反思》,载《当代法学》2019 年第 5 期。

② 参见王勇、闵钐:《捕诉合一的实践与思考——以江苏省苏州市苏州工业园区检察院办案数据为基础》,载《人民检察》2018 年第 12 期。

③ 同一主体下的两种思维本身并不存在悖论,因为“法律运作,特别是司法运作的方式、程序决定了法律思维方式、方法和途径”。参见郝建设:《法律逻辑学的研究对象、特征与功能》,载《政法论丛》2005 年第 5 期。

察人员普遍存在“重实体、轻程序”的执法理念，而我们所倡导的是一种“实体与程序并重”的司法理念。另一方面是从证明要求来看，虽然《刑事诉讼法》在规范层面确立了侦查终结、审查起诉和定罪量刑相一致的证据标准，但是囿于审前程序构造中典型司法证明机制的阙如，其证据标准并不属于严格意义上的证明标准范畴，[①]况且侦、诉、审等程序推演中事实性趋严的证明标准有所不同。因此，有学者提出审查起诉阶段检察机关单方面证据审查的“证明准备”法律定性，[②]既能满足审前阶段“案件查明”的事实要求，又能实现审判阶段“自我证成”的公诉准备。通过立法模式限权是成文法国家的基本经验，刑事立法也是通过授权性规范来控制逮捕适用，明确列举了事实、刑罚和社会危险性要件等证明对象。其中，基于刑事立案中“有犯罪事实”的证据证明不仅低于公诉要求，[③]“不足以防止发生下列社会危险性”也只是一种面向未来可能性的不确定预测。虽然以客观事实和法律认知基础上的证据证明和迹象表明为前提，但也绝不可能满足“证据确实、充分”的公诉要求，并且允许存在一定程度的“合理怀疑”。基于比较借鉴与本土构造的双重考察，这种逮捕环节证明标准低于审查起诉证明标准的制度设计，不仅适应刑事司法程序推进的阶段性特征，而且符合主体认知过程的渐进性规律，具备一定的制度合理性。

最后是检察程序构造，背后是捕诉职能的实践图景。在捕诉合一“形合而实分”的阶段独立中，应当立足于检察机关基本职能整合与优化的宏观审视，着眼于作为捕、诉职能实现方式的检察程序构造。其中，无

① 参见陈瑞华：《刑事诉讼中的证明标准》，载《苏州大学学报（哲学社会科学版）》2013年第3期。

② 参见谢澍：《论刑事证明标准之实质递进性——“以审判为中心”语境下的分析》，载《法商研究》2017年第3期。

③ 在德国，逮捕的证明要求也只是“高度的可能性（即具有很高的定罪可能性）”，旨在防止将审前羁押建立在薄弱的或不可靠的有罪证据基础上。参见［德］托马斯·魏根特：《德国刑事诉讼法》，岳礼玲、温小洁译，中国政法大学出版社2004年版，第96页。

论是“捕诉分立”还是“捕诉合一”，核心焦点都在于检察机关批准决定逮捕的实践模式。比较而言，诸如逮捕、羁押等限制人身自由的侦查行为，不仅需要司法机关的主体参与，而且强调司法审查的方式控制。但是考虑到我国刑事司法的特殊体制以及现实条件限制，目前只能在检察机关审查逮捕的框架内考虑审查逮捕程序的“相对合理”问题，而其可能路径即“适度司法化”。[①] 例如，自2016年以来，检察机关逮捕审查诉讼运行机制的改革探索，消解了传统逮捕审查过程中单方参与、案卷依赖和书面审查的行政化倾向。审查逮捕的司法审查模式，就是要求检察主体“两造兼听”基础上的亲历性审查、互动性论证和中立性判断，而这本身也符合现行立法规范的制度框架，但关键在于“可以”和“应当”讯问、听取，审查和批捕二分结构的制度实践。[②] 例如，在监察机关移送审查起诉的职务犯罪案件中，一方面是将“可以”讯问、听取扩大解释为“应当”讯问、听取，通过一种多元主体参与的类庭审结构，克服监察调查绝对封闭的过程瑕疵；另一方面是下放检察主体相对独立的审查权与批准权，确保其自由心证的统一性和完整性。与此同时，适当借鉴审判程序加以诉讼化改造也是近年来审查起诉改革的重大调整，允许侦查方、被害方与辩护方深度参与适当对抗，检察机关作为裁判一方在侦查结论与辩护主张之间进行权衡与裁决，[③]而这也应成为职务犯罪案件审查起诉程序正当和结构合理的支撑路径。例如，融合内在、功利和效益三重价值，发源于基层检察机关自发性制度创新的刑事诉前会议制度，就是以召开听

---

① 参见龙宗智：《检察机关办案方式的适度司法化改革》，载《法学研究》2013年第1期。

② 《刑事诉讼法》第89条规定：“人民检察院审查批准逮捕犯罪嫌疑人由检察长决定……”这种审查与决定二元分离的立法规范旨在层控把关、少捕慎捕，但是也会带来“审查主体不决定、决定主体不审查”的脱节和虚化。检察官办案负责制背景下，逐步开始尝试审查与决定的合一模式，例如《上海市各级人民检察院检察官权力清单（2015年版）》规定，基层检察院的普通刑事犯罪案件的批准逮捕，为检察官决定（行使）的职权。

③ 参见卞建林、李晶：《宽严相济刑事政策下的公诉制度改革若干问题》，载《人民检察》2009年第11期。

证会议为形式，通过引导侦查机关、犯罪嫌疑人、辩护人、被害人及诉讼代理人等多方主体参与，形成有限的诉辩对抗，以确保公诉正义以一种看得见的方式得到实现。综上所述，在审查逮捕诉讼化、审查起诉司法化的制度转向中：一方面是针对监察移送案件，要求建立审查逮捕的强制讯问和强制听取制度，并且可以延伸展开审查起诉工作，只是批捕与否的决定要在特定期限内率先作出，这与法庭审判过程中的程序审查优先设计相似。另一方面是针对检察侦查案件，先捕后诉的衔接逻辑决定了诉讼化审查方式之间的相互独立，但是逮捕审查过程中的法律认定具有一般意义上的延续性，而且要求保持“两造对抗”激烈程度上的进阶性。

权利干预是刑事司法的重要表征，在“尊重和保障人权”宪法原则和司法理念指导之下，一方面是司法可救济性的属性要求越发强烈，并且贯穿侦查、起诉、审判、执行等全流程；另一方面是全面、及时和有效的救济供给不足，司法过程当中的实体性、程序性权利救济制度也亟须完善。基于规范文本的教义分析，审批逮捕、审查起诉制度设计当中的救济程序相对匮乏，但是考虑到检察机关捕诉合一办案模式所造成的主体集权客观事实，以及检察过程当中侵权可能相应扩大，有学者就主张“在审查逮捕程序中，应当赋予被追诉方在不服逮捕决定时向检察机关提出复议和复核的权利。在审查起诉阶段，如果对起诉的决定不服，被追诉人也应当享有向上一级检察机关申诉的权利”①。除此以外，还可以通过激活捕、诉过程中的检察人员回避制度和律师辩护制度等，进一步提升检察环节的权利救济质效。其中，前者是因为检察人员作为国家机关工作人员，很有可能会与职务犯罪涉案主体存在交互关联，应当扩大解释法定回避当中的“利害关系”和“其他关系”条款；后者是基于法律服务市场的逐利性特征，职务犯罪案件中律师参与的积极性相对较高，其辩护意见也应得到充分尊重和有效回应。

---

① 洪浩：《我国“捕诉合一”模式的正当性及其限度》，载《中国刑事法杂志》2018 年第 4 期。

四、法律监督宪制职能的实践

基于检察机关是国家法律监督机关的宪法定位，围绕如何展开对法律的有效监督也是检察改革的基本主线，并且呈现出权力扩张与面向延伸的发展态势，虽然期间也一直伴有削弱法律监督的质疑。抛开检察机关的法律监督属性、机理、功能等理论纷争，中国特色检察制度法律监督的实践反馈整体上也是“利大于弊”，在法治国家建设中扮演重要角色。结合现代国家立法、行政、司法与监察等职能分离，以及中国特色人民代表大会制度的政治制度，“法律监督”是一种源于宪法、位列人大监督之下的宪制职能，[①]而“办案中监督、监督中办案”以法律实施层面的行政检察监督和司法检察监督等为对象，但是监察检察监督的正当性与合理性也有待进一步论证。其中，前者主要是指检察机关针对行政机关（法律、法规授权组织）公共行政过程中的违法行为等，通过采取检察建议、提起诉讼等方式规范执法，后者主要是指检察机关针对司法机关（刑事、民事和行政）多元司法过程中的违法行为等，通过采取检察抗诉、纠正意见等方式纠正违法，职务犯罪侦查权也构成了检察机关对司法机关等权力监督的重要内容。基于检察机关刑事司法体系中的枢纽地位，对刑事司法过程的诉讼监督始终是法律监督的重点，[②]特别是职务犯罪刑事司法过程中的法律监督备受关注，具体又以审判中心视域下的审前、审判和执行为基本场域。

（一）审前程序监督的有效追诉

借鉴苏联刑事法制，根据参与主体、行为方式、直接任务和总结文件等不同，立案、侦查、起诉、审判和执行等构成了我国传统刑事司法

---

① 参见秦前红：《两种“法律监督”的概念分野与行政检察监督之归位》，载《东方法学》2018 年第 1 期。

② 参见李建明：《强制性侦查措施的法律规制与法律监督》，载《法学研究》2011 年第 4 期。

阶段分设的普遍遵循,并且与审判中心主义相对立。围绕以审判为中心的诉讼制度改革展开,即强调包括立案阶段、侦查阶段、起诉阶段并列向审前程序合并的转向。以公诉为龙头、以审判为准备的审前程序,法律监督是职务犯罪案件公诉质效提升的前提要件。其中,检察机关审前程序法律监督的基本立场应当是客观公正,行为方式应当是积极主动,总体目标则是公正与效率的双重兼顾。

首先是针对职务犯罪案件的立案监督。发轫于1996年《刑事诉讼法》的刑事立案监督制度,是指检察机关对刑事立案行为的合法性、及时性和有效性等展开的法律监督,一方面要保持刑事司法的谦抑性,防止"以刑代罚"的立案乱作为;另一方面要强调刑事司法的有效性,避免"以罚代刑"的立案不作为。例如,自国家监察体制改革以来,党纪政务处分数量增多成为一种新常态,进入公诉阶段的职务犯罪案件数量相对减少。[①]《刑事诉讼法》第131条规定了检察机关对于公安机关立案侦查的法律监督,这一问题又可以通过刑事立法论理解释框架内的体系解释、目的解释和扩张解释等进行处理,[②]法律监督应然性地适用于职务犯罪案件的立案侦查。[③] 在职务犯罪监察立案与调查的改革背景之下,检察机关的法律监督能否适用监察立案存在争议:反对者通过监察机关的政治机关属性、监察立案的双选要件特征,以及监察权力的独立行使结构等反对法律监督,而支持者通过立案监督的目的解释立场、刑事司法的逻辑自恰要求,以及以罚代刑的监察实践异化等支持法律监督。其实早在国家监察体制改革试点初期,北京市三级检察院成立的职务犯罪检察部就已经对监察调查的案件进行立案审查,不是对监察机关

① 参见马松建、刘昊天:《纪法衔接与特定情形职务犯罪非罪化处置》,载《中州学刊》2023年第7期。

② 参见汪海燕:《刑事诉讼法解释论纲》,载《清华法学》2013年第6期。

③ 职务犯罪案件立案监督的实践展开,参见石少侠主编:《晋升高级检察官培训教程》(修订版),中国检察出版社2006年版,第458页。

调查终结移送起诉进行审查,而是调查终结前立案阶段的审查。[①] 在监察机关完全封闭、独立调查的权力架构中,解决其中“有案不立”的以罚代刑问题,一方面是激活被害人、同案人的检察举报制度,另一方面是引入职务犯罪监察调查的检察提前介入机制,进一步提升监察反腐的公信力和权威性。其中,区别于检察提前介入侦查的“公诉准备说”和“法律监督论”,“监察独立说”构成了检察提前介入监察的基本理据。

其次是针对职务犯罪案件的侦查(调查)监督。以国家机器为依托的犯罪侦查,具备技术性、秘密性、强制性等运行特征,[②]侦查失范也被认为是冤假错案的“元凶”,检察机关法律监督是我国侦查权控制的主要方式,[③]具体表现为不批捕、不起诉、追加逮捕、追加起诉和纠正违法等检察决策。在传统职务犯罪检察侦查的制度框架内,检察机关“自侦自监”的权能构造又决定了侦查监督的特殊性,例如审查批准逮捕的上提一级、人民监督员参与的外部监督等,以期推进客观公正价值立场的基本遵循。国家监察体制改革关联性地触动法律监督调整,在未来职务犯罪案件监察调查与检察侦查的二分结构中,前者以能否、如何监督监察调查为内容,后者以调整、优化检察侦查为关切。其中,一方面是坚持职务犯罪监察调查侦查属性的属性特征,检察机关的法律监督必要且正当,不仅有利于克服监察刑事调查权的结构失衡,而且有利于消解传统侦查自侦自监的法治质疑。考虑到严格限制留置措施的控权性、逮捕衔接留置措施的延续性,以及检察机关提前介入监察调查的可能性,[④]亟须建立一

---

① 参见吴建雄:《国家监察体制改革背景下职务犯罪检察职能定位与机构设置》,载《国家行政学院学报》2018 年第 1 期。

② 参见左卫民、赵开年:《侦查监督制度的考察与反思——一种基于实证的研究》,载《现代法学》2006 年第 6 期。

③ 参见陈卫东、李奋飞:《论侦查权的司法控制》,载《政法论坛》2000 年第 6 期。

④ 例如,《国家监察委员会与最高人民检察院办理职务犯罪案件工作衔接办法》第二章专门规定“最高人民检察院提前介入工作”,其中“重大、疑难、复杂案件”的事实前提就与留置要件“涉及案情重大、复杂的”高度重合,但是与检察机关提前介入普通刑事案件中的检察中心主义相区别,监察机关书面商情模式背后又是监察中心主义。

种针对留置措施的检察审查机制,围绕监察留置措施的正当性、合法性和必要性展开动态审查。另一方面是遵循职务犯罪检察侦查法律监督的基本规律,《关于人民检察院立案侦查司法工作人员相关职务犯罪若干问题的规定》已经明确了立案侦查决定权上提至市级人民检察院,由此将产生审查批准逮捕事实层面上提一级的法律效果,进而逮捕犯罪嫌疑人只需要市级检察机关刑事检察部门的审查和检察长或者检察委员会的决定。①

最后是针对职务犯罪案件的起诉监督。考虑到审查起诉与法律监督的同体性,检察机关法律监督多聚焦于公安与法院的权力实践,审查起诉不仅被当作检察机关法律监督的有效方式,而且被设计在法律监督的范围之外。其实从法律监督"确保法律正确统一实施"的立法本旨来看,审查起诉的法律实施也应接受法律监督,而且不起诉决定方式本身已经表达了法律监督职能。在中国,虽然审查起诉具备与案件侦查有关(审核、监督、补正)、与案件处理有关(实体、程序、起诉),以及与程序自恰有关(非排、参与、裁断)等多重功能,②但又因为其中程序面向的"诉"与"不诉"二分机制,审查起诉的法律监督围绕行为方式、起诉决定展开。检察机关审查起诉职务犯罪案件,辩护律师有权查阅、摘抄和复制案件材料等,对于检察机关工作人员的阻挠行为,不仅明确了辩护律师申诉、控告的权利,而且规定了检察机关处理、反馈的义务。检察机关"自诉自监"的身份重合和"支持公诉"的追诉职能,决定了"诉"与"不诉"法律监督上的实践偏差,一方面是起诉决定与公诉目标相符,并且具备较之法院审判、律师辩护等一致对外性,法律监督旨在提升公诉质量;另一方面是不诉决定与追诉职能相悖,防止起诉环节的

---

① 参见王建平、高翼飞:《〈关于人民检察院立案侦查司法工作人员相关职务犯罪若干问题的规定〉理解与适用》,载《人民检察》2019 年第 4 期。

② 参见陈海锋:《刑事审查起诉程序功能的重构》,载《政治与法律》2015 年第 5 期。

轻纵犯罪是法律监督的重要内容。例如,市级检察机关立案侦查职务犯罪,交由有管辖权的检察机关审查起诉,其中拟作撤销、不起诉决定的案件,就要求上一级检察机关的审查批准。

(二)审判程序监督的司法公正

依法独立行使审判权是国际社会法治文明的普遍规律,与之相对应的是抑制审判权滥用、防止专横性司法的共治型难题。例如,在奉行当事人主义的英美法系国家是陪审制审判模式、对抗化诉讼构造和自由式辩护制度等;而在奉行职权主义的大陆法系国家是成文性规范机制、多元化监督模式和内部式分权制衡等,背后又是世界各国检察机关所呈现出的监督职能趋同性、相似性,[①]分别以保障法院独立行使审判权为内容,但是旨在确保审判权行使的审慎、谦抑与克制。在中国,审判程序监督是检察机关法律监督的重要内容,是法院司法正义实现的有效保障,特别是社会公众已经将职务犯罪作为检验司法公正的参照系。[②] 虽然一直伴有检察机关“控诉职能”与“监督职能”的角色冲突等法治危机,但是司法实践中的审判监督亦保持着持续性的进步与完善。基于刑事诉讼法的规范文本分析,检察机关审判监督的基本方式主要包括提出“纠正意见”、“检察抗诉”和“审判人员职务犯罪侦查”三种。

第一,针对法院违反法定程序的审判行为提出纠正意见,是检察建议权的基本内容。不仅明确了人民检察院的监督主体地位,而且强调了人民法院的监督对象身份,淡化公诉人、审判者角色等旨在表明其作为控诉和审判程序外的独立行为,特别是基于控诉职能与监督职能适当分离的检察改革面向。[③] 检察机关庭后提交纠正违法通知书的行为方式,

---

① 参见朱孝清:《中国检察制度的几个问题》,载《中国法学》2007 年第 2 期。

② 参见于志刚:《单一数额犯的司法尴尬与调和思路——以〈刑法修正案(九)〉为切入点的分析》,载《法律适用》2016 年第 3 期。

③ 参见龙宗智:《中国法语境中的检察官客观义务》,载《法学研究》2009 年第 4 期。

与被告人及其辩护人法庭审理过程中的程序异议相区别，一方面以法院程序违法为要件，是基于检察机关的单方发现，实践中也多依赖公诉检察官的信息提供；[①]另一方面以法院纠正为结果，并且强调人民法院过程当中的独立审查，这就决定了其“弱势建议”的效力属性。与职能管辖中调查与侦查二分模式、审查起诉中诉捕与捕诉承接体例相区别，国家监察体制改革至少未在形式层面破坏职务犯罪案件法院审判的程序构造。因此检察机关提出纠正意见能够保持一定的延续性，为了保持与检察抗诉制度的独立适用，纠正意见主要围绕职务犯罪案件审理过程中的一般性行为不当和轻微型程序违法。

第二，针对法院判决、裁定“确有错误”的检察抗诉，是中国法语境下法律监督的重要方式。2017 年 1 月 14 日，时任最高人民检察院检察长的曹建明同志在全国检察长会议上强调：“构建以抗诉为中心的刑事审判监督格局，坚决纠正定罪不当、量刑严重失衡、审判程序违法等问题。”根据判决、裁定法律效力的不同，《刑事诉讼法》第 228 条和第 254 条分别作出了“二审抗诉”和“再审抗诉”的基本分类，以及与之相适应的抗诉和提出再审检察建议的实践模式，但是其与被告人上诉的制度分设、程序分离也被认为有违程序平等要求，[②]重抗诉、轻上诉的制度缺陷、实践偏差等有待矫正。显然，抗诉制度与审判权威存在天然冲突，“慎用抗诉”也是我国刑事司法的基本理念，围绕《刑事诉讼法》“确有错误”的立法展开，最高人民检察院也从实体、程序、罪名、量刑、执行等方面明确规范检察抗诉工作。比较来看，一方面是职务犯罪案件量刑的轻

---

① 2019 年的《人民检察院刑事诉讼规则》第 546 条规定：“出席法庭的检察官发现人民法院或者审判人员审理强制医疗案件违反法律规定的诉讼程序，应当记录在案，并在休庭后及时向检察长报告，由人民检察院在庭审后向人民法院提出纠正意见。”

② 例如，在二审法院应当组成合议庭开庭审理的要件中，人民检察院抗诉的案件必须开庭；但是被告人上诉的案件，不仅要求对一审认定的事实、证据有异议，而且要求可能影响定罪量刑。

刑化特征明显，[①]另一方面是职务犯罪案件判决的抗诉仍然是一个薄弱环节。[②] 鉴于此，未来职务犯罪案件法院审判的抗诉监督，一方面要持续关注量刑不公问题，防止轻刑化、重刑化的两类极端，特别是要避免国家监察体制改革引发的矫枉过正；另一方面要重点关注程序不当问题，围绕现阶段职务犯罪案件监察调查实践中对称和交错混合管辖的模式展开。

第三，针对审判人员职务犯罪的立案侦查，是增强检察监督刚性的重要保障。与检察机关提出纠正意见、抗诉等柔性监督中的外部权力依赖、“案中案”模式不同，检察机关立案侦查职务犯罪的刚性监督具备内部权力涵盖、“案外案”模式的组织特征，并且有利于克服国家监察体制改革背景下检察机关法律监督的疲软。传统观点认为：检察机关的职务犯罪侦查，构成了其法律监督的基本形式和主体内容，[③]但是也有观点认为其名不副实、不合逻辑，甚至理论上难以自圆其说，因为“针对的并非法院的审判过程与审判结果”[④]。但是，围绕检察机关职务犯罪侦查权的整体剥离和有限保留，未来立案侦查审判人员的职务犯罪：一方面要满足“人民检察院在对诉讼活动实行法律监督中发现”的形式要求，其中就包括对职务犯罪案件刑事审判的法律监督中发现；另一方面要符合“利用职权实施的侵犯公民权利、损害司法公正的犯罪”的实质要求，而这又是基于审判过程与审判结果的审查判断，是职务犯罪案件司法正义实现的有效保障。

---

① 参见兰志伟、郑东：《职务犯罪轻刑化问题研究》，载《河北法学》2011 年第 12 期。

② 参见王军等：《刑事抗诉工作问题与对策研究》，载《人民检察》2006 年第 12 期。

③ 参见孙谦：《中国的检察改革》，载《法学研究》2003 年第 6 期；张智辉：《中国特色检察制度的理论探索——检察基础理论研究 30 年述评》，载《中国法学》2009 年第 3 期；卞建林、许慧君：《论刑事诉讼中检察机关的职权配置》，载《中国刑事法杂志》2015 年第 1 期。

④ 刘计划：《检察机关刑事审判监督职能解构》，载《中国法学》2012 年第 5 期。

（三）执行程序监督的裁判维护

执行作为司法的末梢环节，直接关乎法律尊严与司法权威，是“让人民群众在每一个司法案件中感受到公平正义”的重要内容，但是当前“执行难”和“执行乱”损害司法公信力的问题严重，特别表现为失信人员标签化的老赖现象、执行人员塌方式的腐败问题等。[①] 囿于民事执行与刑事执行在对象、内容和规范等方面的不同，前者强调权利救济，以及平等主体的法益实现，利益主体的参与度相对较高；而后者强调刑罚惩治，以及国家秩序的整体维护，社会公众的关注度相对较低。[②] 如何确保刑事裁判的有效执行，是国际社会的共治性难题，但是赋予检察机关监督裁判执行权又是趋同性选择。例如，作为第一个有关检察官的国际性法律文件——联合国《关于检察官作用的准则》第 11 条就集中规定了检察官在刑事诉讼中的职权，其中就包括“监督法院判决的执行”。

在我国，裁判执行监督是检察机关的重要职能，是裁判效力维护的必然要求。一方面，刑事判决、裁定的安定性、威严性有赖于刑罚执行，毕竟裁判的生命在于执行；另一方面，刑事执行的公权力强制性、过程易变性特征，带来了滥用自由裁量权的法治风险，加强对其的检察监督更是意义重大。与检察制度的历史沿革相适应，刑事执行监督在我国也经历了起步、发展、中断、恢复与转型等变革，并且在法治基础、服务大局、工作理念、责任定位、监督体制和监督方式等方面呈现出亮点，[③]监所检察部门和巡回检察方式等更标志着刑事执行检察监督的最新进展。职

---

① 例如，松原市监察委员会 2018 年 7 月 25 日发布的时任乾安县人民法院执行局局长的姚永德、执行监督庭庭长的徐玖春、民一庭庭长的张永民、审判员王清江的“塌方式腐败”。

② 参见《最高检官员：减刑假释漏洞突出表现在有权有钱人身上》，载环球网 2015 年 2 月 9 日，https://society.huanqiu.com/article/9CaKrnJHE7p；斯伟江：《贪腐高官为何减刑、假释多？》，载财新网，http://opinion.caixin.com/2013-02-21/100492866.html。

③ 参见周伟：《刑事执行检察：监所检察理论与实践的发展》，载《国家检察官学院学报》2013 年第 4 期。

务犯罪案件中的执行程序监督，应当关注监狱执行、减刑假释等重点领域，既要防止刑罚执行过程中的侵犯人权，又要避免刑罚变更过程中的显失公正。

一方面是针对监狱执行的检察监督，主要围绕监狱管理人员的执法行为。封闭性和高压性是监狱管理的基本特征，这也引发了权利侵害的高风险性，例如美国关塔那摩监狱的暴力事件，[①]德国萨利纳摩监狱的虐囚丑闻等。[②] 在便利性监督价值引导之下，常态化的派驻检察监督模式是检察机关监督监狱执行的传统方式。除直辖市外，派出检察院一般由省辖市（自治州）人民检察院派出；派驻检察人员每月派驻检察时间不得少于16个工作日；采取派驻人员通过现场监督、监狱日志、体检报告等主动发现，和被监管人及其近亲属、法定代理人的控告、举报和申诉等被动接受相结合的监督机制，但是这种相对固定的监督模式也逐渐暴露出了实践中的"因熟生腐"和"因熟生懒"危机。以监督独立性为价值追求，动态化的巡回检察监督模式旨在防止派驻检察监督模式中的僵化，并且自2018年6月起在8个省市区检察机关开展对监狱实行巡回检察的试点工作。巡回检察监督模式，就是将原来分散派驻在各监狱的检察人员集中起来，组成若干个巡回检察办案组，实行不固定人员、不固定监狱、不固定时间的巡回检察，[③]但是考虑到这种"不固定"巡回检察本身的不确定性，从巡回检察监督模式的试点来看，其并不是一种完全取代派驻检察监督模式的重构，而是一种派驻与巡回相结合的完善。未来围绕这样一种相辅相成的有效检察监督实践，不仅能够维系"派驻"的便利性，而且能够巩固"巡回"的独立性。职务犯罪案件监狱执行中的检察监督，应当充分发挥派驻与巡回相结合的合力优势，具体围绕职务犯罪罪

---

① See Jaykumar A., Menon, *Guantanamo Torture Litigation*, *Journal of International Criminal Justice*, Vol p. 323 – 345(2008).

② 参见王全宝、章文：《监所检察改革要给老百姓以真相》，载《法制资讯》2011年第3期。

③ 参见李奋飞、王怡然：《监狱检察的三种模式》，载《国家检察官学院学报》2019年第3期。

犯监狱执行过程中的饮食、起居、健康和劳作等内容展开监督。

另一方面是针对刑罚变更的检察监督，主要围绕法院审判人员的司法行为。[①] 基于刑事政策、刑罚目的和刑罚运用等多元解释，刑罚变更是刑罚体系法治化与生命力的有效保障，其中既包含内容上的变更(减刑、增刑)，也包含方式上的变更(假释、保外就医)。从政策和规范层面而言，从严把握职务犯罪案件中的减刑假释是一贯立场，[②]但是减刑、假释、保外就医等早已成为一些贪官采用的风险小、几乎不露痕迹的另类“越狱”形式，[③]而这更多只能归结于名为司法而实为行政的实践异化。在刑罚变更过程中引入法院主导的司法审查机制，是国家社会的普遍共识，但是如何具体展开也存在形式化与实质化、行政化与司法化的结构差异。例如，中国刑罚变更程序中的秘密化、书面式审查等饱受诟病，[④]但是在人民法院开庭审理减刑、假释案件的程序改革面向中，也为职务犯罪案件减刑假释中检察机关的庭审参与、庭审监督等提供了契机，特别是在修法背景之下，检察机关同步监督的提前、调查核实的必备、备案审查的创设和纠正意见的提出等，[⑤]都有利于强化和提升职务犯罪案件减刑、假释过程中检察机关的有效、实质参与。首先是从职务犯罪案件减刑假释的监狱提请来看，可以邀请人民检察院派员列席监狱评审委员会的评审会议，而且当前只是提交减刑、假释建议和评审意见等结果材料，显然难以确保检察机关的实质审查和有效监督，未来可以尝试建立职务

---

① 2020年6月，最高人民检察院召开“加强刑罚变更执行监督，促进双赢多赢共赢”新闻发布会，并且发布3则执行监督指导性案例，其中既涉及职务犯罪案件中的执行监督，又涉及执行监督过程中的职务犯罪，核心是强调检察执行监督的持续性、原始资料审查的重点性以及背后职务犯罪的敏感性。

② 例如，中共中央政法委《关于严格规范减刑、假释、暂予监外执行切实防止司法腐败的意见》规定，从2014年1月开始，以省、自治区、直辖市和新疆生产建设兵团为单位，各地职务犯罪罪犯减刑、假释、暂予监外执行的比例，不得明显高于其他罪犯的相应比例。

③ 参见汪明亮：《人际关系视角中的腐败犯罪窝案现象分析》，载《现代法学》2011年第2期。

④ 参见陈永生：《中国减刑、假释程序之检讨》，载《法商研究》2007年第2期。

⑤ 参见最高人民检察院2014年8月1日发布的《人民检察院办理减刑、假释案件规定》。

犯罪案件减刑假释评审会议中检察人员的强制列席制度。其次是从职务犯罪案件减刑假释的审前准备来看，应当灵活运用检察谈话制度和专家会审制度，组织对被判刑人、监管人、被害人等进行深入调查。最后是从职务犯罪案件减刑假释的法庭审理来看，针对诸如过程明显不当的程序监督、结果显失公正的实体监督等，充分发挥纠正意见的检察监督优势。与此同时，检察机关可以主动提出减刑、假释建议等，避免矫枉过正式的制度失灵。

第六章

职务犯罪的审判模式与裁判路径

定分止争、定罪量刑是刑事审判的基本功能，透过程序正当与实体公正的深层博弈，其实就是刑事司法法治化、现代化与国际化等转型升级。围绕无罪推定的基本原则展开，“未经人民法院依法判决，对任何人都不得确定有罪”，强调刑事司法立场与逻辑的基本遵循，人民法院依法审判构成了犯罪嫌疑人、被告人向犯罪人身份转换过程中权力与权利争斗的核心场域。考虑到职务犯罪案件社会影响较大、群众反映强烈等客观实际，职务犯罪案件的定罪与量刑同样备受关注。从当前职务犯罪案件刑事司法实践情况来看，司法反腐面临成效不彰的法治困顿，进一步提升和完善职务犯罪案件司法裁判的公正性与科学性依然任重而道远。

国家治理视野下的中国司法权构建，就是要求“以权利保护为核心运行司法权，以审判为中心构建诉讼制度”①，进而实现公正司法、严格司法以及规范司法的良性生态。党的十八大以来，一方面是以审判为中心的理

---

① 曹士兵、施新州：《国家治理视野下的中国司法权构建》，载《中国社会科学》2015 年第 3 期。

论内涵、制度改革等全面推进，构成了所有案件及被告人获得公正审判的根本保障，但是在职务犯罪案件的传统审理中，存在口供依赖性强、证人出庭率低、非法证据排除难，以及先定后审的形式化审判等问题。另一方面是要求完善认罪认罚从宽制度，构建刑事案件繁简分流机制，优化资源配置和提升司法能力，充分发挥量刑优惠的激励和示范作用。其中，与刑事审判程序普遍性的“在席审判”相对应，2012 年和 2018 年两次《刑事诉讼法》修改相继补充了广泛意义上的“缺席审判”，分别针对海外追赃的“特别没收程序”和海外追逃的“缺席审判程序”，进一步丰富和优化了刑事审判结构。综上所述，庭审实质主义、认罪认罚从宽与刑事缺席审判将是未来我国职务犯罪案件定罪量刑的三种模式。

国家监察体制改革，实然层面只是职务犯罪案件求刑权主体于侦查阶段的转变，应然层面也不应对刑事司法的诉讼机理、司法改革的体系结构形成冲击。围绕“严惩腐败”和“司法检验”的双重目标，监察改革和司法改革具备提升司法反腐质效的同向价值追求。依托以裁判文书为样本和以论证说理为内容的法律实证，能够在一定程度上揭示当下职务犯罪案件司法实务的偏好及偏差。本章将以监察机关调查、检察机关公诉和审判机关裁判的 100 份裁判文书（其中包括 111 名被告和 111 个量刑）为具体素材，初步描绘职务犯罪案件定罪量刑的行为逻辑，以及勾勒职务犯罪案件司法裁判的应然路径，通过科学、合理、有效地贯彻落实“宽严相济”刑事政策，构建职务犯罪案件中的繁简分流机制，以期对提升司法反腐的法治化和权威性有所裨益。

一、职务犯罪刑事审判的法治逻辑

司法改革要求认真对待司法规律和深刻把握现实国情，但是在中国传统的刑事司法实践中，随着“互相配合、互相制约”宪法原则的功能异化，“侦查中心主义”、“口供中心主义”和“案卷中心主义”等实践偏差，如何实现刑事庭审的“由虚转实”也是我国刑事司法变革的基本进路。庭审实质化是当前“以审判为中心”诉讼制度改革的重要内容,强调被告人的刑事责任在审判阶段以庭审方式解决,通过“四个在法庭”以实现庭审实质。作为刑事司法审判的重要组成部分,职务犯罪案件自然应当遵循庭审实质化的司法规律,特别是其本身也具备控辩对抗激烈、事实争议点多、程序复杂性强等特质,但是地方试点过程中的“慎重推行”和“基本不用”等实践立场也值得反思。与庭审实质化的改革方向相反,认罪认罚从宽制度改革的核心价值取向是“公正为本,效率优先”,虽然原则上并不需要真正意义上的“实质庭审”,但也不意味着完全与“庭审”脱离了实质联系,[①]法庭审理对象、审理程序和审判模式等结构调整亦须遵循司法规律和维护程序正义。

(一)审判中心主义的应然遵循

从历史上看,作为后生性纠纷解决机制的刑事司法,世界各国纷纷摆脱了“以暴制暴、以恶制恶”的私力救济,进而转向司法审判、定分止争的公力救济,以及呈现出对抗主义与职权主义的二元分立。比较两大法系法治国家的刑事司法,普遍遵循“审判中心主义”的基本规律,无不强调法庭审判在刑事司法过程中的统摄性、主导性和决定性地位,而这也正是司法正当性和权威性的基础来源。

在英美法系国家“司法至上”的价值预设下,审判中心主义具体表现为主导性的判例模式、多元化的分流机制、辩论式的程序构造等。首先是基于三权分立的国家政治结构,立法、行政、司法的分立与制衡,司法作为纠纷解决的重要手段,已经辐射至国家政治、社会生活等方方面面,其中就包括总统选举、金融危机等大事件。其次是基于刑事司法的程序转向逻辑,在侦查、起诉、审判的纵向线型流程中,审判作为向法庭提供

---

① 参见樊崇义:《认罪认罚从宽协商程序的独立地位与保障机制》,载《国家检察官学院学报》2018 年第 1 期。

信息的阶段，其至关重要的地位远远超过其他程序阶段，[①]与之相适应的司法审查原则也经历了“不均衡选择”到“连贯性原则”的法治变迁。围绕审判程序的中心地位展开，并且基于价值定位、功能实践等现实考量，审前程序强调分流与准备，审后程序强调执行与实现。虽然绝大部分刑事案件是通过检察主导的辩诉交易、有罪答辩而被分流的，但是不仅不会削弱审判程序的重要地位，反而更有利于使司法资源的功能最大化。最后是基于法庭审判的诉讼构造，在控诉、辩护与审判的横向三角结构中，依托起诉状一本主义的规范实践，证据规则体系、审判组织分离、诉讼程序集中、主体实质参与、权能动态博弈等结构要素，推动着法庭审判实质化、精细化与规范化等纵向深入，其中不仅不以追求客观真实为唯一价值，而且程序正当往往具备实践中的优先性。

在大陆法系国家“逻辑演绎”的司法实践当中，成文法体系结构中的审判中心主义具备根本性和统领性的指导功能，并且呈现在立法体例、制度结构、程序设计等多个方面。例如，作为近现代刑事诉讼法典的典范，《德国刑事诉讼法》的篇章结构就充分表达了“以审判为中心”的诉讼特征，在总则之后第二编的“第一审程序”中，虽然涵盖侦查、起诉等内容，但明显存在规模、体量等差异，特别是包含而非并列的立法模式，背后是侦查、起诉等审前程序辅助性的功能定性。[②] 深受德国刑事诉讼法的影响，日本强调将审判结构作为刑事诉讼法的基石，[③]而这又与我国刑事诉讼法的分段式立法模式形成了鲜明对照。在规范层面审判中心主义的引导下，核心目标就是消解案卷笔录对法庭审判的侵蚀，以实现间接式书面审向直接式言词审的理性回归。因此，一种是采取日本式的“起诉状一本主义”，既不得移送证据材料，也不得在起诉书中描述证据，

---

① 参见唐芳：《英美刑事证据法的发展理路及现代检视——对达马斯卡〈漂移的证据法〉的批判性解读》，载《法制与社会发展》2008 年第 1 期。

② 参见宗玉琨译注：《德国刑事诉讼法典》，知识产权出版社 2013 年版，第 158 – 174 页。

③ 参见张建伟：《审判中心主义的实质内涵与实现途径》，载《中外法学》2015 年 4 期。

以确保法官于庭审之前的头脑空白；另一种是采取德国式的“全案移送主义”，《德国刑事诉讼法》第173条第1款明确规定了全案移送制度，但是配套了职业法官与非职业法官差异化的接触机制。[①]

(二)侦查中心主义的实然困境

与审判中心主义相区别，侦查中心主义是指刑事侦查在司法全流程中居于独立性和封闭性较强的核心地位，不仅侦查过程整体不受检察官、法官的干预，而且侦查结果通常得到检察官、法官的认可，事实上决定着起诉、审判的结果，特别是在国家监察体制改革初期，囿于监察立法授权与限权等相对粗疏，职务犯罪案件中的“调查中心主义”倾向明显。这里其实存在一个前提悖论，刑事司法的谦抑性和保守性等决定了其围绕侦查(调查)展开的活动特质，但是理想化的诉讼构造应当是有限度的“事前介入”而非割裂式的“事后回应”，是有审查的“筛选过滤”而非顺承式的“照单全收”，因为司法活动的本质是一种建立在内心确信基础之上的价值判断与行为选择。在我国的司法实践和法学研究当中，侦查中心主义作为一种现象和概念，尤其是在恐怖犯罪、毒品犯罪、职务犯罪等重大犯罪案件当中，困扰和掣肘着刑事司法的理性主义。随着中国特色社会主义法治建设进步和人权事业的发展，打击与保障并重、实体与程序兼顾的理念深入人心，正当程序进阶的脉络同样清晰可见，并且呈现出一种始终在路上的动态图景。

围绕着辩证唯物主义的可知论、反映论与实践论等基础理论，侦查中心主义植根于实体真实探知主义的司法传统，并且发生在程序之内与程序之外的不同场域。[②] 一方面表现为立法规范层面事实真相发现的反

---

① See Volker Krey, *German Criminal Procedure Law*, W. Kohlhammer Publishing Company, 2009, p. 68.

② 程序之内的侦查中心，例如侦查机关对嫌疑人的未决羁押、对涉案财物的强制性处分，以及作为法院裁判根据的侦查案卷笔录等；程序之外的侦查中心，例如，对嫌疑人的“公开逮捕”、对“侦查破案”信息的公开披露、对参与破案侦查员的“公开嘉奖”，以及对遇害公务员“烈士”称号的授予等。参见陈瑞华：《论侦查中心主义》，载《政法论坛》2017年第2期。

复强调,基于诉讼阶段论的立法体例,以及"分工负责、互相配合、互相制约"的原则调控,侦查、起诉、审判等阶段分别承担发现事实真相的国家义务,特别是在纵向构造中,后阶程序更多只是作为侦查行为的背书。另一方面呈现出刑事司法实践程序正义的贬损牺牲,在"重打击、轻保护""重实体、轻程序"的法律传统中,甚至可以容忍牺牲程序正当以实现控制犯罪之目标。从法律史实的演进来看,程序是实体之母,或程序法是实体法之母,[①]具备与主体身份、行为对象、利害结果等利益无涉的独立价值,正是程序构成了恣意人治与正当法治的分水岭。因为从法律程序与实体规则善恶交织的排列来看,一级模式"有正当程序的善法"和二级模式"有正当程序的恶法"相对优越,而且分别能够收获当事人拥护和可容忍的效果,其他则可能招致埋怨与反抗。[②] 但是程序先天性的成本高昂、内容烦琐等属性又引发了正当程序实践中"道德成本"与"错误成本"等的价值权衡,例如发生在"无辜者受追究"与"有罪者获开释"之间的零和博弈。

中国案卷移送制度"一波三折"的更迭反复。根据1979年《刑事诉讼法》的规定,不仅要求检察机关提起公诉时应将全部案卷材料移送法院,而且强调法官审查公诉时应在查阅、研析和调查等实质介入的基础上展开,特别是建立在"犯罪事实清楚、证据充分"基础之上的法庭审判,诱发了单方接触、先入为主、先定后审等庭审虚化问题。师夷长技以自强,1996年《刑事诉讼法》大规模地进行"对抗式"和"辩论式"审判方式改革,通过引入复印件移送主义,严格限制法官的庭前调查权,并将庭前审查从实质审查改为形式审查。[③] 在充分发挥庭审决定作用的制度愿景下,一方面是加剧了庭前阶段的律师取证难、阅卷

---

① 参见[日]谷口安平:《程序的正义与诉讼》,王亚新、刘荣军译,中国政法大学出版社2002年版,第7页。

② 参见孙笑侠:《程序的法理》,商务印书馆2005年版,第44-45页。

③ 参见熊秋红:《冤案防范与权利保障》,载《法学论坛》2010年第4期。

难、会见难等问题,辩护力量薄弱致使法庭对抗不足;另一方面是刑事审判实践中"庭后移送案卷"的检法配合实践,规范与事实层面的案卷移送并未完全废止。[①] 2012 年《刑事诉讼法》对全案移送制度的全面恢复,不仅不对案卷范围作出限制,而且坚持法院庭前的形式主义审查,既可以保证法官的全面阅卷和有效准备,强化法官的审判控制力,又可以保证辩护律师的查阅、摘抄、复制等,提升律师的庭审对抗力。案件移送制度变迁的背后,是诸如事实真相探知主义的司法传统、在法庭之外作裁判的司法习惯、以案卷笔录为中心的审判方式等根深蒂固,法庭审判始终难以成为真正的竞技舞台。

(三)审判诉讼构造的偏差矫正

在刑事司法控审分离、控辩平等和审判中立的基本格局下,法庭审判理应成为审判活动的中心工作,权力与权利的博弈也应当贯穿举证、质证和辩论等多个阶段,并且能够对是否定罪与如何量刑产生实质影响。现代司法所追求的正当程序,以及其所具备的吸收过程不满和强化结果认同等价值,正是基于控辩双方有效参与、实质影响的基本内核。介于职务犯罪刑事司法过程当中刑罚打击、预防震慑、规范保护、教育引导、政权巩固和法治实现等多元功能,以及言词证据地位突出、实物证据少且隐蔽的客观实际,诉讼构造也呈现出一种控有力而辩无力、诉强势而审弱势的实践异化,已然成为庭审不实质化的老大难问题。[②] 一方面是背离庭审过程中的直接言词原则,案卷笔录具备天然的证据能力和优势性的证明力;另一方面是法庭举证、质证和辩论等环节的形式主义,庭审不充分、不彻底的问题突出。

---

① 1998 年的最高人民法院、最高人民检察院、公安部等《关于刑事诉讼法实施中若干问题的规定》(已失效)确立了庭后移送案卷笔录的制度,而且在某些党政高层关注和批示的特殊案件(其中就包括职务犯罪案件)中,公检法机关的联合办案模式会导致事实上的庭前阅卷。

② 参见龙宗智:《庭审实质化需技术与规则并重》,载《检察日报》2016 年 11 月 22 日,第 3 版。

从对抗式刑事审判起源与发展的历史沿革来看，职务犯罪案件中的对抗审判与实质庭审具备应然性的适用前提，或者说在职务犯罪案件中更加应当运用对抗式的法庭审判。因为刑事司法的本质即国家权力对公民权利的干预和调整，但是基于权力与权利强弱有别的现实格局，律师有效参与是对抗式诉讼构造的关键要素。正所谓“律师造就了对抗式的诉讼模式”[①]，律师独立辩护更以其法律素养、专业技能和批判思维等为支撑，但这些都建立在有律师辩护且负责任辩护的基础上。一方面是随着2012年《刑事诉讼法》的实施，辩护率中的律师辩护占比持续上升，专业化程度不断提高，以及被告人主动聘请律师的意愿逐步增强，[②]其中“职务犯罪的律师辩护率远远高于普通刑事案件”[③]。因为基于对抗式刑事审判构造中的“财富效应”影响，涉嫌职务犯罪的有权人、有钱人总是能够聘请律师，并且总会倾向性地选择所谓的知名律师，例如辩护律师在英格兰就是首见于“叛逆罪”的刑事司法。另一方面是刑事法治的整体进步带动了律师辩护的权能丰富和场域拓展，尤其是在律师职业团体内部分化与专业细化的背景下，[④]律师辩护能够围绕有罪与否、此罪彼罪、量刑轻重、程序瑕疵和证据内容等实质展开，职务犯罪案件往往具备较大的辩护空间。职务犯罪案件中被告人庭上翻供的现象较普遍，多是主张侦查过程当中刑讯逼供、非法取证等非意思真实、意志自由的表达，那么实质性、对抗式的口供真实、自愿等审查理应成为法庭审判的重要内容，具体则是依托侦查人员出庭、录音录像播放等加以证明。但是反观职务犯罪案件的刑事司

---

① 汪建成：《刑事诉讼法再修订过程中面临的几个选择》，载《中国法学》2006年第6期。

② 参见王禄生：《论刑事诉讼的象征性立法及其后果——基于303万判决书大数据的自然语义挖掘》，载《清华法学》2018年第6期。

③ 刘磊：《贿赂犯罪言词证据的证明力判定标准与采信程序》，载《苏州大学学报（法学版）》2016年第4期。

④ 参见刘思达：《割据的逻辑：中国法律服务市场的生态分析》，上海三联书店2011年版，第1－34页。

法实践,这些似乎并未能够引起审判人员和公诉人员客观、审慎和理性的对待。

“让人民群众在每一个司法案件中感受到公平正义”首先应当从保障程序公正做起,[①]因为程序公正不仅是一种看得见的公正,还是实体公正的根本保障。司法是纠纷解决的兜底性救济手段,考虑到程序复杂性、迟延性和高成本等客观实际,程序选择与诉讼利益密切关联,而且作为当事人重要权利内容的程序选择越发受到重视,因为“权利”本身包括了不受非法干预地选择或放弃自己享有的利益的含义。[②] 从刑事诉讼弹劾式到纠问式,到审问式与对抗式长期对立,再到“放弃审判制度”的范式转型,[③]被追诉人的诉讼主体地位和程序选择权利不断显现,对抗式刑事审判之外的公力合作模式正悄然兴起,围绕程序正当的底线正义,“对抗与合作”构成了我国职务犯罪案件法庭审判的两种形态,并且以刑事缺席审判制度的合理适用为必要补充。一方面是在传统的对抗式审判构造中,特别是针对被告人不认罪的职务犯罪案件,应当强化开庭审理,切实发挥庭审的决定性作用:重塑庭审事实发现机制,割裂案卷内容与事实认定的绝对关联,通过激活证人出庭作证、录音录像移送等制度,推进法庭举证、质证和认证的实质化;构建裁判心证约束机制,对外要求确保刑事司法的自治性,配套干预司法活动、插手具体案件等记录、追责机制,对内要求确保法庭审判的独立性,厘清审前程序与审判程序、庭前准备和正式庭审等边界、衔接机制;规范案件裁断审决机制,充分保障审判人员躬亲、决策、负责的主体地位,重点关注庭审后的合议庭决策和合议庭外的法院案管决策,

---

① 参见江必新:《切实让人民群众在每一个司法案件中都感受到公平正义》,载《人民法院报》2013 年 5 月 29 日,第 5 版。

② 参见傅郁林:《繁简分流与程序保障》,载《法学研究》2003 年第 1 期。

③ 参见熊秋红:《比较法视野下的认罪认罚从宽制度——兼论刑事诉讼“第四范式”》,载《比较法研究》2019 年第 5 期。

杜绝“合而不议”“陪而不审”“审而不判”等司法乱象。[1] 另一方面是在合作式的审判构造中，法庭审判聚焦于认罪认罚的自愿性，突出相对独立的量刑程序，防范刑事司法过程当中的“认假罪”或“假认罪”风险，[2]以及确保被告人反悔后对抗式刑事审判程序的有效转换。法治全球化、国际化的广度和深度日益加强刺激并推动了国内法制一体化和科学化的建设，2012 年《刑事诉讼法》增设针对海外追赃的“特别没收程序”，[3]2018 年《刑事诉讼法》增设针对海外追逃的“缺席审判程序”。[4] 在职务犯罪案件有“天然缺陷”的缺席审判中，特别要求强调适用主体与范围、刑罚种类与幅度、裁判异议与撤销等规范实践，确保最低限度的程序正义。庭审实质主义、认罪认罚从宽与刑事缺席审判相结合，构成了我国职务犯罪案件法庭审判的三种模式。

二、职务犯罪刑事审判的对抗模式

自人类司法产生以来，对抗性便构成了司法的本质属性，可谓“无对抗，不司法”。即便是在新兴的合作型刑事司法领域，定罪量刑、罚没财物等也是一种建立在对抗基础之上的协商与妥协。传统对抗式审判结构之下，强调控、辩双方于法庭之上的平等、充分和实质对抗，以及审判人员的依法、独立和公正裁判，进而防止庭审形式化、司法剧场化。庭审实质化之下，聚焦于法院审判、法庭构造和法官权责等结构要素，背后又是庭审过程中的举证、质证、辩论、认证等由虚变实。透过职务犯罪案件监察管辖扩张的多样罪名，改革初期职务犯罪案件中

---

① 参见陈实：《刑事庭审实质化的维度与机制探讨》，载《中国法学》2018 年第 1 期。

② 参见［美］John. H. Blume，Rebecca K. Helm：《“认假罪”：那些事实无罪的有罪答辩人》，郭烁、刘欢译，载《中国刑事法杂志》2017 年第 5 期。

③ 参见钱文杰：《我国刑事司法中的缺席审判——基于刑事诉讼特别没收程序的观察与思考》，载《河北法学》2018 年第 4 期。

④ 参见陈卫东：《论中国特色刑事缺席审判制度》，载《中国刑事法杂志》2018 年第 3 期。

共通性的裁判逻辑和倾向性的司法立场,都有待基于实证研究展开的理论性反思与对策性调整,以期综合提升职务犯罪案件刑事审判的法治程度。

(一)笔录向言词中心迁移的庭审构造

围绕控辩双方平等对抗的实践展开,一方面是要求切实保障犯罪嫌疑人、被告人的律师帮助权,避免"在没有律师帮助的情况下对抗变成了实力悬殊的镇压"①;另一方面是要求控辩双方居于诉讼主体地位,进而呈现庭审实质化的诉讼构造。聚焦于职务犯罪案件的庭审构造,111 名被告中共有 91 名被告有辩护律师,高达 81.98% 的律师辩护率也远高于普通刑事案件。虽然在形式上确保控辩双方平等对抗,但实质上存在较大的力量不平衡,证人出庭数少和出庭率低的背后,实际上仍是一种"以案卷笔录为中心"和"以证据印证为目标"的裁判逻辑延续。首先是律师介入职务犯罪案件的时间相对迟延,但是基于刑事辩护的经验而言,律师介入时间越早,对有效辩护意义越大。其次是律师补充职务犯罪案件的证据相对有限,一方面是民间调查的律师自行取证,但是面临"调查难"和"风险高"的双重困境;另一方面是官方调查的律师申请取证困难,致使律师提出的证据材料基本不涉及案件定性,多是围绕证明初犯、偶犯、积极退赔、认罪态度好等量刑情节。最后是律师定罪量刑辩护的形式相对单一,主要系围绕罪轻辩护和量刑辩护展开,但是无罪辩护、证据辩护和程序性辩护等多处于"休眠"状态,②职务犯罪案件中非法证据排除"热"话语与"冷"实践问题突出。

对于监察证据如何引入刑事诉讼程序,《监察法》第 33 条已经作出明示性规定。有学者称这"就等于肯定职务犯罪调查过程中收集的

---

① 胡铭:《法律现实主义与转型社会刑事司法》,载《法学研究》2011 年第 2 期。

② 参见陈瑞华:《论刑事辩护的理论分类》,载《法学》2016 年第 7 期。

几乎所有证据种类，都有资格直接进入刑事诉讼”[①]。但是基于实践观察，职务犯罪案件的证据多集中为书证和证人证言，分别有2630份书证和2948份证人证言，平均每个案件的使用量为26.3份和29.48份。其中，书证主要包括被告人的主体身份、任职信息、资产状况等；证人证言主要源于同案人、行贿人、被害人和单位同事等，司法实践中强调“对合犯罪”双方陈述的一致，但是这种“主观性印证”也存在人为扭曲的风险，[②]特别是存在证人不出庭而以书面证言代替的问题。与普通案件的刑事审判相比较，在更大程度上凸显了书面证据在职务犯罪案件审判中的重要性，再加上大量口供以案卷笔录的形式呈现，使得宣读相关书面证据成为庭审中的首要任务，[③]特别是选择性、摘要式和合并概括化的宣读方式，也不利于法官形成完整和准确的自由心证。由于调查行为合法性司法审查的实践缺位，供述和辩解的证据能力被“天然”推定，突出表现为实践层面从监察阶段“被调查人供述和辩解”到司法阶段“犯罪嫌疑人、被告人供述和辩解”的直接转化，非法证据排除程序的申请和启动较困难，特别是调取录音录像中沟通协商的运作机制，但在规范层面是国家监察与刑事司法的价值序位、话语体系、权能构造和规范机制等二元分立。与此同时，作为固定证据重要方式和非法取证有效证据的全程同步录音录像，“留存备查”的立法规范显然割裂了监察机关与司法机关之间的有效衔接，但是少量职务犯罪案件中“随案移送”的实践摸索也证明了其作为法庭调查有益补充的现实可行（见表2）。

① 魏晓娜：《职务犯罪调查与刑事诉讼法的适用》，载《中国人民大学学报》2018年第4期。

② 参见龙宗智：《论贿赂犯罪证据的客观化审查机制》，载《政法论坛》2017年第3期。

③ 参见胡铭：《审判中心、庭审实质化与刑事司法改革——基于庭审实录和裁判文书的实证研究》，载《法学家》2016年第4期。

表 2　职务犯罪案件证据分布的详细情况

证据类型	证据数量	占比
物证	16 份	0.28%
书证	2360 份	41.38%
证人证言	2948 份	51.69%
被害人陈述	50 份	0.88%
犯罪嫌疑人、被告人供述和辩解	297 份	5.21%
鉴定意见	16 份	0.28%
勘验、检查、辨认、侦查实验等笔录	7 份	0.12%
视听资料、电子数据	9 份	0.16%
合计	5703 份	100%

庭审实质化是“以审判为中心”诉讼制度改革的主要抓手，其中证人出庭作证、交叉询问制度和证言审查机制等构成了法庭对抗化、庭审实质化的基础保障，因为“赋予被告人与不利于己的证人当庭对质的权利”是现代刑事司法文明的最低限度。① 在办案责任终身负责的制度框架内，证人出庭作证、控辩双方询问和法官评判真伪，是司法亲历性、判断性与独立性的重要保障，刑事诉讼法亦作出了明示规范。但是，立法的侧重在于“查实”而非“如何”，不仅未作证人证言种类的直接明示，言词口供与书面笔录具有同等的证据效力；而且补充申请证人出庭的间接规范，也呼应了“有异议、有影响、有必要”的强制出庭制度。必要证人强制出庭作证是保障质权的关键，核心指向是当事人对证人证言有疑问的要求其出庭接受交叉询问，是诉讼权利与诉讼效率的平衡支点，但是基于我国职权启动与西方诉权驱动证人出庭的模式选择差异，深层指向又是辩护权对证人出庭司法裁断的影响强弱，

① 参见易延友：《证人出庭与刑事被告人对质权的保障》，载《中国社会科学》2010 年第 2 期。

我国法院在驳回证人出庭作证诉讼请求上的自由裁量权较大，立法也认可了“有其他客观原因，确实无法出庭”的兜底性例外解释。[①] 在刑事司法实践中，职务犯罪案件虽然是各类案件中申请证人出庭率最高的案件，真正出庭的较少。[②] 考虑到证人与被告人之间亲属、同事、邻居、熟人等关系，甚至证人与案件本身有利害关系等实际，一方面是证人不愿意出庭作证，因为既担心破坏人情关系，又害怕招致打击报复；[③]另一方面是检法不希望证人出庭作证，因为检察机关希望通过言词笔录以巩固证据、防止翻供，而审判机关担心证人出庭翻供致使庭审失控、诉讼拖延，言词笔录证据表现出一种应用普遍、功能多样、证明优位和公权依赖的实践性。

司法资源的有限性决定了庭审对抗的选择性，案卷笔录向言词口供的中心转移，并不是“一刀切”地要求在所有案件中实现言词审判，关键在于复杂、疑难和争议案件等优位实现，强调以案卷笔录的证明限制与必要证人的出庭作证为配套支撑，而不是对案卷的绝对排除和对口供的绝对依赖。因为案卷笔录在刑事诉讼中具备外部“必要性”和内部“可用性”等价值，[④]而言词口供在刑事诉讼中具备验证“对抗性”和效力“优先性”等优势，司法证明的科学、综合和互补等推理属性决定了其广开言路、博采众长、择优而依的司法惯性。案卷笔录有一定的证明空间，但关键在于把握条件与限度，特别是要解决案卷笔录前后内容不一致的判断问题。例如，针对案卷笔录相互印证、排斥异

---

① 参见胡星昊：《从职权启动到诉权驱动——论证人出庭模式之转变》，载《政法论坛》2015年第4期。

② 参见陈祺、张建国：《职务犯罪案件中证人出庭的公诉应对——以李某受贿、滥用职权案为视角》，载《中国检察官》2014年第12期。

③ “因为就蔑视法庭来说，没有比在证人作证以前威胁证人或在作证之后迫害证人的行为更为严重的了。”[英]丹宁勋爵：《法律的正当程序》，李克强、杨百揆、刘庸安译，法律出版社2011年版，第22页。

④ 参见龙宗智：《论书面证言及其运用》，载《中国法学》2008年第4期。

议的模式反思，不仅从实质上来看“无论庭前有几份书面口供，都应只视为一份证据”[①]，证据证明力薄弱，需要言词口供证据等佐证；而且从形式上来看“很大程度上与侦控机关的案卷包装、建构技术、案卷传递中的证据筛选有很大关系”[②]，证据证明能力存疑，需要同步录音录像等配套。以行贿犯罪中的口供为例，需要配套身份审查及能力验证，审查职业经理人、实际控制人和主要负责人，以及行贿人的实际财产、财产变化等，排除合理怀疑。围绕言词口供的司法证明展开，一方面是要解决证人出庭作证的实践问题，消解主观不愿和客观不能的制度痛点。首先是《刑事诉讼法》要求“凡是知道案件情况的人，都有作证的义务”，考虑到我国真相探知主义和法院调查真相的刑事司法结构，不仅证人作证应当具备实质意义，出庭作证也是题中之义，需要补充强调其作为义务而在法律意义上的强制性、约束性和惩戒性，但是也要允许亲属拒绝出庭作证的必要例外，以及配套证人作证豁免的有效引导。其次是《刑事诉讼法》规定了证人作证保护与证人出庭补助，明确了人民法院、人民检察院和公安机关的多元责任主体，以及交通、住宿、就餐等费用保障，但并未考虑人民法院和人民检察院的实际保护能力。最后是审判人员、公诉人员不愿意证人出庭的针对性解决。随着司法人员整体队伍素质的不断提升，以及司法人员分类管理的体制改革，既可以通过从职权启动到诉权驱动的模式转变，提升辩护权的干预力；也可以通过司法人员从可以出庭到应当出庭的态度转向，削弱司法权的控制力。[③] 另一方面是要

---

① 胡铭：《审判中心、庭审实质化与刑事司法改革——基于庭审实录和裁判文书的实证研究》，载《法学家》2016 年第 4 期。

② 左卫民：《“印证”证明模式反思与重塑：基于中国刑事错案的反思》，载《中国法学》2016 年第 1 期。

③ 2016 年的《关于推进以审判为中心的刑事诉讼制度改革的意见》第 12 条规定：“……公诉人、当事人或者辩护人、诉讼代理人对证人证言有异议，人民法院认为该证人证言对案件定罪量刑有重大影响的，证人应当出庭作证。”希望通过解释法律，限制法院的必要性审查，以推动审判实践中的“应出尽出”。

解决交叉询问的规范问题,明确直接言词原则指导下的庭审口供效力优先。1996年《刑事诉讼法》借鉴对抗式审判的有限性,决定了庭审方式改革的妥协性,口供调查方式只是折中主义的“控辩询问”而非严格意义上的“交叉询问”,询问证人时的轮替规则、调查范围和询问方式等有待进一步的优化。例如,确立“当事人直接询问;对方当事人交叉询问;当事人再次直接询问;对方当事人再次交叉询问”的轮替规则,[①]并且明确止于传唤方的终结询问,原则性地禁止法庭审理阶段以庭下书面获取代替庭上口头表述。与此同时,在案卷笔录与法庭证据发生矛盾冲突,并且都能或者都不能形成相互印证的情况下,应当明确法庭证据应然的效力优先性,法官采信案卷笔录不仅需要法庭之上的自恰性解释,而且需要裁判文书的明确性记载,以防止自由心证可能带来的法官任性与恣意。

(二)量刑和定罪的程序混同与相对分离

程序分化是对外回应社会需求、对内实现精密司法的重要驱动,基于司法认知过程当中“法律、事实、结论”三段论式的逻辑推演,“先定罪,再量刑”构成了刑事司法裁判的基本进路。我国传统意义上的刑事司法亦未严格区分定罪程序与量刑程序,而是表现出一种实践中的程序混同,以及定罪对量刑的空间压缩、资源挤占。[②] 一般而言,出庭公诉的检察人员更多是关心法院是否定罪,一方面是因为法院在是否变更罪名、如何变更罪名的判断中的能动性,[③]另一方面是因为检察机关存在业绩考核压力。出庭受审的被告人更多是关心法院如何量刑,社会公众对司

---

① 参见[美]约翰·W.斯特龙主编:《麦考密克论证据》,汤维建等译,中国政法大学出版社2004年版,第10页。

② 有学者主张,法院审判实践中定罪与量刑的程序合一,在刑事立法的既定规范中虽然不能找到授权依据,但也未发现禁止条款,实践更多是源于法官的惯性裁量。参见张月满:《量刑程序论》,载《法学家》2011年第4期。

③ 参见白建军:《变更罪名实证研究》,载《法学研究》2006年第4期。

法判决的关注也主要表现在量刑上,[①]因为与刑法罪名的纷繁复杂、专业晦涩相区别,量刑裁判中的刑罚种类、刑罚期限与执行方式等不仅关系到刑罚正义的最终实现,而且具备可视化的感知属性。与前述人员的有所侧重都不相同,审判人员运用刑法解释的个案裁判,不仅强调定罪的准确性,而且要求量刑的科学化,因为二者均构成了事后抗诉与上诉的正当事由,以及法官能力评价与业绩考核的重要指标。多元主体的倾向性关注差异,在职务犯罪案件的刑事司法中体现得尤为明显,背后与我国反腐败体系与能力的现代化建设紧密相连。

在定罪与量刑相互交织的法庭构造中,前阶定罪程序容易排挤和干扰后阶量刑程序,其中量刑失衡和量刑公信力低是我国量刑实践中两个根本性的问题。[②] 2010 年 10 月 1 日,由两高三部联合签发的《关于规范量刑程序若干问题的意见(试行)》(已失效)和由最高人民法院发布的《人民法院量刑指导意见(试行)》(已失效)开始在全国法院试行,特别强调在被告人如实供述、自愿认罪的案件当中,法庭审理围绕量刑问题展开,这也标志着中国相对独立式量刑程序的正式确立。完善认罪认罚从宽制度与庭审实质化改革的方向相悖,后者主张应当包括定罪审理的实质化和量刑审理的实质化,进而实现庭审内容“从定罪中心到定罪量刑并重”的转变。[③] 无论是针对认罪认罚从宽的案件审理,还是庭审实质化的案件审理,相对独立的量刑程序都应成为法庭程序构造的重要关切,消解传统定罪量刑一体化模式的司法弊端,以及矫正“重定罪、轻量刑”的实践偏颇。独立量刑程序从理论到规范的历史演进,要求在检察官宣读量刑建议书后,法庭分别围绕被告人量刑情节进行调查和辩论,并就量刑种类和量刑幅度问题给予各方提出意见的机会,并由法庭进行

① 参见顾永忠:《试论量刑与量刑程序涉及的关系》,载《人民检察》2009 年第 15 期。

② 参见周长军:《量刑治理的模式之争——兼评量刑的两个指导“意见”》,载《中国法学》2011 年第 1 期。

③ 参见汪海燕:《论刑事庭审实质化》,载《中国社会科学》2015 年第 2 期。

最终评议和宣判。[①] 在控辩审三方互动的相对独立量刑程序构造中，具体又由量刑建议、量刑意见和量刑裁决等基本要素构成。其中，量刑建议作为检察机关“求刑权”的基本要素，承载着公诉权范围适度扩大的改革使命，检察公诉也是始于定罪请求；量刑意见是诉讼参与人法庭“参与权”的有效方式，具体又可以分为被告人及其辩护人、被害人及其诉讼代理人的两种类型；量刑裁决是审判机关“裁判权”的重要内容，具备权威性、中立性、终局性的权力属性特征，而且量刑程序规范化的体系改革旨在防止滥用自由裁量权的显失公正。

其中，根据职务犯罪案件法庭审理过程中 111 名被告人的量刑情节汇总，坦白高达 83 人次，自首和认罪也分别有 33 人次，[②]司法确认成为了职务犯罪案件法庭审理的主要工作。基于社会科学研究的解释立场，能够在一定程度上反映职务犯罪案件定罪审理程序非对抗式的现实构造，那么相对独立的量刑程序更应当成为职务犯罪案件法庭审理的重点聚焦。在理想化的司法场域中，量刑建议应当与指控罪名保持一致，即公诉方应当提交针对 149 个指控罪名的 149 份量刑建议，但在实践中有且仅有 35 份量刑建议，客观表现出检察机关提出量刑建议的积极性、参与度有待进一步提高，“量刑程序对定罪程序的高度依附”仍然是职务犯罪案件法院审理的当下图景。在公诉方笼统地请求法院“依法裁判”之外，总共提出了 35 个刑罚种类和 3 个执行方式的具体量刑建议，法院采纳率分别为 88.58% 和 66.67%。考虑到检察机关量刑信息的不完整性、量刑信息的不准确性、量刑方案的不确定性，以及检察官的不中立性等客观局限，[③]司法终局性判断之下的较小差异，不但不会挫伤检察官提出量刑建议的积极性，而且不会影响量刑建议的严肃性和权威性，更加不

---

① 参见陈瑞华：《论相对独立的量刑程序——中国量刑程序的理论解读》，载《中国刑事法杂志》2011 年第 2 期。

② 其实，根据我国《刑法》第 67 条的规定，“自首”与“坦白”本身也是认罪的表现形式。

③ 参见陈瑞华：《论量刑建议》，载《政法论坛》2011 年第 2 期。

可能动摇量刑建议制度存在的基础,[①]因此量刑建议采纳率影响量刑建议积极性本身就是个伪命题。具体来看,一方面是就其中 4 个精确的刑罚种类量刑建议,法院采纳率为 100% ,检察机关提出绝对确定量刑建议的占比不高,但是采纳率畸高;另一方面是就法院采纳的其他 27 个浮动的刑罚种类量刑建议,在职务犯罪量刑轻缓化整体背景之下,法院习惯性地在浮动区间内选择对被告人有利的趋轻量刑。与此同时,被告人本人一般无具体量刑意见,而在辩护律师一致性地请求法院从轻、减轻或者免除刑事处罚之外,律师分别提出 18 个刑罚种类和 20 个执行方式的具体量刑意见,相应的法院采纳率分别为 55. 56% 和 25. 00% ,明显低于公诉方量刑建议的法院采纳率,这既可能与检察机关量刑建议兼顾具体量刑情节的客观事实相关,也可能与公诉机关和审判机关支持配合的诉讼结构相关。综合比较公诉方量刑建议与辩护方量刑意见的审判实践:首先是控辩双方量刑建议(意见)提出的总量有限,控辩双方诉讼资源的整体投入相对有限,难以真正形成围绕量刑程序的实质化庭审;其次是控辩双方量刑建议(意见)内容的侧重不同,例如公诉方倾向于就刑罚种类提出建议,而辩护方倾向于就执行方式提出意见;最后是控辩双方量刑建议(意见)采纳的高低有别,审判机关更多是选择采纳公诉机关的量刑建议,但是也会在裁量空间内作出对被告人有利的量刑裁决。

司法谦抑性决定了围绕控辩双方诉讼主张的审判构造,量刑程序的庭审实质化改革则须依托控辩双方的积极参与及有效对抗。因此,激活职务犯罪案件中的独立式量刑程序,一方面要深化作为检察公诉内容的量刑建议的制度改革,确保检察量刑建议的良性运作。首先是立法明示检察量刑建议“书面单独为主、口头补充为辅”的形式要求,以及检察机关相应量刑证据的提交,因为书面单独的量刑建议不仅有利于体现刑事司法的严谨性,而且有利于保障量刑程序的独立性;口头补充的量刑建

① 参见朱孝清:《论量刑建议》,载《中国法学》2010 年第 3 期。

议主要是为了应对定罪审判的不确定性，进而确保量刑建议的机动与灵活。其次是系统设计量刑建议“绝对确定与相对确定相结合”的内容要求，规定在适用认罪认罚从宽程序的案件中采取绝对确定的量刑建议，因此有学者主张“借鉴国外的量刑指南，制定认罪认罚从宽制度背景下的量刑指南”①；而在其他公诉案件中一般采取相对确定的量刑建议，并且强调刑罚种类与执行方式的一并提出。最后是科学看待量刑建议采纳率等考核指标，具体分析量刑建议不被采纳背后的检察过错，因为量刑建议本身就是建立在有限信息（非全部）基础上的建议（非指令）。另一方面要强调作为独立辩护形态的量刑辩护的诉权救济，最大限度地说服法院作出从轻、减轻或免除刑罚的裁决结果。② 但是在量刑程序改革试点与推介的过程中，与检察机关积极参与量刑建议制度探索形成强烈反差，律师界对于量刑辩护的重视与投入显然不够。主要是因为律师无法克服无罪辩护和量刑辩护之间的矛盾，经常要面临“骑墙式辩护”的尴尬，而协调二者的基本思路应当是：慎重选择无罪辩护，适当侧重量刑辩护；应尽协商告知义务，忠于被告人利益；减少量刑辩护冲击，力求辩护质量兼顾。③ 在此基础之上，首先是拓宽律师收集量刑信息的渠道，突破对检察机关公诉案卷材料的传统依赖，充分发挥律师调查取证的制度优势；其次是提升律师量刑信息证明的效度，适度参照未成年人犯罪案件中的“社会调查报告”制度，围绕被告人的悔罪真实性、人身危险性和再犯可能性等展开辩护；最后是在独立量刑程序的法庭审判中，要求辩护方针对量刑证据的调查核验和量刑意见的书面提交，并且要求以常态化的对抗式诉讼样态呈现于法庭审理。

---

① 李勇：《量刑建议“精准化”的原理与路径》，载《检察日报》2019 年 9 月 17 日，第 3 版。

② 参见陈瑞华：《论量刑辩护》，载《中国刑事法杂志》2010 年第 8 期。

③ 参见牟绿叶：《论无罪辩护与量刑辩护的关系》，载《当代法学》2012 年第 1 期。

(三)不确定性规范下缓刑适用的法官保守

缓刑制度旨在打破传统封闭严厉的刑罚体系,以体现宽严相济的刑事政策,《刑法》第72条规定了缓刑制度。但是由于“缓刑适用的实质条件到底是报应、预防并重,还是以报应为主、预防为辅,抑或以预防为主、报应为辅,刑法条文并未给出明确答案”[①]。不确定性决策规范带来的是法官自由裁量的较大空间,但也可能附带引发缓刑适用中的失衡问题。例如,在401名受贿罪被告人中,适用缓刑181人,缓刑适用率为45.14%;在318名行贿罪被告人中,适用缓刑239人,缓刑适用率为75.16%,[②]缓刑适用在一定程度上处于失衡状态。其实早在国家监察体制改革之前,我国职务犯罪案件被告人被判处缓刑的情况就较为突出,但是在本项实证研究的111名被告人中,适用缓刑18人,缓刑适用率仅为16.22%,职务犯罪案件量刑慎用缓刑成为当前司法裁判的基本立场。

历史地看,职务犯罪案件缓刑适用经历了从积极大胆到消极保守的立场转变。要让缓刑制度走上正轨和防止矫枉过正,就是要不断提升缓刑适用规则的确定性、自洽性和可行性,有必要进一步细化缓刑适用中“悔罪表现”“再犯风险”等并列式的列举规范。以行贿犯罪的缓刑适用为例:首先是针对情节要素,[③]补充列举“用违法所得用于行贿的”和“通过行贿谋取职务提拔、调整的”等情节要素,适度扩大“一般不适用缓刑”的空间面向。其次是针对悔罪表现,针对行贿犯罪中狭义被害自然人的缺位,可以考虑通过考察行贿人对不当获利追缴、财产罚没等执法行为

---

① 赵兴洪:《缓刑适用的中国图景——基于裁判文书大数据的实证研究》,载《当代法学》2017年第2期。

② 参见张勇:《“行贿与受贿并重惩治”刑事政策的根据及模式》,载《法学》2017年第12期。

③ 因为在贿赂犯罪中,情节较之数额更能精准反映其社会危害性的本质和程度,而根据贿赂情节所产生的损害程度的量的差异,可以形成阶梯化的刑罚裁量体系,缓刑适用更应当重视情节要素的评价功能。参见钱小平:《贿赂犯罪情节与数额配置关系矫正之辨析》,载《法学》2016年第11期。

的配合,进一步释放悔罪评价中的行为要素。再次是再犯危险,把握广义层面“没有再犯罪的危险”的规范前提,防止出现“对于公职人员来说,只要被判决为有罪,都要解除职务,也就不可能再次实施职务犯罪,客观上就不具备再次利用职务实施犯罪的可能,符合适用缓刑‘确实不致再危害社会’这个条件”的片面认知。① 最后是社区执行,引入行贿行为与社区安全、秩序和稳定等利益关联标准,选择以行贿事由和行为后果为核心要素,进行缓刑适用是否会对居住社区产生重大不良影响的综合评价。

三、职务犯罪刑事审判的合作模式

如何处理司法资源有限性与刑事犯罪增长性之间的显性矛盾,是世界各国司法实践的普遍性难题。不禁促人反思,传统基于司法资源平均主义的“基本正义”和“形式公正”的实质合理性与结果正当性,以及如何实现“司法解决纠纷”向“司法有效解决纠纷”的跃升。因为“如果说解决纠纷本来就是司法天生的目的和固有功能,那么强调个案中解决纠纷的‘有效性’则体现了对司法所承担的社会政治功能的强调,是司法的政治功能与审判的固有功能交错的产物”②。通过个案审判中的繁简分流以推进司法资源的优化配置与刑事司法的范式革命,亦成为世界各国有效司法的趋同性选择。

(一)职务犯罪认罪认罚的庭审重心调整

审判是一种理性解决纠纷的智识活动,成本与效益衡量深刻影响着整体性的审判实践,正如“当现实司法制度的危害程度使审级结构

---

① 参见刘延和:《缓刑适用实证研究》,载《中国刑事法杂志》2007 年第 3 期。

② 吴英姿:《“调解优先”:改革范式与法律解读　以 O 市法院改革为样本》,载《中外法学》2013 年第 3 期。

的变革成为别无选择时，对制度流向的理性改道也就成为历史的必然”[①]。现代刑事司法繁简分流的诉讼格局之下，一审公诉案件中普通程序、简易程序、速裁程序所构成的多元化、层次性制度构造业已形成，认罪认罚实践中刑事审判的合作模式日渐成熟。其实，纵览我国《刑事诉讼法》于 1996 年增设简易程序，于 2012 年完善简易程序，以及于 2018 年补充认罪认罚从宽和刑事速裁程序等规范变迁，优化“繁简分流”的审判程序构造是其基本脉络。其中，源自司法改革顶层设计的认罪认罚从宽制度，“认罪”、“认罚”和“从宽”等独立要素之间互相支撑，并且直接性地影响职务犯罪案件的刑事审判。因为“被告人认罪认罚关系到审判程序的分流和人民法院的裁判结果”[②]，并由此关涉认罪认罚案件中法庭审判的独立构造问题，突出表现为职务犯罪认罪认罚案件中的庭审重心调整。

传统对抗式刑事审判构造中，一方面是强调被告一方防御性权利的体系保障，进而确保其有效对抗，例如法庭审判阶段律师辩护的全面覆盖等；另一方面是要求追诉一方攻击性权力的相对克制，防止对抗异化为压制，例如补充有关侦查人员出庭说明情况的义务规范等。在此基础之上，综合直接言词原则、证人出庭制度、法庭辩论规范等最大限度地表达法律事实，确保法官依法独立公正行使审判权。一般而言，法院的审理对象大致分为定罪问题、量刑问题和程序性争议问题，与之相对应的是定罪裁判、量刑裁判和程序性裁判等。刑事司法实践中，以事实审为中心贯穿刑事案件一审、二审以及死刑复核等多个阶段，突出表现为我国刑事司法“重实体、轻程序”“重定罪、轻量刑”的实践惯性。新型合作式刑事审判构造中，控辩双方已经就案件事实达成一致，庭审所要达成

---

① 傅郁林：《审级制度的建构原理——从民事程序视角的比较分析》，载《中国社会科学》2002 年第 4 期。

② 熊秋红：《认罪认罚从宽的理论审视与制度完善》，载《法学》2016 年第 10 期。

的目标是通过审查确保案件事实的真实性。[①] 其中,定罪问题的法庭审理注定将会流于形式,而且法院通常会作出有罪判决,如何防止司法审查的形式化,[②]确保独立裁判的有效性,是未来职务犯罪刑事审判的重要面向。与此同时,《刑事诉讼法》也明确规定在"被告人认罪认罚并同意适用速裁程序"中可以"不进行法庭调查、法庭辩论",形式上缩短审判时间,实质上弱化诉讼对抗,并且深层指向提升刑事审判的预期性、安定性和公信力等。

(二)认罪认罚从宽协议的独立司法审查

独立司法审查是确保认罪认罚从宽协议合法性与有效性的重要保障,强调以司法裁判的形式确认认罪认罚诉讼合意的契约效力,具体表现为职务犯罪案件中被告人认罪认罚自愿性、真实性与合法性的三重面向。

第一,职务犯罪被告人认罪认罚的自愿性审查,具体又以明示利弊和选择自由为要素。从某种意义上来说,程序选择的本质即权利自由,强调行为主体的自愿性,并且以自愿能力为前提。我国最高司法机关在刑事速裁案件及认罪认罚案件的审判阶段也设置了一些保障被告人认罪认罚自愿性的具体措施,并且大多是以庭审为中心展开的。[③] 首先是庭前的初步审查,具体又包括"认罪"自愿性与"认罚"自愿性,审查主要围绕检察移送起诉书、认罪认罚具结书、检察量刑建议书等内容展开,并且强调对认罪认罚具结书签署时间、地点、人员等细节的关注。一方面是基于案卷移送制度下法官阅卷的可能性,以及高度依赖案卷笔录的审前惯性;另一方面是考虑认罪认罚案件中庭审简化的现实性,有必要在

① 参见陈光中、马康:《认罪认罚从宽制度若干重要问题探讨》,载《法学》2016 年第 8 期。

② 参见陈瑞华:《刑事诉讼的公力合作模式——量刑协商制度在中国的兴起》,载《法学论坛》2019 年第 4 期。

③ 参见孔令勇:《被告人认罪认罚自愿性的界定及保障——基于"被告人同意理论"的分析》,载《法商研究》2019 年第 3 期。

审前进行认罪认罚明智性、自愿性等问题的初步核验,例如美国预先审查被告人"辩诉交易"自愿性的聆训程序。[①] 其次是法院的告知义务,明确人民法院对被告人认罪认罚权利与规定的再次告知,以及听取被告人程序选择有无异议的最新表达,通过一种看得见的方式表现被告人认罪认罚的明知性。这种由中立裁判者主导的再次告知,不仅有利于弥补审前阶段的公正缺憾,克服监察机关、检察机关的价值偏颇;而且有利于维护审判阶段的权利自主,毕竟法庭是自由实现的核心场域,进而最大限度地保障认罪认罚的自愿性。最后是法庭的专门审查,通过综合运用查阅案卷、讯问被告人和听取律师意见等调查方式,针对性地判断被告人认罪认罚的选择自由,特别是职务犯罪案件中律师的积极参与也更有利于法院的全面审查。

第二,职务犯罪被告人认罪认罚的真实性审查,防止无罪之人"认假罪"和有罪之人"假认罪"的实践异化。因为在我国实体真实探知主义的司法传统之下,"事实清楚、证据确实充分"的证明标准通行于速裁程序、简易程序与普通程序等程序,构成了我国法官断案的最高行为准则。但是与美国辩诉交易"有力证明"实践中罪名、罪数与量刑分别协商,以及法院审判的形式审查相区别,认罪认罚从宽制度不仅没有降低定罪量刑的证明标准,而且强调法院进行事实基础的实质审查,既排斥罪名、罪数问题的协商,又严格限制量刑的从宽幅度。从本质上来看,被告人认罪认罚只是一份口供证据,最终定案还需要配套其他证据。职务犯罪的刑事审判亦是如此,绝非被告人诸如"我承认受贿了""我承认贪污了"等宣示性的认罪,不仅要求被告人对时间地点、场景工具、方法手段等细节进行阐述,而且强调转账记录信息、银行账户资产等相互印证。在未来职务犯罪具体类案的真实性审查当中,一方面是要防止无罪之人"认假

---

① 参见[美]约书亚·德雷斯勒、[美]艾伦·C.迈克尔斯:《美国刑事诉讼法精解》(第2卷·刑事审判)(第4版),魏晓娜译,北京大学出版社2009年版,第10页。

罪”，具体又可以分为“冒名顶替式”认罪和“子虚乌有式”认罪两类情形。前者是因为职务犯罪被告人的社会关系相对复杂、利益链条相互交织，特别是在系统性、家族式和帮派化腐败犯罪当中，弃卒保车的顶包认罪可能会实现“内部利益”的相对最大；后者是因为职务犯罪监察调查的高度封闭，尤其是权力配套与约束、权利限制与保障的极不平衡，存在强迫、威胁、引诱等实践风险，又以屈打成招最为典型。另一方面是要防止有罪之人“假认罪”，具体又可以分为“虚情假意式”认罪和“权力寻租式”认罪两类情形。因为认罪认罚从宽制度的核心要义系被追诉人的“真诚悔罪”，这就决定了职务犯罪被告人“假认罪”以换取量刑从宽的动机不当，突出表现为后续追赃追逃、罚没财物等执法抵触。多次作案、多笔问题是职务犯罪的一般常态，背后反映出行为人的权力寻租“成瘾症”，加上其经济能力、活动能力等相对较强，可能更会引发职务犯罪案件中的“以钱买刑”乱象，而这明显是与认罪认罚从宽的制度初衷相悖的。

第三，职务犯罪被告人认罪认罚的合法性审查，主要体现在程序合法性与实体合法性两个方面。司法审查的本质在于合法性判断，对认罪认罚从宽程序流转中的合法性审查旨在防止认罪认罚从宽制度的不当滥用。一方面是基于程序合法性的司法审查，主要围绕程序性规范展开，例如《刑事诉讼法》明确了侦查机关、公诉机关和审判机关的告知义务，应当告知被追诉人享有的诉讼权利和认罪认罚的法律规定；《监察法》明确了涉嫌职务犯罪的被调查人主动认罪认罚，可以在移送人民检察院时提出从宽处罚的建议；[①]司法解释强调办理认罪认罚案件，应当保障犯罪嫌疑人、被告人获得有效法律帮助；相关工作办法要求犯罪嫌疑人在辩护人或者值班律师在场的情况下签署具结书等。另一方面是基于实体合法性的司法审查，不仅要求严格限制争议性、敏感性和复杂性

① 从立法鼓励被调查人主动认罪认罚和有利于被调查人解释立场来看，“可以”即“应当”。

案件中的认罪认罚,而且强调避免量刑建议中“当宽而不宽”和“不当宽而宽”的两种错误倾向,特别是在职务犯罪被告人认罪认罚的逻辑前提之下,量刑审理将要成为法庭审判的核心关切。职务犯罪案件中量刑从宽的合法性审查:一是要坚持量刑建议“一般应当”采纳绝非“照单全收”适用的基本立场,因为量刑建议本质上属于求刑权范畴,而且依托一个集批捕、公诉于一体的独立办案检察官精准量刑,不仅勉为其难,而且超乎常理。二是要坚持宽严相济政策和罪刑相当原则下的有限性从宽,要求把握职务犯罪行为危害性、被告人身危险性、认罪认罚具体性等综合考量,在法律规范框架内审查。三是要坚持诉讼阶段推演和越早越好激励下的层次化从宽,强调职务犯罪调查(侦查)阶段、起诉阶段和审判阶段认罪认罚的从宽差异,以及突出其作为独立量刑程序因素而与坦白、自首、立功等并列考量。

(三)认罪认罚从宽实践的庭审配套改革

“深化司法体制综合配套改革”是新时代全面依法治国的重要内容,法院层面的专业审判队伍建设、繁简分流程序设计、司法人员分类管理和司法责任体制完善等,旨在确保法院依法独立公正行使审判权,以期提升司法能力与司法公信力。介于认罪认罚案件中“法律正当程序”的折损,法庭审判的简化意味着被告人需要放弃部分公正审判权,[①]例如无罪辩护的权利、询问证人的权利等,而且这种权利克减以被告人的明知性、自由性为前提。但是,任何权利都有特定边界,[②]而且越界往往意味着滥用,特别是公正审判也并非一项完全割裂的被告人私权利,考虑到其是与法院依法独立公正审判的义务相对应的,不得克减的程序正义仍是认罪认罚案件的基本要求。职务犯罪案件中,被告人的最后陈述、判决书的法官说理更多承载着警示教育、法治宣传等功能,完善其作为认

---

① 参见熊秋红:《公正审判权的国际标准与中国实践》,载《法律适用》2016 年第 6 期。

② 参见郝铁川:《权利冲突:一个不成为问题的问题》,载《法学》2004 年第 9 期。

罪认罚从宽制度的配套改革,也有利于提升司法反腐质效。

公正审判是被告权利与法院义务的集合体,既是由一系列确定的、相互关联的权利组合而成的公民权利,[①]又是由一系列固定的、相互支撑的规范组合而成的国家义务。其中,不仅“权利和义务在数量上是等值的”[②],而且“权利放弃不得违背既定规范和公序良俗”,因此有观点主张“权利放弃对价说”,并且重点阐释“申请排除非法证据的权利”和“提出上诉的权利”放弃限度。[③] 基于《公民权利和政治权利国际公约》第14条的规范解读,最低限度的“公正审判权”至少应当包括平等审判权利、无罪推定权利、最低程序正义、上诉复核救济等内容,这些内容深刻影响着我国刑事司法的法制变迁。职务犯罪刑事审判中认罪认罚程序的展开,可以通过引入一种类似于“权利放弃”致使“撤销原判”的审查决断机制,凸显不可克减的程序正义。以职务犯罪被告人的“平等审判权利”为例:“回避制度”旨在强调无偏颇的法庭进行公正的审判,以“申请回避”、“自行回避”和“指定回避”等为内容,而且被告人的权利放弃只会强化公权力主体的审查义务,因为一审程序认罪认罚中“违反回避制度的”是“应当裁定撤销原判”。“公开审判”旨在以“看得见的方式”实现公正的审判,承载着“民主监督”、“人权保障”和“司法克制”等功能,虽然是被告人不能放弃的权利,但亦受国家秘密、个人隐私等必要限制,尤其是要注意到职务犯罪案件关涉国家秘密的特殊性。因此,一审程序认罪认罚中“违反本法有关公开审判的规定的”也是“应当裁定撤销原判”。与此同时,最低程序正义还包括强制匹配翻译、快速法庭审理、不得强迫自证其罪等。

最后陈述是辩护权的重要内容,是被告人享有的一项不可剥夺的宪

---

① 参见熊秋红:《解读公正审判权——从刑事司法角度的考察》,载《法学研究》2001年第6期。

② 徐显明主编:《公民权利义务通论》,群众出版社1991年版,第65页。

③ 参见赵恒:《论从宽的正当性基础》,载《政治与法律》2017年第11期。

法权利，世界范围内存在独立程序式、辩论依附式、总结陈述式三种立法体例，并且对应具体化的配套机制。在我国刑事司法的整体框架内，最后陈述作为法院刑事审判中的一个独立程序，是保障刑事司法底线正义的重要内容，具备“时间的特定性”、“范围的全面性”和“效果的实质性”等特征。[①] 因此，诉讼经济、繁简分流等诉讼效率价值取向始终不能，也不应当对它形成冲击，根源在于法庭调查、辩论等环节辩护克减的前提事实，最后陈述的权利剥夺可能加剧“无声审判”的实践危机。刑事案件的简易程序、速裁程序，都要求法院在判决宣告前听取被告人的最后陈述意见，其中被告人认罪认罚并同意适用速裁程序的，可以不进行法庭调查、法庭辩论，但是不能略去被告人的最后陈述。职务犯罪案件中适用认罪认罚程序，最后陈述一方面能够体现被告人认罪认罚的行为完整和逻辑自洽，并且通过被告人的“现身说法”来教育民众，强化司法反腐的宣传价值；另一方面辅助法庭全面核验事实真相，防范冤假错案。未来，为了解决实践中职务犯罪被告人最后陈述的话语权失声、失衡、失当和失范等问题，应当明确认罪认罚案件中被追诉人的最后陈述“义务”，并要求最后陈述“多一些事实性陈述，少一些口号式宣称；多一些细节性描述，少一些情感性宣泄”[②]。职务犯罪案件中，从最后陈述权利向最后陈述义务的转向，主要是基于被告人认罪认罚从宽制度的选择适用，对价理论之下引发实体性与程序性权利义务的双向调整。因为基于常识判断，法庭审判“控—辩—审”的诉讼构造才是被追诉人认罪认罚的最佳场域，被告人的最后陈述自然必不可少。

除此以外，裁判文书作为一种记载审理过程和裁判结果的司法产品，是对被告人罪数、罪名和罪刑的法律评价。法官说理在这当中作为

---

① 参见谢进杰：《被告人最后陈述制度构造原理》，载《甘肃政法学院学报》2006 年第 2 期。

② 司法实践中，一些被告人以“我没有什么可说的，希望政府对我宽大处理”“我还上有老、下有小，希望法官对我从轻发落”等简略陈述博取同情，难以体现出实质性的认罪认罚。

一个逻辑推演的过程，选择方法的明示涉及裁决被认同的说明，防止刑事裁决沦为缺乏权威和理性的“单纯暴力”，[①]直接影响着中国刑事司法的公信力。裁判文书简化是配合认罪认罚从宽制度改革的重要举措，[②]一方面是要求认罪认罚从宽协议司法审查的法官专门说理，主要围绕自愿性、真实性与合法性展开；另一方面是与法庭审判的重心由定罪审判向量刑审判迁移相适应，裁判文书的重点也应随之由定罪说理向量刑说理转变。其中，法官的定罪说理应当严格遵循三段论的逻辑性推理和构成要件的对应性分析，展开涉嫌犯罪行为罪数和罪名的刑法评价；量刑说理则要坚持从刑事实体法治和程序法治两个维度展开，增设量刑从宽的法官专门性说理条款，重点展开被追诉人自首、坦白、真诚悔罪、赔礼道歉等情态证据的事实描述和法律评价，实现认罪认罚从宽制度以个案适用吸引和指导广泛适用的目标追求。

四、职务犯罪刑事审判的缺席模式

透过“程序正义论”和“程序参与性”等理论视角，在刑事案件“控—辩—审”组合的基本诉讼结构中，“获得法庭审判机会”是司法公正的前提要件，并且强调充分参与、实质影响的司法效果。例如，1996 年《刑事诉讼法》废除了检察机关“定罪免诉”的权力，既能防止控审合一，又能确保庭审参与，有利于刑事司法体系化的良性运作。基于原则与例外之间的共生相依性，以及案件特殊性、实践需求性、利益综合性等多元考量，“缺席审判”亦是刑事司法的重要组成部分，承载着反腐败追逃追赃工作由功利主义向法治主义之理念转型、短期应急向长效治理之模式转型等多重功能，进而克服引渡、遣退和劝返等传统救济中“三低”的实践瓶颈。

---

① 参见孙万怀：《公开固然重要，说理更显公正——“公开三大平台”中刑事裁判文书公开之局限》，载《现代法学》2014 年第 2 期。

② 参见周新：《认罪认罚从宽制度试点的实践性反思》，载《当代法学》2018 年第 2 期。

比较来看,“在席审判”是最普遍的审判方式,而“缺席审判”具有天然缺陷并受到严格限制。德国的刑事缺席审判可适用于轻罪案件、扰乱法庭秩序等案件;法国则是将被告人因外逃等原因而自始不到庭的案件纳入刑事缺席审判的范围。纵览我国刑事司法的立法与实践,无论是受诉讼文化、价值理念方面的影响,还是受刑事诉讼模式和构造等方面的制约,又或者是对被告人诉讼权利的保障和诉讼公正等的特别关注,刑事诉讼中的缺席审判受到否定性的批判。[①] 在刑事法治内生动因与外生刺激的双重影响下,2012 年和 2018 年的两次《刑事诉讼法》修改相继补充“缺席审判”,分别是针对海外追赃的“特别没收程序”和海外追逃的“缺席审判程序”,[②]进一步丰富和优化了职务犯罪案件的刑事审判结构,并且始终强调坚持以审判为中心的刑事司法规律。2021 年 3 月,时任最高人民检察院检察长的张军在向全国人大作工作报告时提及全国首例适用缺席审判的程三昌案,开启了职务犯罪案件中缺席审判的法治实践探索。

(一)职务犯罪缺席审判的理论依据

司法本质上是一种围绕“互动交涉”的价值判断,特别是建立在“对簿公堂”、“两造辩论”和“五听三讯”等基础之上的司法审判,更有利于通过辩论、解释和论证等谋求最佳方案和基本共识,因此“控辩审三方共同参与的法庭审判”也被认为是司法文明的基本要求。其中,规定“检察机关承担公诉职能”和“法院承担审判职能”以国家机器为根本支持,而且国家政权稳定基础之上并不存在出庭不能的例外。但是,作为具体个案法庭审判中的特定被告,现实性地存在因病或潜逃等不能出庭的客观

---

① 参见彭新林:《腐败犯罪缺席审判制度之构建》,载《法学》2016 年第 12 期。

② 虽然“特别没收程序”能否被认定为严格意义上的刑事缺席审判制度仍有争议,例如,有观点主张“特别没收程序不能被解释为缺席审判”(黄风、彭新林等),也有观点认为“特别没收程序可以看作是缺席审判在我国刑事诉讼法领域的确立”(宋英辉、时延安等),但是都能够在“体现刑事缺席审判制度基本精神”的问题上达成共识。

实际,"缺席审判"始终是一个绕不开的实践话题,特别是当下职务犯罪案件跨地区、跨国际的国际化趋势明显,境外追赃、追逃的任务繁重,加强反腐败国际合作亦是任重道远,建构中国特色的刑事缺席审判制度迫在眉睫。

一方面是从必要性来看,职务犯罪缺席审判有利于促进境外追逃追赃、提升刑事司法效率、强化国际反腐合作和维护司法反腐权威等,实现刑事司法的保护有力与打击周延。改革开放以来,我国职务犯罪分子外逃现象严重,国家资产外流严重,境外追逃、追赃压力较大。但囿于刑事缺席审判的制度阙如,对于在审判过程中被告人潜逃或因病等不能到庭,法院通常采取中止审理的方式,而这种中止刑事司法的公权力"妥协"既不利于刑事司法的效率提升,会动摇刑事司法的民众基础;也不利于司法反腐的权威增强,会加剧贪官外逃的恶性循环,甚至影响国家的整体国际声誉。2012 年和 2018 年的《刑事诉讼法》修改,分别增设海外追赃的"特别没收程序"和海外追逃的"缺席审判程序",通过司法裁判以明确境外资产的赃款属性、境外人员的罪犯身份,既能防止境外资产转移和身份漂白,又有利于国际司法协助的实质推进,《联合国反腐败公约》更是将"生效判决"作为国际司法协助的前提要件。与此同时,新成立的国家监察委员会也相继与澳大利亚联邦警察、联合国毒品和犯罪问题办公室等签署反腐败执法合作文件。一般认为,我国刑事缺席审判制度的步履维艰,不仅实体真实主义下的错案得不到控制,而且顾虑被告人不受控制的刑罚得不到实现。但是,在官员外逃与涉嫌犯罪高度关联的一般逻辑之下,职务犯罪缺席审判的制度初衷即实现刑罚。综上所述,建立职务犯罪缺席审判制度,既是反腐所需,亦是民心所望,对于健全反腐败法律制度、推进反腐败国际合作等意义重大。

另一方面是从可行性来看,职务犯罪缺席审判满足了有诉必审基础理论、出庭权利义务复合、案件适用范围有限和司法审判特别程序等前提要件,特别是基于域外国家和地区刑事缺席审判立法与实践的比较借鉴。首先,从有诉必审的基础理论来看,不仅明确源头上的“控诉分离”,而且强调过程中的“监督制约”,因为我国的公诉审查尚不具备过滤功能,[①]而且并未要求犯罪嫌疑人必须到案的基础事实。基于起诉法定主义的规范前提,“被告人是否在案或者是否能够出庭,既不是提起公诉的积极条件,也不是阻止公诉提起的消极条件”[②]。其次,从被告人出庭权利与义务的界定来看,世界范围内主要存在权利说、义务说、权利与义务复合说三种模式。我国采取的是被告人出庭权利与义务复合说的基本模式,既强调被告人通过法庭实现权利,例如辩护权、质证权等,又要求被告人出席审判承担义务,包括回答讯问、配合调查等。从义务的角度分析,如果被告人有意逃避审判,不出庭受审,则违反了诉讼义务,那就应承担一定的法律责任和不利后果,[③]权利保护视域下的刑事缺席审判有其应然合理性。再次,从案件适用范围的严格限制来看,考虑到有先天缺陷的客观实际,缺席审判的少用、慎用是世界范围内的一贯立场。例如,针对海外追赃的“特别没收程序”,强调“犯罪嫌疑人、被告人逃匿,在通缉一年后不能到案,或者犯罪嫌疑人、被告人死亡”的前提要件。最后,从司法审判的特别程序来看,旨在实现刑事诉讼程序更强的回应现实需要的功能,[④]具体又以程序架构、权能赋设与特别救济等为内容。例如,针对海外追逃的“刑事缺席审判”,明确“中级人民法院组成合议庭”的庭审构造、“通知法律援助机构指派律师为其提供辩护”的强制辩护、“罪犯对判决、裁定提出异议的,人民法院应当重新审理”的特别救济等。与此同时,域外相对成熟、稳定的制度探索与实践,[⑤]也能为我国职务犯

① 参见邢永杰、侯晓焱:《撤回公诉问题评析》,载《国家检察官学院学报》2013 年第 2 期。

② 邓思清:《刑事缺席审判制度研究》,载《法学研究》2007 年第 3 期。

③ 参见彭新林:《腐败犯罪缺席审判制度之构建》,载《法学》2016 年第 12 期。

④ 参见陈卫东:《构建中国特色刑事特别程序》,载《中国法学》2011 年第 6 期。

⑤ 例如,《荷兰刑事诉讼法》第 280 条、《法国刑事诉讼法典》第 320 条和《德国刑事诉讼法》第 320 条分别规定了刑事缺席审判制度。

罪缺席审判制度的理性建构提供重要启迪。

（二）未经定罪之没收的规范与实践

没收，《辞海》上将其界定为“法律上指强制无偿地收归国有”，但是具体到复杂立法中的部门规范，又呈现出特定语境下的不同含义。例如，作为刑法上没收财产的附加刑，作为诉讼法上对物的强制措施，以及作为行政处罚法上的处罚方式等。刑事诉讼法增设作为刑罚财产刑的特别没收，与行政没收、民事没收、刑事追缴等有本质上的区别，具体表现为行为方式、参与主体、证明手段和救济途径等差异。其中，刑事诉讼的一般没收与特别没收都是刑罚的执行方式，都依赖刑事司法的方式实现，而核心区别在于定罪与否的前提要件，刑事特别没收也被称为“未经定罪之没收”。基于“先定罪、后量刑”的因果逻辑与思维模式，法院量刑与刑罚实现以被告人的法庭审理与有罪裁判为前提，但是犯罪嫌疑人、被告人逃匿、死亡等阻断情形，客观妨碍了刑事司法的程序推演。2012年《刑事诉讼法》第五编第三章增设特别没收程序，具体适用于贪污贿赂犯罪等违法所得及其他涉案财产的追缴。

扎根在对本国实定法秩序绝对信奉和尊重立场之上的法教义学，要求在其秩序体系限度内进行合理化解释，[①]吸收和借鉴法教义学的合理内核，围绕程序与实体两大维度探讨职务犯罪案件中“特别没收程序”之规范。一方面是从程序之维来看，首先是发端于犯罪活动的没收程序作用于涉案财物，不仅是在法律层面变更所有权，而且独立于行为人的刑事定罪程序。考虑到调查、侦查、起诉和审判等不同语境下的犯罪含义多元，因为主体在使用“犯罪”这个词语的时候只反映了主体相同的否定性评价态度，而在不同主体之间，并不表示“犯罪”这个词语所指称的对象（或内容）也相同。[②] 其次是民事程序与刑事程序的交叉性，特别是在

---

① 参见凌斌：《什么是法教义学：一个法哲学追问》，载《中外法学》2015年第1期。

② 参见王牧：《犯罪研究：刑法之内与刑法之外》，载《中国法学》2010年第6期。

《刑事诉讼法》第五编“特别程序”的前提框架内，又兼具民事诉讼的基本属性，例如针对财物归属的有限性、[1]民事关系介入的优先性，以及案外人申请参与的开放性等特征。最后是犯罪嫌疑人、被告人不能到案的先决性，具体又包括国际逃匿和国内逃匿、自然死亡和宣告死亡等情形，并且明确“自动投案或者被抓获的”程序终止性规定，回归控辩审三方共同参与的庭审构造理性。另一方面是从实体之维来看，首先是适用范围上的有限性，不仅要求贪污贿赂重大犯罪等前提事实，而且强调追缴财产的后果事实。因为贪污贿赂犯罪只是职务犯罪的一种，而且涉嫌贪污贿赂的犯罪分子也非都不能到案，这就决定了职务犯罪案件中适用特别没收程序的范围有限。其次是目标追求上的多元性，区别于传统审判格局下定罪量刑的刑罚实现，特别没收程序更多着眼于程序修复和司法警示，以及对“行为人因自身不法行为获得利益”的纠偏。最后是裁定效力上的特殊性，不仅设定被追诉人“自动投案或者被抓获”时的程序终结，而且规定犯罪嫌疑人、被告人近亲属和其他利害关系人或者人民检察院的上诉权、抗诉权。[2]

徒法不足以自行。从特别没收程序的审判实践来看：一是规定犯罪地、居住地的中级人民法院组成合议庭进行审理，一方面是犯罪地、居住地契合管辖便利原则，另一方面是中级人民法院审理有利于兼顾“重大犯罪”与“程序审慎”。二是补充为期6个月的法院公告形式要件，以敦促被告人、近亲属、利害关系人、诉讼代理人等参与法庭审理，体现特别没收程序适用的最后兜底性。因为考虑到刑事司法过程对公民权利影响和干预的客观现实，刑事诉讼中一般不采取法院公告的方式传递信息和推进诉讼进程。三是明确特别没收程序中的司法证明，具体又以证明

① 参见宋英辉、茹艳红：《刑事诉讼特别程序立法释评》，载《苏州大学学报（哲学社会科学版）》2012年第2期。

② 普通程序中，不仅基于被告人同意下的近亲属无权上诉，利害关系人更是无权上诉。

对象、证明责任和证明标准为内容。其中，证明对象应当包括“人”和“物”两类，一类是人的“逃匿”或“死亡”，另一类是物的“违法”及其“范围”。证明责任一般由检察公诉机关承担，但是利害关系人也应当承担提供证明与被告人关系的证明材料和可以对违法所得财产主张权利的证据材料等。证明标准也经历了从严格证明到优势证明的规范调整，[①]在保证特别程序顺利运行的前提下兼顾公民的合法财产权利和违法所得没收的诉讼效率。从特别没收程序的参与主体来看：首先是承担公诉与证明职能的检察机关，围绕贪污贿赂职务犯罪的检察实践，对前需要对监察调查机关、检察自侦部门等的没收违法申请进行审查核实，并要求提供补充证据材料；对后需要向对应法院提起申请，申请启动特别没收程序，并在法院合议庭审理过程中承担证明和说服责任。与此同时，为了防止被追诉人和利害关系人的合法财产受到侵害，应当加强以检察监督为核心的特别程序适用法律监督。[②] 其次是参与审判的利害关系人，包括了被告人的近亲属和其他利害关系人，其中抗辩理由只能以对违法所得财产的合法所有权为主张，具体包括事前取得和善意取得的类型化事由，因为我国刑事司法并不承认诉讼利益的可转嫁性。最后是主导特别没收程序的审判机关，必须由中级人民法院以合议庭的方式进行一审，二审则由相应的高级人民法院进行，一审和二审法院相对固定地占据了我国四级法院的中间地带。按照诉讼流程来看，一是管辖问题、案件类型和通缉令情况等形式审查，二是发布公告、接受异议和开庭信息通知等审判准备，三是合议庭主持下的权利主张、质证认证和作出裁定等法院审理，并且统一由一审法院执行终审裁定。

---

① 最高人民法院、最高人民检察院《关于适用犯罪嫌疑人、被告人逃匿、死亡案件违法所得没收程序若干问题的规定》第 17 条确认了优势证明标准，规定申请没收的财产具有高度可能属于违法所得及其他涉案财产的，应当认定为该规定第 16 条规定的“申请没收的财产属于违法所得及其他涉案财产”。

② 参见邓立军：《违法所得特别没收程序的潜在风险与控制》，载《法学评论》2015 年第 1 期。

（三）外逃人员定罪量刑的诉讼构造

刑事缺席审判制度是对特殊刑事案件中未出席法庭审判的刑事被告人设置的为解决其刑事责任问题的特殊审判程序，[①]既涉及对“人”的定罪量刑，又包含对“物”的罚没收缴，追究刑事责任是其核心要求。2012年《刑事诉讼法》增设的“特别没收程序”，性质上是刑事对物之诉，功能上是剥夺犯罪收益，范围上针对逃匿、死亡等情形，并非严格规范意义上的刑事缺席审判，难以有效运用刑事司法手段进行外逃人员的精准打击。2018年《刑事诉讼法》第五编第三章补充“缺席审判程序”，通过明确特定情形下被告人不到场的缺席审判程序，以期克服单一在席审判模式的司法疲软。根据缺席审判程序对被告人刑事责任的实际影响，又可以进行外逃人员定罪量刑的缺席审判、死亡人员平冤昭雪的缺席审判、患病人员无法出庭的缺席审判等，但也有观点认为后两类并非真正意义上的刑事缺席审判，“而是刑事普通程序中处置审判障碍时的一项诉讼措施”[②]。其中，作为典型性刑事缺席审判的外逃人员定罪量刑，与职务犯罪的刑事司法密切相关，未来应当恪守程序正当和司法公正的最低限度，保持与国际条约和域外法制的相互兼容，最大限度提升司法裁判的国际认可、追赃追逃的国际合作。

基于《刑事诉讼法》“缺席审判程序”的文本分析，职务犯罪案件中外逃人员刑事缺席审判的程序展开需要具备以下要件，不仅体现了司法对内的权威性，而且增强了司法对外的认同感。首先是案件范围限定，仅适用于贪污贿赂犯罪案件，并且要求对违法所得及其他涉案财产的一并处理，排斥滥用职权、玩忽职守和徇私舞弊等职务犯罪案件，不仅是因为贪污贿赂犯罪侵害国家廉洁制度的严重性，而且是因为官员外逃导致

---

① 参见王敏远：《刑事缺席审判制度探讨》，载《法学杂志》2018年第8期。

② 万毅：《刑事缺席审判制度立法技术三题——以〈中华人民共和国刑事诉讼法（修正草案）〉为中心》，载《中国刑事法杂志》2018年第3期。

资产外流的危害性。有观点认为“贪污贿赂犯罪案件”指的是《刑法》分则第八章规定的所有犯罪案件，[①]但是基于监察法规范的体系解读，还应当包括“对非国家工作人员行贿罪”和“对外国公职人员、国际公共组织官员行贿罪”等。其次是犯罪嫌疑人、被告人在境外，强调行为人的活体状态及逃匿事实，因为刑事司法本质上是权力与权利的博弈，犯罪嫌疑人、被告人的死亡会导致正当刑事程序的终止，而且契合“人死息讼”的司法传统。再次是遵循侦诉审组合的司法逻辑，在“犯罪事实清楚，证据确实、充分”的统一证明框架内，明确规定监察机关移送起诉，检察机关审查起诉，以及审判机关定罪量刑等分工与配合，以及被告人上诉、检察机关抗诉、罪犯异议重审等制约与救济。最后是满足法庭审判的特别要求，例如应当由中级人民法院组成合议庭进行审理，特别是人民陪审员参与下的法庭审理，不仅体现其作为例外程序的审慎适用，而且通过公众参与以强化司法裁判的正当性与认同感。法院应当采取法定方式送达传票、起诉书副本，保障被告人的知情权，如果后续未按要求归案受审，则视作其对出庭权的主动放弃。[②]与此同时，明确规定缺席审判案件中律师参与的强制辩护，因为一方面辩护权是刑事司法中的普遍性权利，而且审判阶段的律师辩护全覆盖是当前司法改革的重要内容，另一方面有效辩护是判决获得被告人所在国承认的关键。[③]

囿于缺席审判程序中被告人不出庭、辩护权难周延的制度瓶颈，如何通过权力规范与权利保障的双向制度设计，消解程序瑕疵中的不当风险，以及法庭审理中的救济迟延，是外逃人员定罪量刑诉讼构造中的重

---

① 参见杨雄：《对外逃贪官的缺席审判研究》，载《中国刑事法杂志》2019 年第 1 期。

② 比较世界范围内缺席审判制度的历史沿革，“知晓”刑事诉讼程序的正在进行和放弃出席庭审的法律后果是其重要内容，例如，《意大利刑事诉讼法》对“因被告人逃匿而查无下落”的限制适用。

③ 参见陈卫东：《论中国特色刑事缺席审判制度》，载《中国刑事法杂志》2018 年第 3 期。

点与难点，毕竟刑事缺席审判与引渡追逃执行之间存在紧张关系。[①] 首先是监察机关的移送起诉，强调犯罪事实已经查清，并且要求掌握外逃人员生死、锁定外逃人员住址等前置条件，要求作好送达程序中被告人知情权、程序衔接中被告人辩护权的保障。[②] 一方面是保障“特别没收”与“缺席审判”的程序抉择，避免条件变更下的程序更迭，因为刑事缺席审判是一项综合性审判，可以当然性地涵盖违法所得没收申请的提出；[③] 另一方面是确保法院后续送达的现实可行，防止送达不能后的程序夭折，这就要求充分发挥《刑事诉讼法》第 292 条概括立法模式送达的灵活性优势，以及用好“被告人所在地法律允许的其他方式”的兜底性条款。其次是检察机关的审查起诉，同样要求检察机关履行普通刑事案件中的法定职责，例如权利告知义务、调查核实义务等，但也应当把握因犯罪嫌疑人不在案的机动应对。以“告知犯罪嫌疑人有权委托辩护人”为例，检察机关自收到监察机关移送的案卷材料之日起 3 日以内，不仅应告知犯罪嫌疑人可以委托辩护人，还应告知其近亲属可以代为委托辩护人，[④]以克服庭审过程中强制辩护的相对迟延，因为一般而言，“律师辩护介入越早，辩护意义越大”。最后是审判机关的定罪量刑，在属地管辖与指定管辖相结合、中级人民法院合议庭开庭审理的制度框架内，应当贯彻法庭审判的程序机理，例如无罪推定原则、证据裁判原则和直接言词原则等，防止法庭审理的形式主义。与职务犯罪案件中的“对席审判”相区别，被告人缺席审判背后是口供缺失，有利于矫正传统司法审判中的口供偏赖主义，进一步凸显证人证言、实物证据等证据的证明价值，因此也有观点

---

① 参见郭晶：《缺席审判与引渡追逃的紧张关系及突破》，载《吉林大学社会科学学报》2019 年第 6 期。

② 参见董坤：《职务犯罪案件缺席审判在监察与司法中的衔接》，载《江海学刊》2022 年第 1 期。

③ 参见黄风：《刑事缺席审判与特别没收程序关系辨析》，载《法律适用》2018 年第 23 期。

④ 参见杨雄：《对外逃贪官的缺席审判研究》，载《中国刑事法杂志》2019 年第 1 期。

主张宏观层面的证据运用规则调整，以及微观层面的法庭审理整体判断。[①] 与此同时，《刑事诉讼法》第 294 条和第 295 条也分别规定了“上诉”、“抗诉”与“重新审理”等程序性救济，以实现刑事缺席审判程序中公正与效率的价值统一。

① 参见袁义康：《证据法视野下的刑事缺席审判程序》，载《政治与法律》2019 年第 7 期。

第七章

结　语

法治是治国理政的根本方式。全面依法治国背景下,强调善用法治思维和法治方式深化改革、持续发展和有效治理,这也构成了中国共产党领导下国家治理的理论依据与实践创新。基于国家治理体系化和法治化的深刻内涵,亟须统筹推进和协同发展腐败治理过程中的理念转变、结构调整与模式转型等,这不仅有利于巩固反腐败斗争的压倒性态势,而且有利于夺取反腐败斗争的全面胜利,以契合中国特色社会主义“以人民为中心”的根本逻辑。国家监察体制改革的地方试点到全国推广正可谓恰逢其时,特别是我国职务犯罪刑事司法的理论与实践也正经历一场结构性、体系性与历史性的重大变革。立足于监察改革“以监察为中心”和司法改革“以审判为中心”的双重背景,并且以坚持法治反腐为核心和以程序推演为步骤,深耕我国职务犯罪刑事司法的理论与实践,本书分别从职务犯罪刑事司法的理论与制度、程序与实践等研究视角切入,探讨我国职务犯罪案件刑事司法的法治化转型,以期为法治反腐的国家治理提供思考。

法治反腐视域之下,从法律规范层面剖析职务犯罪刑事司法的程序衔接,从制度实践层面揭示刑事司法程序衔接的整体运行,进而提出、阐释与论证职务犯罪刑事司法的中国式命题,是本项研究的核心内容。其中,一方面是坚持从监察调查、刑事侦查、审查起诉与定罪量刑等阶段切入,另一方面是坚持从地方办法、法制变迁、裁判实践与经验访谈等实证切入,综合运用比较分析、价值分析、规范分析和实证分析等多元法学研究方法,构成了本项研究的主要方法。围绕监察改革与司法改革的时代背景,以及惩罚犯罪与保障人权的价值权衡,职务犯罪刑事司法过程中高效反腐与有效反腐的法治实践,有赖于理念转型、规范配套与制度实践等相互协调,选择以正当法律程序理论为分析工具,调和职务犯罪刑事司法的结构性冲突,进而体现本项研究的价值所在。

诚然,体系化研究固然存在以偏概全之缺憾,并且难免挂一漏万之风险,特别是国家监察体制改革的初创性与探索性、综合性与体系性、复杂性与融贯性、政治性与法律性,以及"自上而下"改革决策与"自下而上"实践反馈等特征,都决定了本项研究尚有不少缺憾。首先是监察体系与司法体系的话语割裂,在规范层面监察调查区别于刑事侦查,监察调查不适用刑事诉讼法等既定框架,职务犯罪监察调查的属性问题持续存在争议,但是本书的一贯立场是主张监察机关的职务犯罪监察调查带有刑事侦查属性,并且应然性地要求将其纳入职务犯罪刑事司法的讨论范畴。其次是监察调查与刑事司法的实践反馈,一方面是在《监察法》颁布实施和《刑事诉讼法》配套修改之初,法律实践可能会受到诸多法外隐性因素的影响,毕竟法律实践本身就受时间、空间与主体等多维因素影响;另一方面是建立在小样本裁判文书基础上的法律实证,不仅说服能力有待进一步考证,而且问题的揭露与聚焦相对有限。最后是围绕惩罚犯罪与保障人权的核心价值展开,动态平衡的模式选择似乎又难以提供一套行之有效的规则体系,并且最终落脚于行为主体的利益权衡与个案裁量,又可能会带来不确定性决策实践的异化风险,特别是我国刑事司法过程中的"权力意识"、"配合主义"与"规则依赖"等根深蒂固。整体而言,随着国家监察体制改革由浅入深的纵向推进,职务犯罪刑事司法的法治转型必将是一项全局性、长期性与根本性的复杂工程,针对其理论研究与制度实践有待进一步的深耕细作,这不仅需要监察机关、检察机关与审判机关等权力机关的通力协作,还需要职务犯罪被追诉人权利体系的配套保障,从某种程度上来看,未来一段时间内最为可行的职务犯罪刑事程序完善途径也应当是以兼顾被调查人权利为出发点。

参考文献

一、中文参考文献

（一）著作

1. [美]艾伦·德肖维茨:《你的权利从哪里来?》,黄煜文译,北京大学出版社2014年版。

2. [美]约书亚·德雷斯勒、[美]艾伦·C.迈克尔斯:《美国刑事诉讼法精解》(第2卷·刑事审判),魏晓娜译,北京大学出版社2009年版。

3. [美]弗洛伊德·菲尼、[德]约阿希姆·赫尔曼、岳礼玲:《一个案例 两种制度——美德刑事司法比较》,郭志媛译,中国法制出版社2006年版。

4. [美]米尔伊安·R.达玛什卡:《司法和国家权力的多种面孔——比较视野中的法律程序》,郑戈译,中国政法大学出版社2004年版。

5. [美]约翰·W.斯特龙主编:《麦考密克论证据》(第5版),汤维建等译,中国政法大学出版社2004年版。

6. [德]贝恩德·许乃曼等:《案卷信息导致的法官偏见:关于与英美模式比较下德国刑事诉讼程序优缺点的实证研究》,刘昶译,北京大学出版社2014年版。

7. [德]托马斯·魏根特:《德国刑事诉讼法》,岳礼玲、温小洁译,中国政法大学出版社2004年版。

8. [英]丹宁勋爵:《法律的正当程序》,李克强、杨百揆、刘庸安译,法律出版社 2011 年版。

9. [英]约翰·斯普莱克:《英国刑事诉讼程序》(第 9 版),徐美君、杨立涛译,中国人民大学出版社 2006 年版。

10. [法]孟德斯鸠:《论法的精神》(上册),张雁深译,商务印书馆 1993 年版。

11. [日]谷口安平:《程序的正义与诉讼》(增补本),王亚新、刘荣军译,中国政法大学出版社 2002 年版。

12. [日]松尾浩也:《日本刑事诉讼法》(上卷),丁相顺译,中国人民大学出版社 2005 年版。

13. [日]松尾浩也:《日本刑事诉讼法》(下卷),张凌译,中国人民大学出版社 2005 年版。

14. 邱联恭:《程序选择权论》,台北,三民书局 2000 年版。

15. 林钰雄:《刑事诉讼法》,台北,元照出版有限公司 2015 年版。

16.《德国刑事诉讼法典》,宗玉琨译注,知识产权出版社 2013 年版。

17. 中共中央纪律检查委员会法规室、中华人民共和国国家监察委员会法规室编写:《〈中华人民共和国监察法〉释义》,中国方正出版社 2018 年版。

18. 李寿伟主编:《中华人民共和国刑事诉讼法解读》,中国法制出版社 2018 年版。

19. 马怀德主编:《中华人民共和国监察法理解与适用》,中国法制出版社 2018 年版。

20. 陈瑞华:《司法体制改革导论》,法律出版社 2018 年版。

21. 易延友:《证据法学:原则 规则 案例》,法律出版社 2017 年版。

22. 季卫东:《法治秩序的建构》(增补版),商务印书馆 2015 年版。

23. 孙谦主编:《人民检察制度的历史变迁》,中国检察出版社 2014 年版。

24. 吴宏耀、种松志主编:《中国刑事诉讼法典百年》,中国政法大学出版社 2012 年版。

25. 全国人大常委会法制工作委员会刑法室编著:《〈中华人民共和国刑事诉讼法〉释义及实用指南》,中国民主法制出版社 2012 年版。

26. 陈光中主编:《刑事诉讼法》(第 4 版),北京大学出版社、高等教育出版社 2012 年版。

27. 陈光中主编:《〈中华人民共和国刑事诉讼法〉修改条文释义与点评》,人民法院出版社 2012 年版。

28. 陈瑞华、黄永、褚福民:《法律程序改革的突破与限度——2012 年刑事诉讼法修改述评》,中国法制出版社 2012 年版。

29. 陈雄:《国家权力与公民权利的规范理论》,法律出版社 2012 年版。

30. 顾永忠等:《刑事辩护:国际标准与中国实践》,北京大学出版社 2012 年版。

31. 刘思达:《割据的逻辑:中国法律服务市场的生态分析》,上海三联书店 2011 年版。

32. 孙笑侠:《程序的法理》,商务印书馆 2010 年版。

33. 高其才、左炬、黄宇宁:《政治司法》,法律出版社 2009 年版。

34. 赵宝云:《西方六国权力制衡机制通论》,中国人民公安大学出版社 2009 年版。

35. 孙谦主编:《人民检察制度的历史变迁》,中国检察出版社 2009 年版。

36. 朱孝清等:《我国职务犯罪侦查体制改革研究》,中国人民公安大学出版社 2008 年版。

37. 蔡定剑、王晨光主编:《中国走向法治 30 年(1978—2008)》,社会科学文献出版社 2008 年版。

38. 匡科:《刑上大夫:治理腐败与刑事司法制度的演进》,法律出版社 2008 年版。

39. 闵钐编:《中国检察史资料选编》,中国检察出版社 2008 年版。

40. 石少侠主编:《晋升高级检察官培训教程》(修订版),中国检察出版社 2006 年版。

41. 孙笑侠:《程序的法理》,商务印书馆 2005 年版。

42. 陈光中主编:《21 世纪域外刑事诉讼立法最新发展》,中国政法大学出版社 2004 年版。

43. 最高人民检察院反贪总局:《反贪工作指导》(2004 年第 2 辑),中国检察出版社 2004 年版。

44. 监察部法规司编译:《国外监察法律法规选编》,中国方正出版社 2004 年版。

45.《日本刑事诉讼法》,宋英辉译,中国政法大学出版社 2000 年版。

46. 何秉松主编:《职务犯罪的预防与惩治》,中国方正出版社 1999 年版。

47. 孙谦主编:《国家工作人员职务犯罪研究》,法律出版社 1998 年版。

48. 陈兴良主编:《职务犯罪认定处理实务全书》,中国方正出版社 1996 年版。

49. 朗胜主编:《关于修改刑事诉讼法的决定释义》,中国法制出版社 1996 年版。

50. 何家弘编著:《外国犯罪侦查制度》,中国人民大学出版社 1995 年版。

51. 樊凤林、宋涛主编:《职务犯罪的法律对策及治理》,中国人民公安大学出版社 1994 年版。

52. 中共中央文献研究室编:《建国以来重要文献选编》(第 5 册),中央文献出版社 1993 年版。

53. 徐显明主编:《公民权利义务通论》,群众出版社 1991 年版。

54. 王桂五主编:《中华人民共和国检察制度研究》,法律出版社 1991 年版。

55. 范恒山主编:《政治体制改革辞典》,中国物资出版社 1988 年版。

(二)期刊论文

56. 魏昌东:《论职务犯罪监察管辖权的配置》,载《法学》2023 年第 7 期。

57. 张红哲:《监察证据标准的理论阐释与优化路径》,载《中外法学》2023 年第 3 期。

58. 董坤:《职务犯罪案件缺席审判在监察与司法中的衔接》,载《江海学刊》2022 年第 1 期。

59. 邓思清:《我国重大职务犯罪案件指定管辖制度研究》,载《政治与法律》2022 年第 6 期。

60. 谢小剑:《职务违法与职务犯罪监察调查程序"相对二元化模式"提倡》,载《法商研究》2021 年第 5 期。

61. 陈海锋:《职务犯罪刑事程序的体系化检视》,载《政治与法律》2021 年第 6 期。

62. 刘计划:《监察委员会职务犯罪调查的性质及其法治化》,载《比较法研究》2020 年第 3 期。

63. 汪海燕:《职务犯罪案件认罪认罚从宽制度研究》,载《环球法律评论》2020 年第 2 期。

64. 孙国祥:《监察对象的刑法主体身份辨析》,载《法学》2019 年第 9 期。

65. 董坤:《法规范视野下监察与司法程序衔接机制——以〈刑事诉讼法〉第 170 条切入》,载《国家检察官学院学报》2019 年第 6 期。

66. 冯俊伟:《〈监察法〉实施中的证据衔接问题》,载《行政法学研究》2019 年第 6 期。

67. 倪铁:《监察刑事调查权的程序重塑》,载《法学》2019 年第 8 期。

68. 郭晶:《缺席审判与引渡追逃的紧张关系及突破》,载《吉林大学社会科学学报》2019 年第 6 期。

69. 刘艳红:《以科学立法促进刑法话语体系发展》,载《学术月刊》2019 年第 4 期。

70. 秦前红:《监察法学的研究方法刍议》,载《河北法学》2019 年第 4 期。

71. 胡铭:《职务犯罪留置措施衔接刑事诉讼的基本逻辑》,载《北方法学》2019 年第 4 期。

72. 徐继敏、张洪亮:《论监察留置裁量及其有效规制》,载《法学论坛》2019 年第 4 期。

73. 王建平、高翼飞:《〈关于人民检察院立案侦查司法工作人员相关职务犯罪若干问题的规定〉理解与适用》,载《人民检察》2019 年第 4 期。

74. 孔令勇:《被告人认罪认罚自愿性的界定及保障——基于"被告人同意理论"的分析》,载《法商研究》2019 年第 3 期。

75. 左卫民:《一种新程序:审思检监衔接中的强制措施决定机制》,载《当代法学》2019 年第 3 期。

76. 李奋飞、王怡然:《监狱检察的三种模式》,载《国家检察官学院学报》2019 年第 3 期。

77. 詹建红:《认罪认罚从宽制度在职务犯罪案件中的适用困境及其化解》,载《四川大学学报(哲学社会科学版)》2019 年第 2 期。

78. 陈瑞华:《论国家监察权的性质》,载《比较法研究》2019 年第 1 期。

79. 卞建林:《配合与制约:监察调查与刑事诉讼的衔接》,载《法商研究》2019 年第 1 期。

80. 刘艳红:《〈监察法〉与其他规范衔接的基本问题研究》,载《法学论坛》2019 年第 1 期。

81. 魏昌东:《监督职能是国家监察委员会的第一职能:理论逻辑与实现路径——兼论中国特色监察监督系统的规范性创建》,载《法学论坛》2019 年第 1 期。

82. 洪浩:《刑事诉讼视域下的国家监察机关:定位、性质及其权力配置》,载《法学论坛》2019 年第 1 期。

83. 朱孝清:《检察机关如何行使好保留的职务犯罪侦查权》,载《中国刑事法杂志》2019 年第 1 期。

84. 杨雄:《对外逃贪官的缺席审判研究》,载《中国刑事法杂志》2019 年第 1 期。

85. 李翔:《论〈监察法〉实施对刑事实体法的影响及完善》,载《东南大学学报(哲学社会科学版)》2019 年第 1 期。

86. 董坤:《检察机关机动侦查权研究——从 2018 年修改的〈刑事诉讼法〉第十九条第 2 款切入》,载《暨南学报(哲学社会科学版)》2019 年第 1 期。

87. 刘杨:《基本法律概念的构建与诠释——以权利与权力的关系为重心》,载《中国社会科学》2018 年第 9 期。

88. 王敏远:《刑事缺席审判制度探讨》,载《法学杂志》2018 年第 8 期。

89. 陈光中、曾新华:《中国刑事诉讼法立法四十年》,载《法学》2018 年第 7 期。

90. 周健宇:《村官职务犯罪的演变与治理探析——基于 1993 ~ 2017 年案例的研究报告》,载《政治学研究》2018 年第 6 期。

91. 杨克勤:《论国家监察体制改革背景下的检察工作发展新路径》,载《当代法学》2018 年第 6 期。

92. 张杰:《〈监察法〉适用中的重要问题》,载《法学》2018 年第 6 期。

93. 邓矜婷:《纪委、检察机关办案规范的整合:一个连接理论与实践的分析路径》,载《法学家》2018 年第 6 期。

94. 王禄生:《论刑事诉讼的象征性立法及其后果——基于 303 万判决书大数据的自然语义挖掘》,载《清华法学》2018 年第 6 期。

95. 杨依:《我国审查逮捕程序中的“准司法证明”——兼论“捕诉合一”的改革保障》,载《东方法学》2018 年第 6 期。

96. 步洋洋:《除魅与重构:“捕诉合一”的辩证思考》,载《东方法学》2018 年第 6 期。

97. 王戬:《检察机关审查起诉与监察委调查案件的程序对接问题》,载《国家检察官学院学报》2018 年第 6 期。

98. 姜涛:《国家监察法与刑事诉讼法衔接的重大问题研究》,载《南京师大学报(社会科学版)》2018 年第 6 期。

99. 兰跃军:《论监察证据在刑事诉讼中使用》,载《证据科学》2018 年第 6 期。

100. 刘启川:《责任清单编制规则的法治逻辑》,载《中国法学》2018 年第 5 期。

101. 万毅:《检察机关内设机构改革的基本理论问题》,载《政法论坛》2018 年第 5 期。

102. 程雷:《“侦查”定义的修改与监察调查权》,载《国家检察官学院学报》2018 年第 5 期。

103. 李勇:《〈监察法〉与〈刑事诉讼法〉衔接问题研究——“程序二元、证据一体”理论模型之提出》,载《证据科学》2018 年第 5 期。

104. 陈辉、汪进元:《论“监、检、审”三机关间的分工、配合与制约关系》,载《南京社会科学》2018 年第 5 期。

105. 朱孝清:《国家监察体制改革后检察制度的巩固与发展》,载《法学研究》2018 年第 4 期。

106. 何挺:《司法改革试点再认识:与实验研究方法的比较与启示》,载《中国法学》2018 年第 4 期。

107. 左卫民、唐清宇:《制约模式:监察机关与检察机关的关系模式思考》,载《现代法学》2018 年第 4 期。

108. 陈光中、兰哲:《监察制度改革的重大成就与完善期待》,载《行政法学研究》2018 年第 4 期。

109. 郭烁:《捕诉调整:"世易时移"的检察机制再选择》,载《东方法学》2018 年第 4 期。

110. 叶青:《关于"捕诉合一"办案模式的理论反思与实践价值》,载《中国刑事法杂志》2018 年第 4 期。

111. 洪浩:《我国"捕诉合一"模式的正当性及其限度》,载《中国刑事法杂志》2018 年第 4 期。

112. 张建伟:《"捕诉合一"的改革是一项危险的抉择?——检察机关"捕诉合一"之利弊分析》,载《中国刑事法杂志》2018 年第 4 期。

113. 陈卫东、聂友伦:《职务犯罪监察证据若干问题研究——以〈监察法〉第 33 条为中心》,载《中国人民大学学报》2018 年第 4 期。

114. 陈瑞华:《论监察委员会的调查权》,载《中国人民大学学报》2018 年第 4 期。

115. 魏晓娜:《职务犯罪调查与刑事诉讼法的适用》,载《中国人民大学学报》2018 年第 4 期。

116. 吴建雄、王友武:《监察与司法衔接的价值基础、核心要素与规则构建》,载《国家行政学院学报》2018 年第 4 期。

117. 谢小剑:《职务犯罪指定居所监视居住的适用:统计分析——以 1694 份判决书为样本》,载《交大法学》2018 年第 4 期。

118. 钱文杰:《我国刑事司法中的缺席审判——基于刑事诉讼特别没收程序的观察与思考》,载《河北法学》2018 年第 4 期。

119. 李训虎:《逮捕制度再改革的法释义学解读》,载《法学研究》2018 年第 3 期。

120. 秦前红:《我国监察机关的宪法定位以国家机关相互间的关系

为中心》,载《中外法学》2018 年第 3 期。

121. 朱福惠:《论检察机关对监察机关职务犯罪调查的制约》,载《法学评论》2018 年第 3 期。

122. 陈光中、肖沛权:《刑事诉讼法修正草案:完善刑事诉讼制度的新成就和新期待》,载《中国刑事法杂志》2018 年第 3 期。

123. 万毅:《刑事缺席审判制度立法技术三题——以〈中华人民共和国刑事诉讼法(修正草案)〉为中心》,载《中国刑事法杂志》2018 年第 3 期。

124. 陈卫东:《论中国特色刑事缺席审判制度》,载《中国刑事法杂志》2018 年第 3 期。

125. 张智辉:《检察侦查权的回顾、反思与重构》,载《国家检察官学院学报》2018 年第 3 期。

126. 纵博:《监察体制改革中的证据制度问题探讨》,载《法学》2018 年第 2 期。

127. 周长军:《监察委员会调查职务犯罪的程序构造研究》,载《法学论坛》2018 年第 2 期。

128. 王牧:《论刑罚概念:从"本质"到"意义"》,载《当代法学》2018 年第 2 期。

129. 周新:《认罪认罚从宽制度试点的实践性反思》,载《当代法学》2018 年第 2 期。

130. 谭世贵:《监察体制改革中的留置措施:由来、性质及完善》,载《甘肃社会科学》2018 年第 2 期。

131. 魏晓娜:《依法治国语境下检察机关的性质与职权》,载《中国法学》2018 年第 1 期。

132. 陈实:《刑事庭审实质化的维度与机制探讨》,载《中国法学》2018 年第 1 期。

133. 陈学权:《刑事裁判权在法官与陪审员之间的配置》,载《现代法学》2018 年第 1 期。

134. 陈瑞华:《论检察机关的法律职能》,载《政法论坛》2018 年第 1 期。

135. 龙宗智:《检察机关内部机构及功能设置研究》,载《法学家》2018 年第 1 期。

136. 龙宗智:《监察与司法协调衔接的法规范分析》,载《政治与法律》2018 年第 1 期。

137. 陈卫东:《职务犯罪监察调查程序若干问题研究》,载《政治与法律》2018 年第 1 期。

138. 阳平:《论我国香港地区廉政公署调查权的法律控制——兼评〈中华人民共和国监察法(草案)〉》,载《政治与法律》2018 年第 1 期。

139. 秦前红:《两种"法律监督"的概念分野与行政检察监督之归位》,载《东方法学》2018 年第 1 期。

140. 樊崇义:《认罪认罚从宽协商程序的独立地位与保障机制》,载《国家检察官学院学报》2018 年第 1 期。

141. 吴建雄:《国家监察体制改革背景下职务犯罪检察职能定位与机构设置》,载《国家行政学院学报》2018 年第 1 期。

142. 张建伟:《监察至上还是三察鼎立——新监察权在国家权力体系中的配置分析》,载《中国政法大学学报》2018 年第 1 期。

143. 谢登科:《论国家监察体制改革下的侦诉关系》,载《学习与探索》2018 年第 1 期。

144. 张勇:《"行贿与受贿并重惩治"刑事政策的根据及模式》,载《法学》2017 年第 12 期。

145. 周佑勇:《监察委员会权力配置的模式选择与边界》,载《政治与法律》2017 年第 11 期。

146. 童之伟:《国家监察立法预案仍须着力完善》,载《政治与法律》2017 年第 10 期。

147. 孙煜华:《构建与监察改革相适应的职务犯罪侦查法治模式》,载《法学》2017 年第 7 期。

148. 卞建林:《监察机关办案程序初探》,载《法律科学》2017 年第 6 期。

149. 刘艳红:《监察委员会调查权运作的双重困境及其法治路径》,载《法学论坛》2017 年第 6 期。

150. 陈光中、姜丹:《关于〈监察法(草案)〉的八点修改意见》,载《比较法研究》2017 年第 6 期。

151. 张翔、赖伟能:《基本权利作为国家权力配置的消极规范——以监察制度改革试点中的留置措施为例》,载《法律科学》2017 年第 6 期。

152. 郭华:《监察委员会留置措施的立法思考与建议》,载《法治研究》2017 年第 6 期。

153. 陈卫东:《中国司法体制改革的经验——习近平司法体制改革思想研究》,载《法学研究》2017 年第 5 期。

154. 樊传明:《审判中心论的话语体系分歧及其解决》,载《法学研究》2017 年第 5 期。

155. 陈光中、邵俊:《我国监察体制改革若干问题思考》,载《中国法学》2017 年第 4 期。

156. 刘忠:《从公安中心到分工、配合、制约——历史与社会叙事内的刑事诉讼结构》,载《法学家》2017 年第 4 期。

157. 龙宗智:《论贿赂犯罪证据的客观化审查机制》,载《政法论坛》2017 年第 3 期。

158. 谢澍:《论刑事证明标准之实质递进性——"以审判为中心"语境下的分析》,载《法商研究》2017 年第 3 期。

159. 魏昌东:《国家监察委员会改革方案之辨正:属性、职能与职责定位》,载《法学》2017 年第 3 期。

160. 陈瑞华:《论侦查中心主义》,载《政法论坛》2017 年第 2 期。

161. 陈光中:《关于我国监察体制改革的几点看法》,载《环球法律评论》2017 年第 2 期。

162. 熊秋红:《监察体制改革中职务犯罪侦查权比较研究》,载《环球法律评论》2017 年第 2 期。

163. 陈越峰:《监察措施的合法性研究》,载《环球法律评论》2017 年第 2 期。

164. 赵兴洪:《缓刑适用的中国图景——基于裁判文书大数据的实证研究》,载《当代法学》2017 年第 2 期。

165. 施鹏鹏:《国家监察委员会的侦查权及其限制》,载《中国法律评论》2017 年第 2 期。

166. 陈瑞华:《认罪认罚从宽制度的若干争议问题》,载《中国法学》2017 年第 1 期。

167. 童之伟:《对监察委员会自身的监督制约何以强化》,载《法学评论》2017 年第 1 期。

168. 陈瑞华:《审判中心主义改革的理论反思》,载《苏州大学学报(哲学社会科学版)》2017 年第 1 期。

169. 秦前红:《困境、改革与出路:从"三驾马车"到国家监察——我国监察体系的宪制思考》,载《中国法律评论》2017 年第 1 期。

170. 彭新林:《腐败犯罪缺席审判制度之构建》,载《法学》2016 年第 12 期。

171. 钱小平:《贿赂犯罪情节与数额配置关系矫正之辨析》,载《法学》2016 年第 11 期。

172. 李华伟:《职务犯罪关联案件并案侦查机制研究》,载《法学杂志》2016 年第 11 期。

173. 熊秋红:《认罪认罚从宽的理论审视与制度完善》,载《法学》2016 年第 10 期。

174. 胡铭:《对抗式诉讼与刑事庭审实质化》,载《法学》2016 年第

8 期。

175. 陈瑞华:《论刑事辩护的理论分类》,载《法学》2016 年第 7 期。

176. 孙皓:《论检察权配置的自缚性》,载《环球法律评论》2016 年第 6 期。

177. 顾永忠:《关于“完善认罪认罚从宽制度”的几个理论问题》,载《当代法学》2016 年第 6 期。

178. 熊秋红:《公正审判权的国际标准与中国实践》,载《法律适用》2016 年第 6 期。

179. 刘磊:《贿赂犯罪言词证据的证明力判定标准与采信程序》,载《苏州大学学报(法学版)》2016 年第 4 期。

180. 刘宪权:《贪污贿赂犯罪最新定罪量刑标准体系化评析》,载《法学》2016 年第 5 期。

181. 吴洪淇:《证据排除抑或证据把关:审查起诉阶段非法证据排除的实证研究》,载《法制与社会发展》2016 年第 5 期。

182. 刘华英:《检警“互涉案件”并案处理机制研究——以优化侦检关系模式为中心》,载《浙江学刊》2016 年第 5 期。

183. 刘艳红:《中国反腐败立法的战略转型及其体系化构建》,载《中国法学》2016 年第 4 期。

184. 胡铭:《审判中心、庭审实质化与刑事司法改革——基于庭审实录和裁判文书的实证研究》,载《法学家》2016 年第 4 期。

185. 刘方勇、廖永安:《我国人民陪审员制度运行实证研究——以中部某县级市为分析样本》,载《法学家》2016 年第 4 期。

186. 卞建林、谢澍:《“以审判为中心”:域外经验与本土建构》,载《思想战线》2016 年第 4 期。

187. 于志刚:《单一数额犯的司法尴尬与调和思路——以〈刑法修正案(九)〉为切入点的分析》,载《法律适用》2016 年第 3 期。

188. 左卫民:《健全分工负责、互相配合、互相制约原则的思考》,载

《法制与社会发展》2016 年第 2 期。

189. 魏昌东:《〈刑法修正案(九)〉贿赂犯罪立法修正评析》,载《华东政法大学学报》2016 年第 2 期。

190. 刘志:《论司法反腐的功能与路径》,载《金陵法律评论》2016 年第 2 期。

191. 易延友:《非法证据排除规则的中国范式——基于 1459 个刑事案例的分析》,载《中国社会科学》2016 年第 1 期。

192. 左卫民:《"印证"证明模式反思与重塑:基于中国刑事错案的反思》,载《中国法学》2016 年第 1 期。

193. 张栋:《中国刑事证据制度体系的优化》,载《中国社会科学》2015 年第 7 期。

194. 董坤:《侦查讯问录音录像制度的功能定位及发展路径》,载《法学研究》2015 年第 6 期。

195. 龙宗智:《庭审实质化的路径和方法》,载《法学研究》2015 年第 5 期。

196. 陈海峰:《刑事审查起诉程序功能的重构》,载《政治与法律》2015 年第 5 期。

197. 龙宗智:《"以审判为中心"的改革及其限度》,载《中外法学》2015 年第 4 期。

198. 张建伟:《审判中心主义的实质内涵与实现途径》,载《中外法学》2015 年第 4 期。

199. 胡星昊:《从职权启动到诉权驱动——论证人出庭模式之转变》,载《政法论坛》2015 年第 4 期。

200. 沈德咏、曹士兵、施新州:《国家治理视野下的中国司法权构建》,载《中国社会科学》2015 年第 3 期。

201. 曹建明:《做好互联网时代的检察工作"+"法》,载《中国法律评论》2015 年第 3 期。

202. 汪海燕:《论刑事庭审实质化》,载《中国社会科学》2015 年第 2 期。

203. 赵秉志:《贪污受贿犯罪定罪量刑标准问题研究》,载《中国法学》2015 年第 1 期。

204. 凌斌:《什么是法教义学:一个法哲学追问》,载《中外法学》2015 年第 1 期。

205. 邓立军:《违法所得特别没收程序的潜在风险与控制》,载《法学评论》2015 年第 1 期。

206. 王敏远:《2012 年刑事诉讼法修改后的司法解释研究》,载《国家检察官学院学报》2015 年第 1 期。

207. 卞建林:《健全司法权分工配合制约机制的思考》,载《河南社会科学》2015 年第 1 期。

208. 姚建宗:《中国语境中的法律实践概念》,载《中国社会科学》2014 年第 6 期。

209. 陈洪兵:《共犯与身份的中国问题》,载《法律科学》2014 年第 6 期。

210. 姚莉:《法制现代化进程中的审判组织重构》,载《法学研究》2014 年第 5 期。

211. 汪建成:《〈刑事诉讼法〉的核心观念及认同》,载《中国社会科学》2014 年第 2 期。

212. 施鹏鹏:《为职权主义辩护》,载《中国法学》2014 年第 2 期。

213. 周洪波:《迈向“合理”的刑事证明　新〈刑事诉讼法〉证据规则的法律解释要义》,载《中外法学》2014 年第 2 期。

214. 孙万怀:《公开固然重要,说理更显公正——“公开三大平台”中刑事裁判文书公开之局限》,载《现代法学》2014 年第 2 期。

215. 万毅:《刑事诉讼法文本中“可以”一词的解释问题》,载《苏州大学学报(法学版)》2014 年第 2 期。

216. 刘忠:《读解双规侦查技术视域内的反贪非正式程序》,载《中外法学》2014 年第 1 期。

217. 江必新、程琥:《司法程序公开研究》,载《法律适用》2014 年第 1 期。

218. 刘计划:《检警一体化模式再解读》,载《法学研究》2013 年第 6 期。

219. 汪海燕:《刑事诉讼法解释论纲》,载《清华法学》2013 年第 6 期。

220. 葛琳:《职务犯罪案件审查逮捕权"上提一级"改革研究——以某省改革实践为分析样本》,载《政法论坛》2013 年第 6 期。

221. 龙宗智:《新刑事诉讼法实施:半年初判》,载《清华法学》2013 年第 5 期。

222. 王振民:《党内法规制度体系建设的基本理论问题》,载《中国高校社会科学》2013 年第 5 期。

223. 郭松:《组织理性、程序理性与刑事司法绩效考评制度》,载《政法论坛》2013 年第 4 期。

224. 张绍谦:《我国职务犯罪刑事政策的新思考》,载《华东政法大学学报》2013 年第 4 期。

225. 周伟:《刑事执行检察:监所检察理论与实践的发展》,载《国家检察官学院学报》2013 年第 4 期。

226. 吴英姿:《"调解优先":改革范式与法律解读 以 O 市法院改革为样本》,载《中外法学》2013 年第 3 期。

227. 赵秉志:《论我国反腐败刑事法治的完善》,载《当代法学》2013 年第 3 期。

228. 陈瑞华:《刑事诉讼中的证明标准》,载《苏州大学学报(哲学社会科学版)》2013 年第 3 期。

229. 储槐植、闫雨:《刑事一体化践行》,载《中国法学》2013 年第

2 期。

230. 张文显:《司法文明新的里程碑——2012 刑事诉讼法的文明价值》,载《法制与社会发展》2013 年第 2 期。

231. 王建国:《列宁一般监督理论的制度实践与借鉴价值》,载《法学评论》2013 年第 2 期。

232. 邢永杰、侯晓焱:《撤回公诉问题评析》,载《国家检察官学院学报》2013 年第 2 期。

233. 龙宗智:《检察机关办案方式的适度司法化改革》,载《法学研究》2013 年第 1 期。

234. 邹绯箭、郭华:《纪检监察机关与检察机关办案证据衔接及拓宽机制研究——基于司法解释相关规定的展开》,载《中国刑事法杂志》2013 年第 1 期。

235. 朱孝清:《刑诉法的实施和新挑战的应对——以职务犯罪侦查为视角》,载《中国刑事法杂志》2012 年第 9 期。

236. 刘计划:《检察机关刑事审判监督职能解构》,载《中国法学》2012 年第 5 期。

237. 邓思清:《检察机关诉讼监督制度的改革与完善》,载《国家检察官学院学报》2012 年第 5 期。

238. 龙宗智:《刑事诉讼指定管辖制度之完善》,载《法学研究》2012 年第 4 期。

239. 张建伟:《非法证据缘何难以排除——基于刑事诉讼法再修改和相关司法解释的分析》,载《清华法学》2012 年第 3 期。

240. 宋英辉、茹艳红:《刑事诉讼特别程序立法释评》,载《苏州大学学报(哲学社会科学版)》2012 年第 2 期。

241. 牟绿叶:《论无罪辩护与量刑辩护的关系》,载《当代法学》2012 年第 1 期。

242. 兰志伟、郑东:《职务犯罪轻刑化问题研究》,载《河北法学》2011

年第12期。

243. 陈卫东:《构建中国特色刑事特别程序》,载《中国法学》2011年第6期。

244. 徐爽:《以权利制约权力——社会主义法律体系与基本权利立法实践的发展》,载《政法论坛》2011年第6期。

245. 韩成军:《论检察机关职务犯罪侦查中窃听措施的法律规制》,载《法律科学》2011年第6期。

246. 程雷:《秘密侦查立法宏观问题研究》,载《政法论坛》2011年第5期。

247. 李建明:《强制性侦查措施的法律规制与法律监督》,载《法学研究》2011年第4期。

248. 向泽选:《职务犯罪关联案件侦查管辖的完善》,载《河南社会科学》2011年第4期。

249. 胡铭:《法律现实主义与转型社会刑事司法》,载《法学研究》2011年第2期。

250. 汪明亮:《人际关系视角中的腐败犯罪窝案现象分析》,载《现代法学》2011年第2期。

251. 陈瑞华:《论量刑建议》,载《政法论坛》2011年第2期。

252. 陈瑞华:《论相对独立的量刑程序——中国量刑程序的理论解读》,载《中国刑事法杂志》2011年第2期。

253. 高铭暄、陈璐:《当代我国职务犯罪的惩治与预防》,载《法学杂志》2011年第2期。

254. 周长军:《量刑治理的模式之争——兼评量刑的两个指导"意见"》,载《中国法学》2011年第1期。

255. 陈光中、肖沛权:《关于司法权威问题之探讨》,载《政法论坛》2011年第1期。

256. 陈瑞华:《论量刑辩护》,载《中国刑事法杂志》2010年第8期。

257. 王牧:《犯罪研究:刑法之内与刑法之外》,载《中国法学》2010年第6期。

258. 樊崇义、胡志风:《职务犯罪侦查适用特殊侦查措施的必要性和可行性》,载《人民检察》2010年第6期。

259. 于志刚:《我国刑法中有组织犯罪的制裁体系及其完善》,载《中州学刊》2010年第5期。

260. 熊秋红:《冤案防范与权利保障》,载《法学论坛》2010年第4期。

261. 朱孝清:《论量刑建议》,载《中国法学》2010年第3期。

262. 温建辉:《事故型犯罪的罪过形式》,载赵秉志主编:《刑法论丛》第23卷,法律出版社2010年版。

263. 卢乐云:《我国现行职务犯罪初查制度的缺陷及其完善》,载《中国刑事法杂志》2010年第3期。

264. 易延友:《证人出庭与刑事被告人对质权的保障》,载《中国社会科学》2010年第2期。

265. 闫召华:《论检警互涉案件的侦查》,载《中国人民公安大学学报(社会科学版)》2010年第2期。

266. 卞建林、李晶:《宽严相济刑事政策下的公诉制度改革若干问题》,载《人民检察》2009年第11期。

267. 陈岚:《我国检警关系的反思与重构》,载《中国法学》2009年第6期。

268. 孙国祥:《宽严皆失:贪污贿赂犯罪的量刑失衡之乱象及纾解》,载《甘肃政法学院学报》2009年第5期。

269. 韩德明:《司法民主语境中的陪审制度重构》,载《浙江工商大学学报》2009年第5期。

270. 龙宗智:《中国法语境中的检察官客观义务》,载《法学研究》2009年第4期。

271. 张智辉:《中国特色检察制度的理论探索——检察基础理论研究 30 年述评》,载《中国法学》2009 年第 3 期。

272. 朱孝清:《检察官客观公正义务及其在中国的发展完善》,载《中国法学》2009 年第 2 期。

273. 王振川:《深入学习实践科学发展观推动职务犯罪侦查工作平稳健康发展》,载《人民检察》2009 年第 1 期。

274. 童建平、仇小东:《检察机关职务犯罪侦查模式探究》,载《政治与法律》2008 年第 6 期。

275. 汪海燕:《论刑事程序倒流》,载《法学研究》2008 年第 5 期。

276. 公丕祥:《中国特色社会主义司法改革道路概览》,载《法律科学》2008 年第 5 期。

277. 庄建南、黄曙、曹呈宏、叶建丰:《论职务犯罪侦查权的配置》,载《法学评论》2008 年第 5 期。

278. 龙宗智:《论书面证言及其运用》,载《中国法学》2008 年第 4 期。

279. 杨雄:《刑事强制措施实体化倾向之反思——以预防性羁押为范例》,载《政法论坛》2008 年第 4 期。

280. 陈瑞华:《定罪与量刑的程序关系模式》,载《法律适用》2008 年第 4 期。

281. 唐芳:《英美刑事证据法的发展理路及现代检视——对达马斯卡〈漂移的证据法〉的批判性解读》,载《法制与社会发展》2008 年第 1 期。

282. 陈瑞华:《中国刑事司法制度的三个传统》,载《东方法学》2008 年第 1 期。

283. 陈瑞华:《刑事程序失灵问题的初步研究》,载《中国法学》2007 年第 6 期。

284. 姜伟、卢宇蓉:《宽严相济刑事政策的辩证关系》,载《中国刑事法杂志》2007 年第 6 期。

285. 何家弘:《论职务犯罪侦查的专业化》,载《中国法学》2007 年第 5 期。

286. 宋英辉:《职务犯罪侦查中强制措施的立法完善》,载《中国法学》2007 年第 5 期。

287. 王建明:《职务犯罪侦查措施的结构、功能及适用原则》,载《中国法学》2007 年第 5 期。

288. 周光权:《社会转型时期职务犯罪预防的新课题》,载《政治与法律》2007 年第 5 期。

289. 郭松、林喜芬:《文本 · 实践 · 语境:公诉证据标准的现代性诊断》,载《法制与社会发展》2007 年第 5 期。

290. 任强:《判决如何作出——以判断类型为视角》,载《中国社会科学》2007 年第 3 期。

291. 王德光:《我国刑事侦查管辖权制度的立法缺陷及完善》,载《中国刑事法杂志》2007 年第 4 期。

292. 刘延和:《缓刑适用实证研究》,载《中国刑事法杂志》2007 年第 3 期。

293. 朱孝清:《中国检察制度的几个问题》,载《中国法学》2007 年第 2 期。

294. 陈永生:《中国减刑、假释程序之检讨》,载《法商研究》2007 年第 2 期。

295. 王俊民、潘建安:《刑事案件职能管辖冲突及其解决》,载《法学》2007 年第 2 期。

296. 姚莉、詹建红:《刑事程序选择权论要——从犯罪嫌疑人、被告人的角度》,载《法学家》2007 年第 1 期。

297. 李谷妍、王军:《检察机关自侦监督的问题及对策》,载《法学》2006 年第 11 期。

298. 左卫民、赵开年:《侦查监督制度的考察与反思——一种基于实证的研究》,载《现代法学》2006 年第 6 期。

299. 白建军:《变更罪名实证研究》,载《法学研究》2006 年第 4 期。

300. 陈兴良:《社会危害性理论:进一步的批判性清理》,载《中国法学》2006 年第 4 期。

301. 张明楷:《罪过形式的确定——刑法第 15 条第 2 款“法律有规定”的含义》,载《法学研究》2006 年第 3 期。

302. 刘计划:《逮捕功能的异化及其矫正——逮捕数量与逮捕率的理性解读》,载《政治与法律》2006 年第 3 期。

303. 谢进杰:《被告人最后陈述制度构造原理》,载《甘肃政法学院学报》2006 年第 2 期。

304. 陈光中、胡铭:《〈联合国反腐败公约〉与刑事诉讼法再修改》,载《政法论坛》2006 年第 1 期。

305. 张智辉、邓思清:《论我国刑事强制性措施制度的改革与完善》,载《法商研究》2006 年第 1 期。

306. 周其华:《职务犯罪的概念、范围和特点》,载《国家检察官学院学报》2005 年第 6 期。

307. 孙长永:《强制侦查的法律控制与司法审查》,载《现代法学》2005 年第 5 期。

308. 甄贞、孟军:《审查起诉程序研究》,载《法学杂志》2005 年第 4 期。

309. 张翔:《论基本权利的防御权功能》,载《法学家》2005 年第 2 期。

310. 郝铁川:《权利冲突:一个不成为问题的问题》,载《法学》2004 年第 9 期。

311. 张品泽:《刑事回避对象之比较——兼评我国侦诉人员的回避》,载《政法论坛》2004 年第 4 期。

312. 焦洪昌:《“国家尊重和保障人权”的宪法分析》,载《中国法学》2004 年第 3 期。

313. 孙谦:《中国的检察改革》,载《法学研究》2003 年第 6 期。

314. 陈成雄:《论我国刑法中的职务犯罪概念》,载《国家检察官学院学报》2003 年第 5 期。

315. 倪星:《试论中国反腐败方略的系统设计》,载《政治学研究》2003 年第 4 期。

316. 陈永生:《论侦查权的性质与特征》,载《法制与社会发展》2003 年第 2 期。

317. 傅郁林:《繁简分流与程序保障》,载《法学研究》2003 年第 1 期。

318. 韩大元、刘松山:《论我国检察机关的宪法地位》,载《中国人民大学学报》2002 年第 5 期。

319. 傅郁林:《审级制度的建构原理——从民事程序视角的比较分析》,载《中国社会科学》2002 年第 4 期。

320. 陈卫东:《我国检察权的反思与重构——以公诉权为核心的分析》,载《法学研究》2002 年第 2 期。

321. 陈光中、汪海燕:《论刑事诉讼的“中立”理念——兼谈刑事诉讼制度的改革》,载《中国法学》2002 年第 2 期。

322. 孙笑侠、应永宏:《程序与法律形式化——兼论现代法律程序的特征与要素》,载《现代法学》2002 年第 1 期。

323. 熊秋红:《解读公正审判权——从刑事司法角度的考察》,载《法学研究》2001 年第 6 期。

324. 何家弘:《论司法证明的目的和标准——兼论司法证明的基本概念和范畴》,载《法学研究》2001 年第 6 期。

325. 孙长永:《提起公诉的证据标准及其司法审查比较研究》,载《中国法学》2001 年第 4 期。

326. 陈卫东、李奋飞:《论侦查权的司法控制》,载《政法论坛》2000年第6期。

327. 陈瑞华:《司法权的性质——以刑事司法为范例的分析》,载《法学研究》2000年第5期。

328. 应建廷:《缓刑实践的调查与思考》,载《中国刑事法杂志》2000年第5期。

329. 刘金国:《权力腐败的法律制约》,载《中国法学》2000年第1期。

330. 陈瑞华:《刑事侦查构造之比较研究》,载《政法论坛》1999年第5期。

331. 冯殿美:《关于职务犯罪的概念、特征和类型》,载《山东大学学报(哲学社会科学版)》1999年第3期。

332. 陈光中、张建伟:《联合国〈公民权利和政治权利国际公约〉与我国刑事诉讼》,载《中国法学》1998年第6期。

333. 陈国庆:《刑事诉讼中的牵连管辖》,载陈光中、江伟主编:《诉讼法论丛》第1卷,法律出版社1998年版。

334. 李六如:《人民检察任务及工作报告大纲——中央人民政府最高人民检察署李六如副检查长在全国司法会议上的报告》,载《山东政报》1950年第12期。

二、外文参考文献

335. Majic, Helena, Mintas Hodak, Ljerka, *Preliminary Reference Procedure and the Scope of Judicial Review of the European Court of Human Rights*, EU and Comparative Law Issues and Challenges Series, Vol. 3, 2019.

336. Natapoff, Alexandra, *The High Stakes of Low-Level Criminal Justice*, Yale Law Journal, Vol. 128, 2019.

337. Young, Alison, *Japanese Atmospheres of Criminal Justice*, British Journal of Criminology, Vol. 59, 2019.

338. Chase, Ashley Krenelka, *Neutralizing Access to Justice: Criminal Defendants' Access to Justice in a New Neutrality Information World*, Missouri Law Review, Vol. 84, 2019.

339. Ziliotto, Anna, *Cultural Expertise in Italian Criminal Justice: From Criminal Anthropology to Anthropological Expert Witnessing*, Laws, Vol. 8, 2019.

340. Liss, Ryan, *Crimes against the Sovereign Order: Rethinking International Criminal Justice*, Ame. Rican Journal of International Law, Vol. 113, 2019.

341. Cotorobai, Andriana, *Particular Aspects of Witness Hearing Tactics to the Corruption Crimes*, Revista Universul Juridic, 2019.

342. HM, Makkah, Akub, M. Syukri, *Human Rights Protection on Determination for the Suspect of Corruption Crimes*, Journal of Law, Policy and Globalization, Vol. 87, 2019.

343. Pashkovsky, Vladyslav V., *General Theoretical Features of Anti-Corruption Justice in Ukraine*, Journal of Eastern European Law, Vol. 58, 2018.

344. Orlean, Andrii M., *Peculiarities of Implementation and Operation of Anti-Corruption Justice within European Standards*, Journal of Eastern European Law, Vol. 55, 2018.

345. Epps, Daniel, *The Consequences of Error in Criminal Justice*, Harvard Law Review, Vol. 128, 2015.

346. Shvedova, G. L., *Criminal Law as a Structural Element of Criminal Justice in a Counteracting Corruption in Ukraine*, Journal of Eastern European Law, Vol. 14, 2015.

347. Metzger, Gillian B. , *The Constitutional Duty toSupervise*, Yale Law Journal, Vol. 124, 2015.

348. Weber, Robert F. , *Post-Crisis Reform of the Supervisory System and High Reliability Theory*, Georgia Law Review, Vol. 50, 2015.

349. Howell, K. Babe, *Prosecutorial Discretion and the Duty to Seek Justice in an Overburdened Criminal Justice System*, Georgetown Journal of Legal Ethics, Vol. 27, 2014.

350. Karpenko & N. Paszkowskyi V. , *Contemporary Signs of Corruption-Related Crimes and Their Contents*, Juridical Science, 2013.

351. Rios-Figueroa, Julio, *Justice System Institutions and Corruption Control: Evidence from Latin America*, Justice System Journal, Vol. 33, 2012.

352. Moleanu, Amalia-Cecilia, *The Evidence concerning the Crimes of Corruption: The Instigation: The Denouncing Witness*, Judicial Studies, Revista Forumul Judecatorilor, 2009.

353. VolkerKrey, *German Criminal Procedure Law*, W. Kohlhammer Publishing Company, 2009.

354. Epikhin, A. Yu, *Dealing with Justice as a Means of Corruption Counteraction in the System of Anti-Corruption Measures*, Actual Problems of Economics and Law, Vol. 4. 2009.

355. Kumar, C. Raj. , *Corruption, Development and Good Governance: Challenges for Promoting Access to Justice in Asia*, Michigan State Journal of International Law, Vol. 16, 2008.

356. Linda C. Reif. , *The Ombudsman, Good Governance and the International Human Rights System*, Koninkijke Brill NV, Vol. 3, 2004.

357. Robert Alexy, *A Theory of Constitutional Rights*, translated by Julian Rivers, Oxford University Press, 2002.

358. M. Kilchling, *Tracing, Seizing and Confiscating Proceeds from*

Corruption (and other Illegal Conduct) Within or Outside the Criminal Justice System, European Journal of Crime, Criminal Law and Criminal Justice, Vol. 9, 2001.

359. T. Wing Lo., *Hong Kong: Minimizing Crime and Corruption*, Trends in Organized Crime, Vol. 4, 1999.

360. NurKramer, Grund begriffe des Strafverfahren srechts, 1997.

361. Stuntz, William J., *The Uneasy Relationship between Criminal Procedure and Criminal Justice*, Yale Law Journal, Vol. 107, 1997.

362. Baldwin, Simeon E., *Fundamental Principles of Criminal Justice*, Yale Law Journal, Vol. 22, 1993.

363. Bassiouni, M. Cherif, *Human Rights in the Context of Criminal Justice: Identifying International Procedural Protections and Equivalent Protections in National Constitutions*, Duke Journal of Comparative & International Law, Vol. 3, 1993.

364. JosephRaz, Rights and Individual Well-Being, RatioJuris, Vol. 5, 1992.

365. Waits, Kathleen, *The Criminal Justice System's Response to Battering: Understanding the Problem, Forging the Solutions*, Washington Law Review, Vol. 60, 1985.

366. Robbins, Ira P., *A Theory of Criminal Justice*, Harvard Law Review, Vol. 94, 1981.

367. Underwood, Barbara D., *The Thumb on the Scales of Justice: Burdens of Persuasion in Criminal Cases*, Yale Law Journal, Vol. 86, 1977.

368. Roberts, Summers, *Evaluating and Improving Legal Processes: A Plea for "Process Values"*, Cornell Law Review, Vol. 60, 1974.

369. Keith Thompson, *Does Antil-Corruption Legislation Work?*, International Trade and Business Law Review, Vol. 16, 2013.